从零开始学

从零开始学 Python
大数据与量化交易

周 峰　王可群　编著

清华大学出版社

北京

内 容 简 介

本书首先讲解量化交易的基础知识，如量化交易的优势、应用、注意事项、历史、量化交易平台等；然后讲解量化交易开发语言 Python，即讲解 Python 语言的开发环境、基本语法及流程控制、特征数据类型、内置函数与自定义用户函数、面向对象编程；接着讲解大数据分析和可视化的 3 个包，分别是 Numpy 包、Pandas 包、Matplotlib 包；然后讲解量化交易策略的编写、获取数据函数、基本面量化选股、量化择时的技术指标函数、回测技巧、因子分析技巧；最后讲解 Python 量化交易策略的实战案例。

在讲解过程中既考虑读者的学习习惯，又通过具体实例剖析讲解 Python 大数据与量化交易过程中的热点问题、关键问题及种种难题。

本书适用于各种不同的投资者，如新老股民、中小散户、股票操盘手、基金操盘手和专业股票评论人士以及经济财经类专业的大学生，更适用于那些有志于在这个充满风险、充满寂寞的征程上默默前行的征战者阅读。

本书封面贴有清华大学出版社防伪标签，无标签者不得销售。
版权所有，侵权必究。举报：010-62782989，beiqinquan@tup.tsinghua.edu.cn。

图书在版编目(CIP)数据

从零开始学 Python 大数据与量化交易/周峰，王可群编著. —北京：清华大学出版社，2019（2025.4重印）
（从零开始学）
ISBN 978-7-302-52754-1

Ⅰ. ①从… Ⅱ. ①周…②王… Ⅲ. ①股票交易—应用软件 Ⅳ. ①F830.91-39

中国版本图书馆 CIP 数据核字(2019)第 071356 号

责任编辑：李玉萍
封面设计：郑国强
责任校对：张彦彬
责任印制：杨 艳

出版发行：清华大学出版社
网　　址：https://www.tup.com.cn，https://www.wqxuetang.com
地　　址：北京清华大学学研大厦 A 座　　　邮　编：100084
社 总 机：010-83470000　　　　　　　　　邮　购：010-62786544
投稿与读者服务：010-62776969，c-service@tup.tsinghua.edu.cn
质量反馈：010-62772015，zhiliang@tup.tsinghua.edu.cn

印 装 者：三河市春园印刷有限公司
经　　销：全国新华书店
开　　本：170mm×240mm　　印　张：23.75　　字　数：378 千字
版　　次：2019 年 12 月第 1 版　　　　　　印　次：2025 年 4 月第 7 次印刷
定　　价：59.00 元

产品编号：081601-01

前 言

说起量化交易,你的脑海里是否会浮现这样一幅画面:一间采用高科技搭建起来的交易室,上百台计算机显示屏飞速跑着各种数学模型,投资交易以微秒计的速度高深莫测地计算着?诚然,在普通投资者眼里,量化交易可能意味着复杂模型、高频交易、专业程序,且仿佛离我们很远。这些固然是量化交易的特征,但其实离我们并不遥远,事实上,我们每天都不自觉地在使用着量化。比如当你用某个或某些条件去判断是否要买卖某只股票或者如何买卖时,就是量化思维的一种表现。

量化投资在海外的发展已有 30 多年的历史,其投资业绩稳定,市场规模和份额不断扩大,得到了越来越多投资者的认可,并且量化对冲基金已经成为资管行业的翘楚。国内的量化交易起步较晚,量化交易在证券市场占比还不足 5%。随着科技的进步,中国的量化交易市场正在快速发展。

当前,我国的量化交易主要应用在商品期货上。随着股指期货的上市,期货市场和证券市场实现了真正意义上的互动,投资者不仅可以在期货市场上进行交易,同时还可以在期货与股票之间进行套利交易。利用量化交易对股指期货进行操作将会是投资者(尤其是机构投资者)一个重要的发展方向。

本书特点

特 点	说 明
16 章实战精讲	本书体系完善,由浅入深地对 Python 大数据与量化交易进行了 16 章专题精讲,其内容涵盖了量化交易的基础知识、聚宽 JoinQuant 量化交易平台、Python 开发环境及配置、Python 的基本语法及流程控制、Python 的特征数据类型、Python 的内置函数与自定义用户函数、Python 的面向对象编程、数据分析的 Numpy 包、数据分析的 Pandas 包、数据可视化的 Matplotlib 包、Python 量化交易策略的编写、Python 获取数据函数、Python 基本面量化选股、Python 量化择时的技术指标函数、Python 量化交易策略的回测技巧、Python 量化交易策略的因子分析技巧、Python 量化交易策略的实战案例等
108 个知识点	本书结合 Python 大数据与量化交易的实战应用,讲解了 108 个应用技巧,其内容涵盖了格式化字符串的输出、Input()函数、算术运算符、赋值运算符、位运算符、关系运算符、嵌套 If 语句、while 循环、

续表

特 点	说 明
108个实战技巧	for循环、列表、元组、字典、集合、内置函数、用户自定义函数、匿名函数、类的继承、调用自定义模块、全局变量和局部变量、Numpy数组、Numpy矩阵、Numpy线性代数、Numpy文件操作、一维数组系列（Series）、二维数组DataFrame、三维数组Panel、绘制色图和等高线图、绘制立体三维图形、设置函数、定时函数、下单函数、获取数据函数、成长类因子选股、规模类因子选股、价值类因子选股、质量类因子选股、趋向指标函数、反趋向指标函数、压力支撑指标函数、量价指标函数、利用Python编写MACD指标量化策略、设置MACD指标量化策略的回测参数、MACD指标量化策略的回测详情、因子分析的实现代码、因子分析的结果、基本面因子应用实例、MA均线量化交易策略、多均线量化交易策略、能量型指标量化交易策略、KD指标量化交易策略、BOLL指标量化交易策略、多股票持仓量化交易策略、医药股轮动量化交易策略、中市值股票量化交易策略、低估价值股量化交易策略等
100多个实战案例	本书结合理论知识，在其讲解的过程中，列举了100多个案例，进行分析讲解，让广大投资者在学习理论知识的同时，更准确地理解其意义和实际应用
80多个技能提示	本书结合Python大数据与量化交易中遇到的热点问题、关键问题及种种难题，以技能提示的方式奉送给投资者，其中包括Python的代码格式、基本面量化选股、技术面量化择时等
结构特点	本书讲解都从基础知识和基本操作开始，读者无须参照其他书即可轻松入门；另一层是充分考虑没有基础读者的实际情况，在文字表述方面尽量避开专业的术语，用通俗易懂的语言讲解每个知识点的应用技巧，从而突出容易学、上手快的特点

本书结构

章节介绍	内容体系	作用
第1章	首先讲解量化交易的基础知识，然后讲解量化交易的优势、应用、注意事项、历史及与人工交易的区别，最后讲解量化交易的平台和量化交易的潜在风险及应对策略	从整体上认识量化交易及量化交易平台，为后续章节的学习打下良好的基础

前言

续表

章节介绍	内容体系	作用
第2~6章	讲解量化交易开发语言Python，即讲解Python语言的开发环境、基本语法及流程控制、特征数据类型、内置函数与自定义用户函数、面向对象编程	Python是量化交易策略编写的首选语言，也是最常用的编程语言。为了更好地编写和理解量化交易策略，就必须掌握该语言
第7~9章	讲解大数据分析和可视化的3个包，分别是Numpy包、Pandas包、Matplotlib包	量化交易就是对海量的股票数据进行分析及可视化，所以投资者要掌握Python中的3个重要数据分析和可视化的包
第10~15章	讲解量化交易策略的编写、获取数据函数、基本面量化选股、量化择时的技术指标函数、回测技巧、因子分析技巧	要想编写出优秀的量化交易策略，就必须熟练掌握量化选股技巧、量化择时技巧、回测技巧、因子分析技巧等
第16章	讲解Python量化交易策略的实战案例	通过编写Python量化交易策略的实战案例，可以提高投资者对量化交易策略的综合认识，并真正掌握量化交易技巧，从而学以致用

本书适合的读者

本书适用于各种不同的投资者，如新老股民、中小散户、股票操盘手、基金操盘手和专业股票评论人士，以及经济财经类专业的大学生、更适合于那些有志于在这个充满风险、充满寂寞的征程上默默前行的征战者。

创作团队

本书由王可群、周峰编写，下面人员对本书的编写提出过宝贵意见并参与了部分编写工作，他们是刘志隆、王冲冲、吕雷、王高缓、梁雷超、周飞、纪欣欣、葛钰秀、张亮、周科峰、王英茏、陈税杰等。

由于作者水平有限，书中的缺点和不足之处在所难免，敬请读者批评指正。

本书赠送的图片及其他资源均以二维码形式提供，读者可以使用手机扫描右侧的二维码下载并观看。

目 录

第1章 量化交易快速入门 1

- 1.1 初识量化交易 2
  - 1.1.1 量化交易的定义 2
  - 1.1.2 量化交易与算法交易 2
  - 1.1.3 量化交易与黑匣子交易 ... 3
  - 1.1.4 量化交易与程序化交易 ... 3
  - 1.1.5 量化交易与技术分析 3
- 1.2 量化交易的优势 4
  - 1.2.1 严格的纪律性 4
  - 1.2.2 完备的系统性 4
  - 1.2.3 妥善运用套利的思想 5
  - 1.2.4 靠概率取胜 5
- 1.3 量化交易的应用 6
  - 1.3.1 投资品种选择 6
  - 1.3.2 投资时机选择 6
  - 1.3.3 算法交易 7
  - 1.3.4 各种套利交易 8
  - 1.3.5 资产配置 9
- 1.4 量化交易与人工交易的对比 10
- 1.5 量化交易的注意事项 11
- 1.6 量化交易的发展过程 11
  - 1.6.1 国外量化交易的发展过程 11
  - 1.6.2 国内量化交易的发展过程 12
- 1.7 量化交易的平台 12
  - 1.7.1 聚宽JoinQuant量化交易平台的功能 12
  - 1.7.2 账户注册、登录及策略创建 13
  - 1.7.3 量化交易策略的选股 18
  - 1.7.4 量化交易策略的买卖条件 24
  - 1.7.5 量化交易策略的风险控制 27
  - 1.7.6 量化交易策略的其他参数 28
  - 1.7.7 编写Python代码来创建量化交易策略 29
  - 1.7.8 量化交易策略的回测详情 30
  - 1.7.9 量化交易策略的模拟交易 32
- 1.8 量化交易的潜在风险及应对策略 38

第2章 Python量化交易的开发环境 39

- 2.1 初识Python语言 40
  - 2.1.1 Python的历史由来 40
  - 2.1.2 Python的特点 40
  - 2.1.3 Python的应用 41
- 2.2 Python开发环境及配置 42
  - 2.2.1 Python的下载 42
  - 2.2.2 Python的安装 43
  - 2.2.3 Python的环境变量配置 44
- 2.3 Python程序的编写 48
  - 2.3.1 利用系统自带的开发软件IDEL直接编写程序并运行 48
  - 2.3.2 创建Python文件并运行 50
- 2.4 利用量化交易平台编写Python程序 52
  - 2.4.1 初识IPython Notebook研究平台 52

- 2.4.2 利用 Python Notebook 编写 Python 程序 56

第 3 章 Python 的基本语法及流程控制 59

- 3.1 Python 的基本数据类型 60
  - 3.1.1 数值类型 60
  - 3.1.2 字符串类型 62
- 3.2 变量及赋值 66
  - 3.2.1 变量命名规则 66
  - 3.2.2 变量的赋值 67
- 3.3 运算符 68
  - 3.3.1 算术运算符 68
  - 3.3.2 赋值运算符 70
  - 3.3.3 位运算符 71
- 3.4 选择结构 72
  - 3.4.1 关系运算符 73
  - 3.4.2 逻辑运算符 74
  - 3.4.3 if 语句 75
  - 3.4.4 嵌套 if 语句 77
- 3.5 循环结构 78
  - 3.5.1 while 循环 79
  - 3.5.2 while 循环使用 else 语句 79
  - 3.5.3 无限循环 80
  - 3.5.4 for 循环 81
  - 3.5.5 在 for 循环中使用 range() 函数 82
- 3.6 其他语句 83
  - 3.6.1 break 语句 83
  - 3.6.2 continue 语句 84
  - 3.6.3 pass 语句 85
- 3.7 Python 的代码格式 86
  - 3.7.1 代码缩进 86
  - 3.7.2 代码注释 86
  - 3.7.3 空行 87
  - 3.7.4 同一行显示多条语句 87

第 4 章 Python 的特征数据类型 89

- 4.1 列表 90
  - 4.1.1 列表的创建 90
  - 4.1.2 3 种方法访问列表中的值 90
  - 4.1.3 两种方法更新列表中的值 91
  - 4.1.4 del 语句删除列表中的值 92
  - 4.1.5 列表的 4 个函数 93
  - 4.1.6 列表的方法 94
- 4.2 元组 95
  - 4.2.1 元组的创建 96
  - 4.2.2 3 种方法访问元组中的值 96
  - 4.2.3 元组的连接 97
  - 4.2.4 整个元组的删除 99
  - 4.2.5 元组的 4 个函数 100
- 4.3 字典 101
  - 4.3.1 字典的创建 101
  - 4.3.2 访问字典中的值和键 101
  - 4.3.3 字典的修改 103
  - 4.3.4 字典中的 3 个函数 104
- 4.4 集合 105
  - 4.4.1 集合的创建 105
  - 4.4.2 集合的两个基本功能 105
  - 4.4.3 集合的运算符 106
  - 4.4.4 集合的方法 108

第 5 章 Python 的函数及应用技巧 111

- 5.1 初识函数 112
- 5.2 内置函数 112

  5.2.1 数学函数 112
  5.2.2 随机数函数 113
  5.2.3 三角函数 115
  5.2.4 字符串函数 117
 5.3 用户自定义函数 120
  5.3.1 函数的定义 120
  5.3.2 调用自定义函数 121
  5.3.3 函数的参数传递 122
  5.3.4 函数的参数类型 125
  5.3.5 匿名函数 128

第 6 章 Python 的面向对象编程基础 129

 6.1 面向对象 130
  6.1.1 面向对象概念 130
  6.1.2 类定义与类对象 131
  6.1.3 类的继承 133
 6.2 模块 136
  6.2.1 自定义模块和调用 136
  6.2.2 import 语句 138
  6.2.3 标准模块 139
 6.3 包 140
 6.4 变量作用域及类型 141
  6.4.1 变量作用域 142
  6.4.2 全局变量和局部变量 143
  6.4.3 global 和 nonlocal 关键字 .. 144

第 7 章 Python 大数据分析的 Numpy 包 147

 7.1 初识 Numpy 包 148
 7.2 ndarray 数组基础 148
  7.2.1 创建 Numpy 数组 148
  7.2.2 Numpy 特殊数组 152

  7.2.3 Numpy 序列数组 155
  7.2.4 Numpy 数组索引 156
  7.2.5 Numpy 数组运算 157
  7.2.6 Numpy 数组复制 158
 7.3 Numpy 的矩阵 159
 7.4 Numpy 的线性代数 160
  7.4.1 两个数组的点积 160
  7.4.2 两个向量的点积 161
  7.4.3 一维数组的向量内积 162
  7.4.4 矩阵的行列式 162
  7.4.5 矩阵的逆 164
 7.5 Numpy 的文件操作 164

第 8 章 Python 大数据分析的 Pandas 包 169

 8.1 Pandas 的数据结构 170
 8.2 一维数组系列 170
  8.2.1 创建一个空的系列 170
  8.2.2 从 ndarray 创建一个系列 171
  8.2.3 从字典创建系列 172
  8.2.4 从有位置的系列中访问数据 173
  8.2.5 使用标签检索数据 174
 8.3 二维数组 DataFrame 174
  8.3.1 创建 DataFrame 174
  8.3.2 数据的查看 175
  8.3.3 数据的选择 179
  8.3.4 数据的处理 185
 8.4 三维数组 Panel 187

第 9 章 Python 大数据可视化的 Matplotlib 包 189

 9.1 Matplotlib 包的优点 190

9.2 figure()函数的应用 190
 9.2.1 figure()函数的各参数意义 190
 9.2.2 figure()函数的示例 190
9.3 plot()函数的应用 192
 9.3.1 plot()函数的各参数意义 192
 9.3.2 plot()函数的实例 194
9.4 subplot()函数的应用 195
 9.4.1 subplot()的各参数意义 196
 9.4.2 subplot()的示例 196
9.5 add_axes 方法的应用 197
9.6 legend()函数的应用 198
9.7 设置字体格式 200
9.8 设置线条的宽度和颜色 201
9.9 坐标轴网格 202
9.10 绘制柱状图 203
9.11 绘制色图和等高线图 204
9.12 绘制立体三维图形 206

第 10 章 Python 量化交易策略的编写 209

10.1 股票量化交易策略的组成 210
 10.1.1 初始化函数 211
 10.1.2 开盘前运行函数 212
 10.1.3 开盘时运行函数 212
 10.1.4 收盘后运行函数 213
10.2 设置函数 213
 10.2.1 设置基准函数 214
 10.2.2 设置佣金/印花税函数 214
 10.2.3 设置滑点函数 215
 10.2.4 设置动态复权(真实价格)模式函数 216
 10.2.5 设置成交量比例函数 216
 10.2.6 设置是否开启盘口撮合模式函数 217
 10.2.7 设置要操作的股票池函数 217
10.3 定时函数 217
 10.3.1 定时函数的定义及分类 217
 10.3.2 定时函数各项参数的意义 218
 10.3.3 定时函数的注意事项 219
 10.3.4 定时函数的实例 220
10.4 下单函数 220
 10.4.1 按股数下单函数 220
 10.4.2 目标股数下单函数 221
 10.4.3 按价值下单函数 221
 10.4.4 目标价值下单函数 222
 10.4.5 撤单函数 222
 10.4.6 获取未完成订单函数 ... 222
 10.4.7 获取订单信息函数 223
 10.4.8 获取成交信息函数 223
10.5 日志 log 224
 10.5.1 设定 log 的级别 224
 10.5.2 log.info 225
10.6 常用对象 225
 10.6.1 Order 对象 225
 10.6.2 全局对象 g 225
 10.6.3 Trade 对象 226
 10.6.4 tick 对象 226
 10.6.5 Context 对象 227
 10.6.6 Position 对象 228
 10.6.7 SubPortfolio 对象 229
 10.6.8 Portfolio 对象 229
 10.6.9 SecurityUnitData 对象... 230

目录

第 11 章 Python 量化交易策略的获取数据函数 231

- 11.1 获取股票数据的 history() 函数 ... 232
  - 11.1.1 各项参数的意义 232
  - 11.1.2 history() 函数的应用实例 233
- 11.2 获取一只股票数据的 attribute_history() 函数 236
- 11.3 查询一个交易日股票财务数据的 get_fundamentals() 函数 237
  - 11.3.1 各项参数的意义 237
  - 11.3.2 get_fundamentals () 函数的应用实例 238
- 11.4 查询股票财务数据的 get_fundamentals_continuously() 函数 242
- 11.5 获取股票特别数据的 get_current_data() 函数 243
- 11.6 获取指数成分股代码的 get_index_stocks() 函数 244
  - 11.6.1 各项参数的意义 244
  - 11.6.2 get_index_stocks() 函数的应用示例 245
- 11.7 获取行业成分股代码的 get_industry_stocks() 函数 246
- 11.8 获取概念成本股代码的 get_concept_stocks() 函数 247
- 11.9 获取所有数据信息的 get_all_securities() 函数 249
  - 11.9.1 各项参数的意义 249
  - 11.9.2 get_all_securities() 函数的应用实例 250
- 11.10 获取一只股票信息的 get_security_info() 函数 252
- 11.11 获取龙虎榜数据的 get_billboard_list() 函数 252
  - 11.11.1 各项参数的意义 252
  - 11.11.2 get_billboard_list() 函数的应用实例 253
- 11.12 获取限售解禁数据的 get_locked_shares() 函数 254

第 12 章 Python 基本面量化选股 ... 255

- 12.1 初识量化选股 256
- 12.2 成长类因子选股 256
  - 12.2.1 营业收入同比增长率选股 256
  - 12.2.2 营业收入环比增长率选股 258
  - 12.2.3 净利润同比增长率选股 259
  - 12.2.4 净利润环比增长率选股 259
  - 12.2.5 营业利润率选股 260
  - 12.2.6 销售净利率选股 261
  - 12.2.7 销售毛利率选股 262
- 12.3 规模类因子选股 263
  - 12.3.1 总市值选股ﾠ................ 263
  - 12.3.2 流通市值选股 264
  - 12.3.3 总股本选股 265
  - 12.3.4 流通股本选股 266
- 12.4 价值类因子选股 267
  - 12.4.1 市净率选股 267
  - 12.4.2 市销率选股 268
  - 12.4.3 市现率选股 269

IX

12.4.4　动态市盈率选股 270
　　12.4.5　静态市盈率选股 270
12.5　质量类因子选股 271
　　12.5.1　净资产收益率选股 271
　　12.5.2　总资产净利率选股 272
12.6　基本面多因子量化选股的
　　　注意事项 273

第 13 章　Python 量化择时的技术指标函数 275

13.1　初识量化择时 276
13.2　趋向指标函数 276
　　13.2.1　MACD 指标函数 277
　　13.2.2　EMV 指标函数 278
　　13.2.3　UOS 指标函数 279
　　13.2.4　GDX 指标函数 280
　　13.2.5　DMA 指标函数 281
　　13.2.6　JS 指标函数 283
　　13.2.7　MA 指标函数 284
　　13.2.8　EXPMA 指标函数 285
　　13.2.9　VMA 指标函数 286
13.3　反趋向指标函数 287
　　13.3.1　KD 指标函数 287
　　13.3.2　MFI 指标函数 288
　　13.3.3　RSI 指标函数 289
　　13.3.4　OSC 指标函数 290
　　13.3.5　WR 指标函数 291
　　13.3.6　CCI 指标函数 293
13.4　压力支撑指标函数 293
　　13.4.1　BOLL 指标函数 294
　　13.4.2　MIKE 指标函数 295
　　13.4.3　XS 指标函数 296
13.5　量价指标函数 297
　　13.5.1　OBV 指标函数 297
　　13.5.2　VOL 指标函数 298
　　13.5.3　VR 指标函数 299
　　13.5.4　MASS 指标函数 300

第 14 章　Python 量化交易策略的回测技巧 303

14.1　量化交易策略回测的流程 304
14.2　利用 Python 编写 MACD 指标量化
　　　策略 304
　　14.2.1　量化交易策略的编辑
　　　　　　页面 304
　　14.2.2　编写初始化函数 307
　　14.2.3　编写单位时间调用的
　　　　　　函数 307
14.3　设置 MACD 指标量化策略的
　　　回测参数 308
14.4　MACD 指标量化策略的
　　　回测详情 310
14.5　MACD 指标量化策略的
　　　风险指标 313
　　14.5.1　Alpha（阿尔法）...... 314
　　14.5.2　Beta（贝塔）........... 314
　　14.5.3　Sharpe（夏普比率）.... 315
　　14.5.4　Sortino（索提诺比率）316
　　14.5.5　Information Ratio
　　　　　　（信息比率）........... 317
　　14.5.6　Volatility
　　　　　　（策略波动率）........ 318
　　14.5.7　Benchmark Volatility
　　　　　　（基准波动率）........ 318
　　14.5.8　Max Drawdown
　　　　　　（最大回撤）........... 319

第15章 Python 量化交易策略的因子分析技巧 321

- 15.1 因子分析概述 322
  - 15.1.1 因子的类型 322
  - 15.1.2 因子分析的作用 322
- 15.2 因子分析的实现代码 322
  - 15.2.1 因子分析中变量的含义 322
  - 15.2.2 因子分析中可以使用的基础因子 323
  - 15.2.3 calc 的参数及返回值 324
- 15.3 因子分析的结果 324
  - 15.3.1 新建因子 325
  - 15.3.2 收益分析 327
  - 15.3.3 IC 分析 330
  - 15.3.4 换手分析 331
- 15.4 因子在研究和回测中的使用 332
- 15.5 基本面因子应用实例 334

第16章 Python 量化交易策略的实战案例 337

- 16.1 MA 均线量化交易策略实战案例 338
  - 16.1.1 编写初始化函数 338
  - 16.1.2 编写单位时间调用的函数 339
  - 16.1.3 MA 均线量化交易策略的回测 340
- 16.2 多均线量化交易策略实战案例 .. 341
  - 16.2.1 编写初始化函数 341
  - 16.2.2 编写交易程序函数 342
  - 16.2.3 多均线量化交易策略的回测 343
- 16.3 能量型指标量化交易策略实战案例 344
  - 16.3.1 编写初始化函数 344
  - 16.3.2 编写单位时间调用的函数 345
  - 16.3.3 能量型指标量化交易策略的回测 346
- 16.4 KD 指标量化交易策略实战案例 347
  - 16.4.1 编写初始化函数 347
  - 16.4.2 编写开盘前运行函数 348
  - 16.4.3 编写开盘时运行函数 348
  - 16.4.4 编写收盘后运行函数 349
  - 16.4.5 KD 指标量化交易策略的回测 349
- 16.5 BOLL 指标量化交易策略实战案例 350
  - 16.5.1 编写初始化函数 350
  - 16.5.2 编写开盘前运行函数 351
  - 16.5.3 编写开盘时运行函数 351
  - 16.5.4 编写收盘后运行函数 352
  - 16.5.5 BOLL 指标量化交易策略的回测 352
- 16.6 多股票持仓量化交易策略实战案例 353
  - 16.6.1 编写初始化函数 353
  - 16.6.2 编写单位时间调用的函数 354
  - 16.6.3 多股票持仓量化交易策略的回测 354
- 16.7 医药股轮动量化交易策略实战案例 355
  - 16.7.1 编写初始化函数 355

- 16.7.2 编写选股函数...............356
- 16.7.3 编写交易函数...............356
- 16.7.4 医药股轮动量化交易策略的回测.........................357
- 16.8 中市值股票量化交易策略实战案例.............................358
  - 16.8.1 编写初始化函数...........358
  - 16.8.2 编写选股函数...............358
  - 16.8.3 编写过滤停牌股票函数...............................359
- 16.8.4 编写交易函数...............359
- 16.8.5 中市值股票量化交易策略的回测.........................360
- 16.9 低估价值股量化交易策略实战案例.............................360
  - 16.9.1 编写初始化函数...........361
  - 16.9.2 编写选股函数...............361
  - 16.9.3 编写交易函数...............362
  - 16.9.4 低估价值股量化交易策略的回测.........................363

第1章
量化交易快速入门

量化交易在海外的发展已有 30 多年,其投资交易业绩稳定,市场规模和份额不断扩大,得到了越来越多投资者的认可,甚至有超越非量化投资之势。本章首先讲解量化交易的基础知识;然后讲解量化交易的优势、应用、注意事项、历史及与人工交易的区别;最后讲解量化交易的平台和量化交易的潜在风险及应对策略。

1.1 初识量化交易

要进行量化交易,首先就要知道量化交易的定义,还要知道量化交易与算法交易、黑匣子交易、程序化交易、技术分析的区别与联系。下面进行详细讲解。

1.1.1 量化交易的定义

量化交易是指借助现代统计学和数学的方法,利用计算机技术进行交易的证券投资方式。量化交易从庞大的历史数据(大数据)中海选出能带来超额收益的多种"大概率"事件,以制定策略,用数量模型验证及固化这些规律和策略,然后严格执行已固化的策略来指导投资,以求获得可以持续的、稳定且高于平均收益的超额回报。

传统的投资交易方法主要有两种,分别是基本面分析和技术面分析。而量化投资交易主要依靠数据和模型来寻找投资交易标的和投资交易策略。

量化投资交易中模型和人的关系,好比病人和医生的关系。在医生治病的方法中,有中医和西医。中医是望、闻、问、切,最后判断出结果,医治效果在很大程度上取决于医生的经验,定性程度大一些。西医则是先要病人去拍片子、化验等,这些都要依托医学仪器,最后得出结论,对症下药。

医生治疗的是病人的疾病,而投资者要治疗的是金融市场的疾病。金融市场的疾病就是错误的定价和估值,没病或病得比较轻,市场是有效的或弱有效的;病得越重市场越无效。

投资者用资金投资于低估的证券,直到把它的价格抬升到合理的价格水平。但是,传统的投资交易方法和量化投资交易的方法在具体做法上有些不同,这些不同如同中医和西医的差异。传统的投资交易方法更像中医,更多地依靠经验判断病因在哪里;量化投资交易方法更像西医,依靠模型判断,模型对于量化投资者的作用就像CT机对于医生的作用。在每一天的投资交易运作之前,投资者会先用模型对整个金融市场进行一次全面的检查和扫描,然后根据检查和扫描结果作出投资交易决策。

1.1.2 量化交易与算法交易

在当前的投资界,您听到"算法交易"(Algorithmic Trading)的次数,可能会比听到"量化交易"的次数更多。确实,在大多数情况下,这两种称谓基本上可以互替使用,因为目前最流行的量化交易策略,基本上都属于"算法交易"的范畴。

不过,量化交易和算法交易还是有所区别的。因为算法交易通常意味着高度自动化的交易发现和交易执行,因此算法交易往往也称为"自动交易"(Automated

Trading），或者是更形象化的"黑匣子交易"（Black-box Trading）。

人们在说"算法交易"的时候，往往并不仅仅泛指所有高度自动化的量化交易策略，而是专指那些持有期很短、交易相当频繁的交易策略，甚至专指那些以降低交易成本为目的的交易策略。

所以，本书所讲的量化交易范围更广些，不仅包括算法交易，而且也包括自动化程度和交易频率不太高的一些其他交易策略。

1.1.3 量化交易与黑匣子交易

前面已经说过，"黑匣子交易"是人们对算法交易的一种形象化说法，所以量化交易与黑匣子交易的关系，就和量化交易与算法交易的关系差不多。

不过，当人们说黑匣子交易时，更加突出的是一个"黑"字，也就是这些交易策略的神秘性。

所以，像ETF（交易所交易基金）套利、现期套利等一些经典的套利策略，人们似乎觉得它们不够"黑"，一般不会称之为黑匣子。

1.1.4 量化交易与程序化交易

单从字面上来讲，程序化交易是指所有高度自动化的量化交易策略，包括算法交易。在大多数情况下，人们也确实是这么用这个名称的。不过，纽约交易所对程序交易有专门的定义，指的是同时涉及15个及以上的证券、总交易额至少为100万美元的电子交易。这类交易很大一部分都是套利，因此当人们说程序化交易时，往往特指套利交易策略。

1.1.5 量化交易与技术分析

投资者很容易把量化交易和技术分析联系在一起，确实，技术分析中会使用很多的量化指标，量化交易中也会用到一些技术指标。而且，相当一部分的量化交易策略和技术分析一样，几乎都是依赖于对价格、成交额等交易信息的分析。不过，量化交易与技术分析还是有所区别的。

首先，一些技术分析方法很难被量化。例如，图形分析是技术分析的一个重要部分，可是图形很难被量化定义，如波浪，这些技术分析手段就无法被应用在量化交易中。

其次，量化交易并不仅限于技术分析所涉及的交易信息。基本面的信息数据，如收入、利润、购并等，以及利率、通胀等宏观基本面信息，都可能被量化交易策略所参考。

因此，量化交易和技术分析的关系可概括为：二者既有相互重叠的地方，也有相互独立的地方。

1.2 量化交易的优势

量化交易的优势主要表现在 4 个方面，即严格的纪律性、完备的系统性、妥善运用套利的思想、靠概率取胜，如图 1.1 所示。

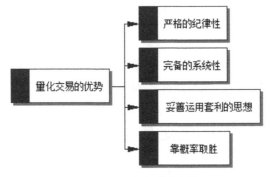

图 1.1　量化交易的优势

1.2.1 严格的纪律性

量化交易有着严格的纪律性，这样就可以克服人性的弱点，如贪婪、恐惧、侥幸心理，也可以克服认知偏差。一个优秀的投资交易方法应该是一个"透明的盒子"，所以投资者的每一个决策都应该是有理有据，特别是有大数据支持。

例如，如果有人问你，某年某月某一天，你为什么购买某只股票的话，你就可以打开量化交易系统，系统会显示出当时被选择的这只股票与其他的股票相比在成长面上、估值上、资金上、技术上、买卖时机上的综合评价情况，而且这个评价是非常全面的，比普通投资者"拍脑袋"或者简单看某一个指标买卖更具有说服力。

1.2.2 完备的系统性

完备的系统性具体表现为"三多"，分别是多层次、多角度和大数据处理，如图 1.2 所示。

第 1 章 量化交易快速入门

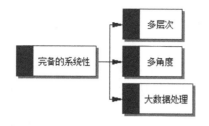

图 1.2 完备的系统性

1. 多层次

完备的系统性首先表现在多层次，包括在大类资产配置、行业选择、精选个股 3 个层次上都有模型。

2. 多角度

完备的系统性其次表现在多角度，量化交易的核心投资思想包括宏观周期、市场结构、估值、成长、盈利质量、分析师盈利预测、市场情绪等多个角度。

3. 大数据处理

完备的系统性的另一个表现就是大数据处理，即海量数据处理。人脑处理信息的能力是有限的，当一个资本市场只有几十只股票时，这对定性投资基金经理是有优势的，他可以深刻分析这几十家公司。但在一个很大的资本市场，比如有成千上万只股票的时候，量化交易的强大的信息处理能力能反映它的优势，能捕捉更多的投资机会，拓展更大的投资空间。

1.2.3 妥善运用套利的思想

量化交易正是在寻找估值洼地，通过全面、系统性的扫描捕捉错误定价、错误估值带来的机会。

定性投资大部分时间在琢磨哪一个企业是有前景的企业，哪只股票是可以翻倍的股票；与定性投资不同，量化交易大部分精力花在分析哪里是估值洼地，哪一个品种被低估了，从而买入低估的，卖出高估的。

1.2.4 靠概率取胜

靠概率取胜表现在以下两个方面。

（1）定量投资不断地从历史中挖掘有望在未来重复的历史规律，并且加以利用。

（2）在股票实际操作过程中，运用概率分析，提高买卖成功的概率和仓位控制能力。

1.3 量化交易的应用

量化交易技术包括多种具体方法,在投资品种选择、投资时机选择、算法交易、各种套利交易、资产配置等领域得到广泛应用,如图 1.3 所示。

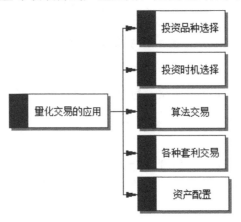

图 1.3 量化交易的应用

1.3.1 投资品种选择

同样是投资金融市场,有的投资者可以盈利数倍,而有的投资者却会出现亏损,造成这种结果的原因虽然很多,但最主要的原因还在于个人的投资品种选择水平。

我国沪深股市发展至今,已有 3000 多只股票,经过 20 多年的风风雨雨,投资者已日益成熟,从早期个股的普涨普跌发展到现在,已经彻底告别了齐涨齐跌时代。从近几年的行情来看,每次上涨行情中,涨升的个股所占比例不过 1/2 左右,而走势超过大盘的个股更是稀少。很多投资者即使判断对了大势,却由于选股的偏差,仍然无法获利,可见选股对投资者的重要性。

量化选择投资品种,就是利用量化的方法判断某上市公司是否适合买进。根据某个量化的方法,如果某上市公司满足该量化方法的条件,就把该股票放到自选股中;如果不满足该量化方法的条件,就不加入自选股或从自选股中删除。

1.3.2 投资时机选择

量化选择投资时机是指采用量化的方式判断买点和卖点。如果判断行情是上涨行情,即牛市,则可以买进后持有;如果判断行情是下跌行情,则要果断卖出空仓;如果判断行情是震荡行情,则可以进行高抛低吸,灵活操作。

1.3.3 算法交易

算法交易是指通过设计算法,利用计算机程序发出交易指令的方法。在交易中,程序可以决定的范围包括交易时间的选择、交易的价格,甚至包括最后需要成交的资产数量。

1. 算法交易的类型

算法交易可以分为 3 类,分别是被动型算法交易、主动型算法交易和综合型算法交易,如图 1.4 所示。

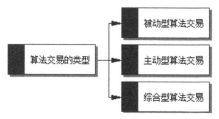

图 1.4 算法交易的类型

1)被动型算法交易

被动型算法交易,又称为结构型算法交易,该交易算法只是利用历史数据估计交易模型的关键参数,不会根据市场的状况主动选择交易时机和交易数量,而是按照一个既定的交易方针进行交易。该策略的核心是减少滑价(目标价与实际成交均价的差)。被动型算法交易最成熟,使用也最为广泛,如在国际市场上使用最多的成交加权平均价格(VWAP)、时间加权平均价格(TWAP)等都属于被动型算法交易。

2)主动型算法交易

主动型算法交易,也称机会型算法交易,该交易算法根据市场状况作出实时的决策,判断是否交易、交易的数量、交易的价格等。主动型交易算法除了努力减少滑价以外,还把关注的重点逐渐转向了价格趋势预测上。

3)综合型算法交易

综合型算法交易是前两者的结合。这类算法常见的方式是先把交易指令拆开,分布到若干个时间段,每个时间段内具体如何交易由主动型交易算法进行判断。两者相结合可达到单纯一种算法无法达到的效果。

2. 算法交易的交易策略

算法交易的交易策略有 3 种,分别是降低交易费用、套利和做市,如图 1.5 所示。

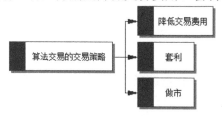

图 1.5 算法交易的交易策略

1）降低交易费用

大单指令通常被拆分为若干个小单指令渐次进入市场。这个策略的成功程度可以通过比较同一时期的平均购买价格与成交量加权平均价来衡量。

2）套利

典型的套利策略通常包含 3～4 个金融资产，如根据外汇市场利率平价理论，国内债券的价格、以外币标价的债券价格、汇率现货及汇率远期合约价格之间将产生一定的关联，如果市场价格与该理论隐含的价格偏差较大，且超过其交易成本，则可以用四笔交易来确保无风险利润。股指期货的期限套利也可以用算法交易来完成。

3）做市

做市包括在当前市场价格之上挂一个限价卖单或在当前市场价格之下挂一个限价买单，以便从买卖差价中获利。

此外，还有更复杂的策略，如"基准点"算法被交易员用来模拟指数收益，而"嗅探器"算法被用来发现最动荡或最不稳定的市场。任何类型的模式识别或者预测模型都能用来启动算法交易。

1.3.4　各种套利交易

套利交易，是指利用相关市场或相关电子合同之间的价差变化，在相关市场或相关电子合同上进行与交易方向相反的交易，以期望价差发生变化而获利的交易行为。套利交易模式主要分为四大类型，分别为股指期货套利、商品期货套利、统计套利和期权套利，如图1.6所示。

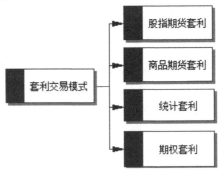

图 1.6　套利交易模式

1．股指期货套利

股指期货套利，是指利用股指期货市场存在的不合理价格，同时参与股指期货与股票现货市场交易，或者同时进行不同期限、不同（但相近）类别股票指数合约交易，以赚取差价的行为。股指期货套利主要分为两种，即期现套利和跨期套利。

2. 商品期货套利

与股指期货对冲相似，商品期货同样存在套利策略，在买入或卖出某种期货合约的同时，卖出或买入相关的另一种合约，并在某个时间点同时将两种合约平仓。

在交易形式上它与套期保值有些相似，但套期保值是在现货市场买入（或卖出）实货，同时在期货市场上卖出（或买入）期货合约；而套利却只在期货市场上买卖合约，并不涉及现货交易。商品期货套利主要分为 4 种，即期现套利、跨期套利、跨市场套利和跨品种套利。

3. 统计套利

统计套利有别于无风险套利，它是利用证券价格的历史统计规律进行套利的，是一种风险套利，其风险在于这种历史统计规律在未来一段时间内是否继续存在。

统计对冲的主要思路是先找出相关性最好的若干对投资品种（股票或者期货等），再找出每一对投资品种的长期均衡关系（协整关系），当某一对品种的价差（协整方程的残差）偏离到一定程度时开始建仓——买进被相对低估的品种、卖空被相对高估的品种，等到价差回归均衡时获利了结即可。

4. 期权套利

期权（Option）又称选择权，是在期货的基础上产生的一种衍生性金融工具。从其本质上讲，期权实质上是在金融领域将权利和义务分开进行定价，使得权利的受让人在规定时间内对于是否进行交易行使其权利，而义务方必须履行。

在期权交易时，购买期权的一方称为买方，而出售期权的一方则称为卖方；买方即权利的受让人，而卖方则是必须履行买方行使权利的义务人。

期权的优点在于收益无限的同时风险损失有限，因此在很多时候，利用期权来取代期货进行做空、套利交易，会比单纯利用期货套利具有更小的风险和更高的收益率。

1.3.5 资产配置

资产配置（Asset Allocation）是指根据投资需求将投资资金在不同资产类别之间进行分配，通常是将资产在低风险、低收益证券与高风险、高收益证券之间进行分配。

量化交易管理将传统投资组合理论与量化分析技术相结合，极大地丰富了资产配置的内涵，形成了现代资产配置理论的基本框架。它突破了传统积极型投资和指数型投资的局限，将投资方法建立在对各种资产类股票公开数据的统计分析基础上，通过比较不同资产类的统计特征，建立数学模型，进而确定组合资产的配置目标和分配比例。

当今，全世界有超过万亿美元的资产全部或部分以量化分析为基础进行资产配置。资产配置包括两大类，分别是战略资产配置和战术资产配置；还包括三大层次，分别是全球资产配置、大类资产配置和行业风格资产配置。

1.4 量化交易与人工交易的对比

量化交易与人工交易的对比，如表 1.1 所示。

表 1.1 量化交易与人工交易的对比

比较的要素	量化交易	人工交易
纪律性	忠实地执行设计者的思路，不存在主观情绪的影响，总之纪律严明	主观情绪化、恐惧、贪婪、赌气等人性弱点，导致交易变形，总之纪律性较差
精力	只要计算机正常，电源正常，不知道疲倦	总得睡觉、吃饭、离开计算机；长时间在计算机前盯盘有碍身体健康
效率性	理论上，从判断到下单瞬间完成；突发行情可以捕捉到	从决定到执行需要几个步骤，至少 30 秒；这样突发行情难以捕捉或捕捉的时机不好
系统性	严格按照既定的一套或多套操作方法交易，可能判断系统优劣，并进行改进	随意性较大，很难评估优劣对错，对订单的处理"艺术性"更强
可控制性	风险、胜率、回测率等可以根据历史数据来检测。在实际使用中根据设定的参数，风险是明确的。只要系统严谨，失控的可能性很小	风险不太明确，有失控的可能
可复制性	盈利模式可以无限复制，"一劳永逸"。在时间上可以复制过往的成功；空间上，可以在无数个账户上复制成功	经验的形成需要足够的交易次数，并且要求交易员具备超常的心理素质，其过往的盈利能力才可以复制。另外，一个交易员人工可操作的账户有限，所以空间上复制盈利能力更差

1.5 量化交易的注意事项

量化交易的注意事项有6项,具体如下。

(1)没有任何一个交易系统既能在趋势中获利又能够在震荡走势中获利,只有在恰当的时间使用了适合的交易系统才会获取最大收益。

(2)任何交易系统都是人设置的,所以不同的人,由于对技术分析的理解、解读、使用不同,设置出的交易系统也是完全不一样的。因此,只有适合自己交易风格的交易系统才是最有效的。

(3)把人为的主观分析编制成理性的计算机程序,需要舍去很多以往交易中的经验,而这些宝贵经验往往是无法通过计算机语言所能描绘的。

(4)时间周期不同,如5分钟、30分钟、60分钟、日线、周线、月线,交易系统给出的交易信号可能会完全不同,投资者应当根据交易品种的特性选择不同的时间周期,并且应当严格按照交易系统选择的时间周期交易。

(5)参数调整是决定交易系统成败的关键,因为没有任何一组参数适合所有交易品种。要根据交易品种特性不断地磨合、测试,找到适合该交易品种的参数,并且还要在今后交易过程中根据市场变化不断加以修正。

(6)量化交易系统体现了交易者的交易思路和交易风格,但它只是交易的辅助手段,人才是交易的主体,不能本末倒置。只有将交易系统、风险管理、资金管理相互结合,才能发挥其最大功效。

1.6 量化交易的发展过程

量化交易的发展过程可以分为两部分,分别是国外量化交易的发展过程和国内量化交易的发展过程。

1.6.1 国外量化交易的发展过程

国外量化交易的发展可分为3个阶段,具体如下。

第一阶段(1971—1977年)。1971年,世界第一只被动量化基金由巴克利国际投资管理公司发行。1977年世界上第一只主动量化基金也是由巴克利发行,发行规模达到70亿美元,算是美国量化投资的开端。

第二阶段(1977—1995年)。这段时间,量化投资在海外发展较为缓慢,但随着信息技术和计算机技术方面取得巨大进步,量化投资迎来了高速发展的时代。

第三阶段（1995年至今）。从1995年至今，量化投资技术逐渐趋于成熟，在目前全部的投资中，量化投资大约占比50%，指数类投资全部采用定量技术，主动投资中20%~30%采用定量技术。

1.6.2 国内量化交易的发展过程

与海外市场量化交易的蓬勃发展相比，量化基金在国内尚处于起步阶段。2004年8月光大保德信量化核心基金是国内第一只量化基金。在随后的近5年时间里，量化基金的发行一度长期处于空窗期。从2009年开始，量化基金以每年4~5只的发行速度缓慢前行。2014—2015年的牛市阶段，促使了量化基金正式进入投资者的视野。自2015年起，量化基金市场规模迅速扩张，数量及管理规模均快速增长，以公募量化基金为例，已经超过1000亿元规模。

量化私募基金的发展则更加迅速。截至2017年12月底，中国证券投资基金业协会已备案私募基金管理人22446家，同比增长28.76%，已备案私募基金66418只，同比增长42.82%，管理基金规模达11.1万亿元，同比增长约41%。

与此同时，国内证券研究所的金融工程研究如雨后春笋般兴起，并纷纷推出自行研究的数量化股票投资模型，按照一定的选股标准，如Beta值、市值、每股收益、市盈率等，以及市场的动态特征对市场行为和投资进行量化，帮助投资者实现证券投资组合管理，为未来数量化投资的进一步发展奠定了基础。

1.7 量化交易的平台

现在市面上比较流行的量化平台，如聚宽JoinQuant、优矿Uqer、米筐Ricequant，大体上提供类似的服务，但在细节上又有所不同。量化平台的服务本质在于通过封装好的回测函数和金融数据库，帮助用户快捷地实现策略编程和回测。本书是以聚宽JoinQuant量化交易平台为例，来讲解量化交易。

聚宽JoinQuant致力于打造高效、易用的量化交易平台，并且希望降低量化交易的门槛，让更多人有机会参与进来。聚宽JoinQuant坚信"人人皆为宽客"，即任何人只要对量化交易感兴趣，就可以成为一名宽客。

1.7.1 聚宽JoinQuant量化交易平台的功能

聚宽JoinQuant量化交易平台有4项强大功能，分别是高质量数据、强大的研究平台、顶级回测体验和顶尖模拟交易，如图1.7所示。

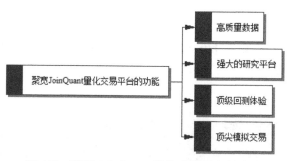

图 1.7 聚宽 JoinQuant 量化交易平台的功能

1．高质量数据

对于个人或者是中小机构，收集、处理、维护大量历史数据的成本比较高，而且数据实时更新并反复清洗。所以，能够提供全面的、高精度的各种市场数据，是量化平台最基本和最关键的需求。

聚宽 JoinQuant 量化交易平台的数据基于 2005 年至今完整的 Level-2 数据、上市公司财务数据，包含完整的停牌、复权等信息，盘后及时更新。

另外，聚宽 JoinQuant 量化交易平台的数据完全免费，每年投入近百万元用于数据购买、数据加工、数据存储。

2．强大的研究平台

聚宽 JoinQuant 量化交易平台免费提供基于 IPython Notebook 的研究平台，提供分钟级数据，采用 Docker 技术隔离，资源独立、安全性更高、性能更好，同步支持 Python2、Python3。

3．顶级回测体验

聚宽 JoinQuant 量化交易平台支持对沪深 A 股、ETF、LOF、分级基金进行回测。支持每日、每分钟两级回测，提供简洁、强大的 API，回测结果实时显示、快速响应、数据全面。

4．顶尖模拟交易

聚宽 JoinQuant 量化交易平台提供准确、实时的沪深 A 股、ETF 模拟交易工具，支持基于 Tick 级的模拟交易。

1.7.2 账户注册、登录及策略创建

前面讲解了聚宽 JoinQuant 量化交易平台的强大功能，要使用该量化平台，首先应进行账户注册，这样才能登录使用。下面就来看一下聚宽 JoinQuant 量化交易平台的账户注册与登录。

1. 账户注册

在浏览器的地址栏中输入 https://www.joinquant.com，然后按 Enter 键，就进入了聚宽 JoinQuant 量化交易平台的首页页面，如图 1.8 所示。

图 1.8 聚宽 JoinQuant 量化交易平台的首页页面

单击导航栏中的"免费注册"超链接，弹出聚宽 JoinQuant 的注册与登录对话框，如图 1.9 所示。

首先输入手机号和验证码，然后单击"获取短信验证码"按钮，这样手机就可以收到一条关于验证码的短信，然后把验证码正确输入，再单击"注册"按钮，就可以设置登录密码和昵称，如图 1.10 所示。

图 1.9 聚宽 JoinQuant 的注册与登录对话框　　图 1.10 设置登录密码和昵称

第 1 章　量化交易快速入门

成功设置登录密码和昵称后，单击"完成"按钮，即可完成注册。

2．账号登录

账号注册成功后，单击导航栏中的"登录"超链接，就可以看到"登录"对话框，如图 1.11 所示。

图 1.11　"登录"对话框

正确输入手机号和密码后，单击"登录"按钮，就可以成功登录。成功登录后就会发现，导航栏中的"免费注册"和"登录"变成了"个人账号"。单击导航栏中的"个人账号"超链接，弹出下拉菜单，如图 1.12 所示。

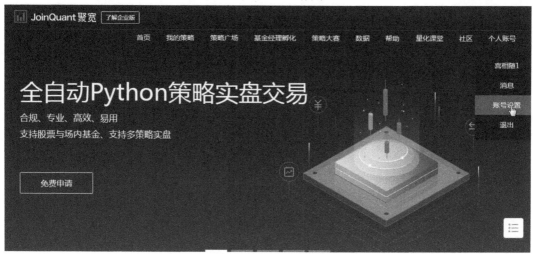

图 1.12　下拉菜单

在下拉菜单中单击"账号设置"命令,进入编辑用户的账号信息页面,如图 1.13 所示。这时可以修改用户的手机号和昵称。

图 1.13　编辑用户的账号信息页面

单击左侧的"登录密码"按钮,进入编辑用户的登录密码页面,如图 1.14 所示。这时可以修改用户的登录密码。

图 1.14　编辑用户的登录密码页面

在聚宽 JoinQuant 量化交易平台成功注册账号并成功登录后,再单击菜单栏中的"我的策略"菜单项,弹出下拉菜单,如图 1.15 所示。

第 1 章 量化交易快速入门

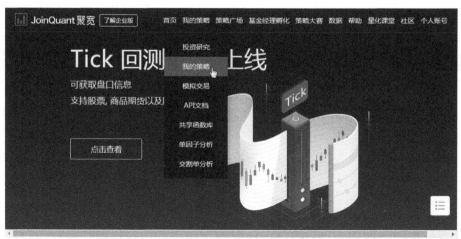

图 1.15 下拉菜单

在下拉菜单中选择"我的策略"命令（这两步操作在后面将描述成类似"在菜单栏中选择'我的策略'→'我的策略'命令的形式），进入"我的策略"页面，如图 1.16 所示。

图 1.16 "我的策略"页面

在"我的策略"页面中，可以看到创建量化交易策略有两种方法：一是通过"向导式策略生成器"，二是利用"新建策略"。

> **提醒** 新建策略需要有 Python 语言编程基础和丰富的金融市场交易经验，所以新手最好从"向导式策略生成器"开始学习量化交易策略。

下面先来看向导式策略生成器。在"我的策略"页面中，单击"向导式策略生成器"按钮，进入"向导式策略生成器"的编辑策略页面，如图 1.17 所示。

图 1.17 "向导式策略生成器"的编辑策略页面

量化交易策略的编辑有 4 个方面，分别是"选股""买卖条件""风险控制"和"其他参数"。

1.7.3 量化交易策略的选股

选股可以选择股票池、股票行业、股票概念、ST、过滤退市、过滤停牌。

股票池包括沪深 300、上证 A 股、深证 A 股、上证 50、中证 500、中小板、创业板指和全 A 股，当然还可以自定义。在这里选择"股票池"为"上证 A 股""深证 A 股"和"创业板指"，如图 1.18 所示。

图 1.18 选择股票池

第 1 章 量化交易快速入门

股票包括的行业很多，如农林牧渔、采掘、化工、钢铁、有色金属、电子、家用电器、食品饮料、房地产、商业贸易、通信、银行、汽车、计算机、国防军工等。这里选择股票行业为"房地产""商业贸易""国防军工""计算机"，如图 1.19 所示。

图 1.19 选择股票行业

下面来设置股票概念。单击"概念"下拉按钮，弹出下拉列表，如图 1.20 所示。

图 1.20 "概念"下拉列表

单击"自定义"选项，弹出"添加概念"对话框，然后选择右侧列表框中的概念，就可以添加到左侧列表框中，如图 1.21 所示。

图 1.21 "添加概念"对话框

设置好后，单击"保存"按钮即可。如果选择股票概念为"自定义"，那么选股只从图1.21左侧所列的6个概念中选出。

下面来设置ST，即设置"过滤ST""不过滤ST""只包含ST"，在这里设置为"过滤ST"，如图1.22所示。

图1.22　设置ST

还可以设置过滤退市和过滤停牌，这里都设置为"是"，如图1.23所示。

图1.23　设置过滤退市和过滤停牌

接下来设置选股指标。选股指标包括6种，分别是财务因子、行情、技术指标、形态指标、资金流数据、附加条件。下面分别进行讲解。

1．财务因子

财务因子，即各种财务数据指标。财务因子可以进一步分为5种，分别是成长类因子、规模类因子、价值类因子、质量类因子、自定义因子。

成长类因子有7种，分别是"营业收入同比增长率""营业收入环比增长率""净利润同比增长率""净利润环比增长率""营业利润率""销售净利率""销售毛利率"，如图1.24所示。

图1.24　成长类因子

第 1 章　量化交易快速入门

> **提醒**　成长类财务因子及其他财务因子的含义及使用方法，可以参考财务报表类图书（如清华大学出版社的《从零开始学财务报表》）；也可以利用股票行情分析软件来查看。

规模类因子有 4 种，分别是"总市值""流通市值""总股本""流通股本"，如图 1.25 所示。

图 1.25　规模类因子

价值类因子有 5 种，分别是"市净率""市销率""市现率""动态市盈率""静态市盈率"，如图 1.26 所示。

图 1.26　价值类因子

质量类因子有 2 种，分别是"净资产收益率 ROE""总资产净利率 ROA"，如图 1.27 所示。

图 1.27　质量类因子

财务因子在这里设置"净利润同比增长率"大于 30%、"流通市值"大于 30 亿、"静态市盈率"小于 28、"净资产收益率"大于 20%，如图 1.28 所示。

图 1.28　财务因子的设置

2. 行情

行情是指股票的各种盘口数据，如"昨日开盘价""昨日收盘价""昨日最高价""昨日最低价""昨日成交量""昨日成交额""昨日日均价""N 日涨幅""上市天数"。

行情在这里设置"N 日涨幅大于 5%"，如图 1.29 所示。

图 1.29　N 日涨幅大于 5%

3. 技术指标

技术指标就是在分析股票行情时，常用的 MA（均线）、MACD（指数平滑移动平均线）、KDJ（随机指标）、RSI（相对强弱指标）、BIAS（乖离率）、BBI（多空指数）、CCI（顺势指标）、ATR（均幅指标）、TRIX（三重指数平滑平均线）、EMA（指数平均数指标）、DMA（平行线差指标）、布林线（BOLL）、N 日平均成交额、N 日平均成交量。

技术指标这里设置为"KDJ 指标的 D 值大于 50"，如图 1.30 所示。

图 1.30　设置 KDJ 指标的 D 值大于 50

4. 形态指标

形态指标，是指 K 线的形态指标，如红三兵、锤、倒锤、两只乌鸦、三只乌鸦、早晨之星、黄昏之星、乌云盖顶、流星线等。

形态指标在这里设置为"锤"，如图 1.31 所示。

第 1 章 量化交易快速入门

图 1.31 设置为"锤"

5．资金流数据

资金流数据很多，如"昨日主力净额""昨日主力净占比""昨日超大单净额""昨日超大单净占比""昨日大单净额""昨日大单净占比""昨日中单净额""昨日中单净占比""昨日小单净额""昨日小单净占比"。

资金流数据这里设置为"昨日主力净额大于 1000 万元"，如图 1.32 所示。

图 1.32 昨日主力净额大于 1000 万

设置好各种选股条件后，单击"预览股票池"按钮，就可以看到满足条件的股票信息，如图 1.33 所示。

图 1.33 满足条件的股票信息

1.7.4 量化交易策略的买卖条件

选出满足条件的股票后,接下来就要设置在什么条件下可以买进这些股票,在什么条件下要卖出这些股票。

买卖条件下有两个模型,分别是轮动模型和择时模型。

1. 轮动模型

老股民都知道,在进行投资选择时是会有自己的投资偏好的。有些投资者比较偏好成长股,有时候又会比较偏好价值股。可能在某些阶段比较偏好小盘股,在另外的时期又比较偏好大盘股。市场风格就是由于投资者的这种不同的交易行为产生的。所以如果能够在投资中紧跟市场风格变化行动,就会比一直持有的效果要好得多。

单击"买卖条件"选项卡,就可以看到"轮动模型"和"择时模型"。先选中"轮动模型"单选按钮,这样就可以设置轮动模型,如图1.34所示。

图1.34 轮动模型

调仓周期:量化交易策略多少个交易日更新一次股票池,这里设置为"1",即每一个交易日更新一次股票池。

最大持仓股票数量:量化交易策略最多持有的股票数量,这里设置为"5",即最多同时持有5只股票。

买入方式:量化交易策略的买入方式有4种,分别是等权重买入、按固定数量、按总市值比例、按流通市值比例,下面来看各种买入方式的意义。

(1)等权重买入,是指每次买入一定金额的股票。买入金额=(持仓成本+可用资金)÷最大持股数。

(2)按固定数量,是指每次买入固定数量的股票。

(3)按总市值比例,是指根据股票的总市值大小,按比例买入股票。所占比例=股票A总市值÷(股票A总市值+股票B总市值+股票C总市值+……)。

第 1 章 量化交易快速入门

（4）按流通市值比例，是指根据股票的流通市值大小，按比例买入股票。所占比例=股票 A 流通市值÷（股票 A 流通市值+股票 B 流通市值+股票 C 流通市值+……）。

在这里设置买入方式为"按总市值比例"，如图 1.35 所示。

图 1.35　按总市值比例买入

卖出欲买进股票：是否卖出欲买入的股票，卖出可能会再次买入同一只标的，造成亏损手续费。

2．择时模型

择时交易是指利用某种方法来判断大势的走势情况，是上涨还是下跌抑或是盘整。如果判断是上涨，则以买入持有为主；如果判断是下跌，则果断卖出清仓；如果判断是震荡，则进行高抛低吸，这样可以获得远远超越简单买入持有策略的收益率，所以择时交易是收益率最高的一种交易方式。

提醒：由于大盘趋势和宏观经济、微观企业、国家政策及国际形势等密切相关，想要准确判断大盘走势具有相当的难度。

接下来设置"择时模型"。选中"择时模型"单选按钮，就可以设置择时模型。择时模型分为"买入条件"和"卖出条件"，先来看一下"买入条件"设置，如图 1.36 所示。

图 1.36　择时模型

选股频率：每多少个交易日更新一次股票池。这里设置为 1，即每一个交易日更新一次股票池。

最大持仓股票数量：量化交易策略最多持有的标的数量。

是否可重复买入：当持有标的时，是否可以再次买入。

买入频率：每多少个交易日执行一次买入操作。

个股最大持仓比重：标的持仓价值在策略中的最大占比。

买入方式：买入方式有 4 种，分别是等权重买入、按固定数量、按总市值比例、按流通市值比例，与轮动模型相同，这里不再重复。

这里可以将选股频率、买入频率、最大持仓股票数量、个股最大持仓比重、是否可重复买入和买入方式保持默认。

接下来可以进一步设置"选股指标"，注意这里的选股指标不再包括"财务因子"，即只有 5 种，分别是"行情""技术指标""形态指标""资金流数据"和"附加条件"。

设置完"买入条件"后，就可以设置"卖出条件"。单击"卖出条件"按钮，就可以看到卖出条件的设置参数，如图 1.37 所示。

图 1.37 卖出条件

卖出频率：每多少个交易日执行一次卖出操作。

卖出欲买进股票：是否卖出欲买入的股票，卖出可能会再次买入同一只标的，造成亏损手续费。

在这里可以设置卖出频率和卖出欲买进股票，这里全部采用默认。

接下来可以进一步设置选股指标，注意这里的选股指标不再包括"财务因子"，即只有 5 种，分别是"行情""技术指标""形态指标""资金流数据"和"附加条件"。

1.7.5 量化交易策略的风险控制

单击"风险控制"选项卡,并开启风险控制,如图 1.38 所示。

图 1.38 风险控制

先看止盈止损指标,各指标意义如下。

个股止损:当个股亏损超过止损线时,则清仓止损。

个股止盈:当个股盈利超过止盈线时,则清仓止盈。

持仓价值止损:当量化交易策略持仓价值总亏损超过设定的止损线时,则清仓止损。

持仓价值止盈:当量化交易策略持仓价值总盈利超过设定的止赢线时,则清仓止盈。

策略最大亏损:当量化交易策略总亏损超过设定的止损线时,则策略清仓止损,并停止交易。

策略最大盈利:当量化交易策略总盈利超过设定的止盈线时,则策略清仓止盈,并停止交易。

大盘信号止损:大盘信号止损有两种方法,分别是根据均线止损和根据跌幅止损。根据均线止损,是指当大盘 N 日均线与昨日收盘价构成"死叉"时,则清仓止损。根据跌幅止损,是指当大盘 N 日内跌幅超过止损线,则清仓止损。

在这里设置"策略最大亏损"为 10%,"策略最大盈利"为 50%,如图 1.39 所示。

图 1.39 设置"策略最大亏损"为 10%,"策略最大盈利"为 50%

下面再来看一下其他指标,即每笔委托数量或金额上限。

每笔委托数量或金额上限：设置每笔委托的数量或金额上限，当超过设定值时，则按最大设定值买入。

在这里设置"每笔委托金额上限"为10000元，如图1.40所示。

图1.40 "每笔委托金额上限"为10000元

1.7.6 量化交易策略的其他参数

单击"其他参数"选项卡，就可以看到量化交易策略的其他参数，如图1.41所示。

图1.41 量化交易策略的其他参数

滑点：当您下单后，真实的成交价格与下单时预期的价格总会有一定偏差，因此，加入了滑点模式来帮您更好地模拟真实市场的表现。当您下达一个买单指令的时候，成交的价格等于当时（您执行order函数所在的单位时间）的平均价格加上价差的一半；当您下达一个卖出指令的时候，卖出的价格等于当时的平均价格减去价差的一半。滑点的固定值，是指买卖都会加减价差的一半（如0.02元，交易时加减0.01元）；滑点的百分比，是指买卖都会加减价差的一半（如0.2%，交易时加减当时价格的0.1%）。

动态复权模式：回测中每天获得的当天价格为除权价格，往前取到的价格为基于该日期的前复权价格。

成交量比例：根据实际行情限制每个订单的成交量。成交量不超过：每日成交量×每日成交量比例。

买入印花税：印花税由纳税人按规定应税的比例和定额自行购买并粘贴印花税票，即完成纳税义务。证券交易印花税，是印花税的一部分，根据书立证券交易合同的金额对买卖方计征。买入印花税为 0。

卖出印花税：卖出印花税为 1‰。

买入佣金：佣金是指代理人或经纪人为委托人介绍生意或代买代卖而收取的报酬。买入佣金为 3‰。

卖出佣金：卖出佣金为 3‰。

最低佣金：最低佣金为 5 元。

各项参数都设置好后，单击"查看策略总结"按钮，弹出"选股总结"对话框，可以看到策略设置的所有参数信息，如图 1.42 所示。

图 1.42 "选股总结"对话框

1.7.7 编写 Python 代码来创建量化交易策略

在菜单栏中选择"我的策略"→"我的策略"命令，进入"我的策略"页面，然后单击"新建策略"按钮，弹出"新建策略"菜单，如图 1.43 所示。

图 1.43 "新建策略"菜单

在这里可以看到,可以新建股票策略、期货策略、融资融券、多因子策略、组合策略、场外基金模板,还可以新建"空白模板",投资者自己编写 Python 代码来创建策略。

单击"股票策略",就可以建立一个股票策略,并看到该策略的基本代码,如导入库代码、初始化函数代码、开盘前运行函数代码、开盘时运行函数代码、收盘后运行函数代码,如图 1.44 所示。

图 1.44 股票策略

可以自己编写 Python 代码来创建策略,由于需要 Python 语言基础,所以这里不再多说,后面章节会详细讲解。

1.7.8 量化交易策略的回测详情

量化交易策略编写完成后,单击"运行回测"按钮,就可以回测策略,回测运行结束后,就会进入"回测详情"页面,如图 1.45 所示。

第1章 量化交易快速入门

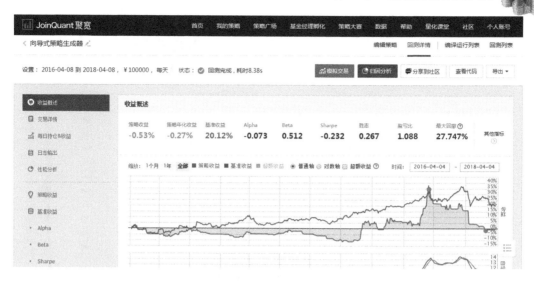

图1.45 "回测详情"页面

在"回测详情"页面，默认状态下看到的图形是近一年内收益情况。单击"1个月"按钮，就可以看到量化交易策略近1个月的收益情况，如图1.46所示。

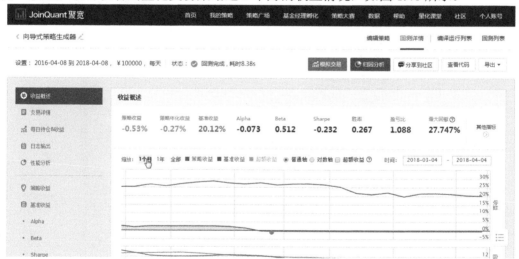

图1.46 量化交易策略近1个月的收益情况

单击左侧列表框中的不同选项，还可以查看量化交易策略的交易详情、每日持仓收益、日志输出、性能分析、策略收益、基准收益等信息。图1.47显示的是量化交易策略的策略收益信息。

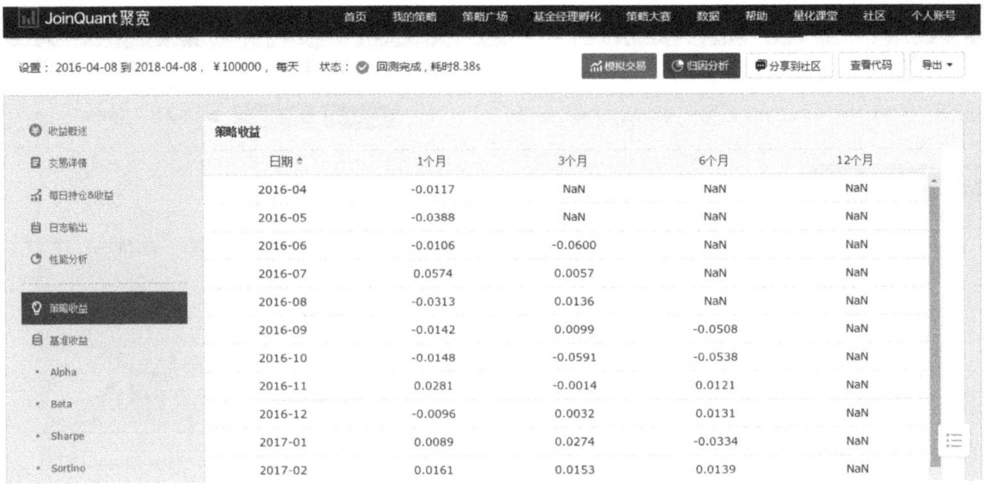

日期	1个月	3个月	6个月	12个月
2016-04	-0.0117	NaN	NaN	NaN
2016-05	-0.0388	NaN	NaN	NaN
2016-06	-0.0106	-0.0600	NaN	NaN
2016-07	0.0574	0.0057	NaN	NaN
2016-08	-0.0313	0.0136	NaN	NaN
2016-09	-0.0142	0.0099	-0.0508	NaN
2016-10	-0.0148	-0.0591	-0.0538	NaN
2016-11	0.0281	-0.0014	0.0121	NaN
2016-12	-0.0096	0.0032	0.0131	NaN
2017-01	0.0089	0.0274	-0.0334	NaN
2017-02	0.0161	0.0153	0.0139	NaN

图 1.47　量化交易策略的策略收益信息

单击“查看代码”按钮，弹出“策略代码”对话框，可以看到该量化交易策略的代码，如图 1.48 所示。

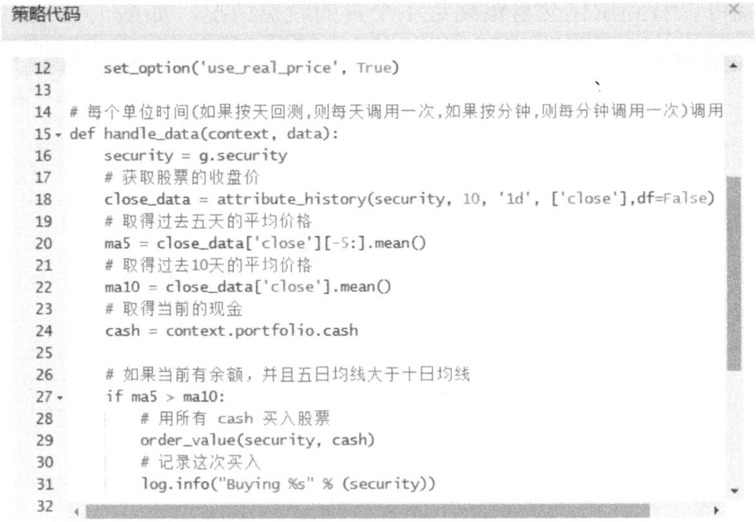


```
    set_option('use_real_price', True)

# 每个单位时间(如果按天回测,则每天调用一次,如果按分钟,则每分钟调用一次)调用
def handle_data(context, data):
    security = g.security
    # 获取股票的收盘价
    close_data = attribute_history(security, 10, '1d', ['close'],df=False)
    # 取得过去五天的平均价格
    ma5 = close_data['close'][-5:].mean()
    # 取得过去10天的平均价格
    ma10 = close_data['close'].mean()
    # 取得当前的现金
    cash = context.portfolio.cash

    # 如果当前有余额，并且五日均线大于十日均线
    if ma5 > ma10:
        # 用所有 cash 买入股票
        order_value(security, cash)
        # 记录这次买入
        log.info("Buying %s" % (security))
```

图 1.48　“策略代码”对话框

1.7.9　量化交易策略的模拟交易

模拟交易的数据与实盘数据完全同步，可以通过模拟交易进一步检验策略的有效性。

第 1 章　量化交易快速入门

1．新建模拟交易并运行

在菜单栏中选择"我的策略"→"我的交易"命令，进入"我的交易"页面，如图 1.49 所示。

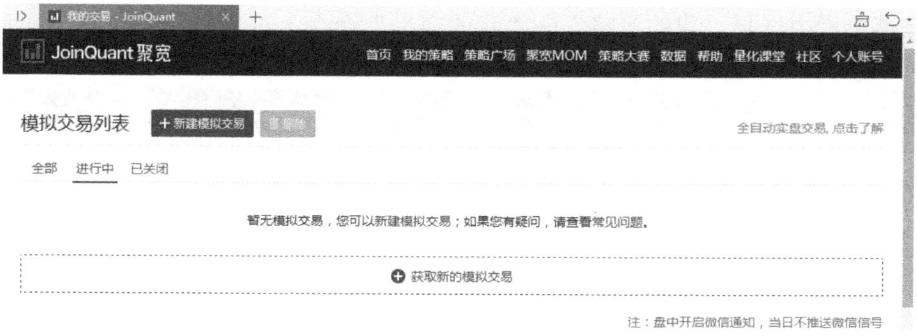

图 1.49　"我的交易"页面

在"我的交易"页面中，单击"新建模拟交易"按钮，弹出"新建模拟交易"对话框，如图 1.50 所示。

图 1.50　"新建模拟交易"对话框

在"新建模拟交易"对话框中，要先设置交易名称和初始资金，然后选择策略、选择回测、选择数据频率、设置开始日期、选择时限。

在这里选择策略和选择回测，都是前面建立的"向导式策略生成器"，选择数据频率为每天，开始日期为 2018 年 4 月 11 日，初始资金为 10 万，设置好后单击"确定"按钮即可。

2. 查看模拟交易

在模拟交易创建后，这个模拟交易其后就开始自动运行，下面来查看模拟交易情况。

在菜单栏中选择"我的策略"→"我的交易"命令，进入"我的交易"页面，这时就可以看到"模拟交易-1"，如图1.51所示。

图 1.51　"模拟交易-1"界面

双击"模拟交易-1"，进入模拟交易-1的概述信息，即模拟交易-1的累计收益、年化收益、总资产、可用资金、总体仓位等信息。另外，还可以看到累计收益的图表信息，如图1.52所示。

图 1.52　累计收益的图表信息

单击"当日收益"选项卡，可以看到"模拟交易-1"的"当日收益"的图表信息，如图1.53所示。

第 1 章　量化交易快速入门

图 1.53　当日收益的图表信息

向下拖动垂直滚动条，可以看到"持仓详情"，即持仓数量、现价、盈利等信息，如图 1.54 所示。

图 1.54　持仓详情

再向下拖动垂直滚动条，可以看到下单详情，即下单类型、成交数量、成交价格、成交额等信息，如图 1.55 所示。

单击左侧导航栏中的"统计"选项，可以查看模拟交易-1 的全部、一个星期、一个月、6 个月、一年的统计信息，如图 1.56 所示。

单击左侧导航栏中的"日志"选项，可以查看模拟交易-1 的交易日志信息，如图 1.57 所示。

图 1.55 下单详情

图 1.56 模拟交易-1 的统计信息

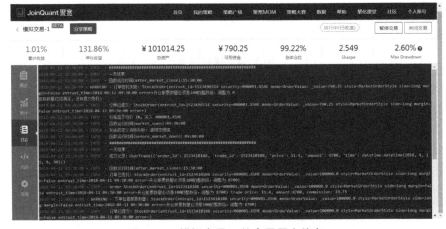

图 1.57 模拟交易-1 的交易日志信息

第 1 章　量化交易快速入门

单击左侧导航栏中的"代码"选项，可以查看模拟交易-1 的 Python 程序代码，如图 1.58 所示。

图 1.58　模拟交易-1 的 Python 程序代码

3．绑定微信

开启微信通知后，可以通过微信接收模拟交易的下单信号。需要注意的是，模拟交易的下单信号较实盘有 30 秒的延迟。

在"我的交易"页面，可以看到模拟交易-1 的"微信通知"默认是关闭的，如图 1.59 所示。

图 1.59　"微信通知"默认是关闭的

单击 OFF 按钮，弹出"绑定微信"面板，如图 1.60 所示。

图 1.60 "绑定微信"面板

利用微信的扫一扫功能,扫一下二维码,就可以绑定微信。注意,一个账号仅支持绑定一个微信账号。

1.8 量化交易的潜在风险及应对策略

量化交易一般会经过海量数据仿真测试和模拟操作等手段进行检验,并依据一定的风险管理算法进行仓位和资金配置,实现风险最小化和收益最大化,但往往也会存在一定的潜在风险,表现在以下 5 个方面,具体如下。

(1)历史数据的完整性。行情数据不完整可能导致模型与行情数据不匹配。行情数据自身风格转换,也可能导致模型失败,如交易流动性、价格波动幅度、价格波动频率等,而这一点是目前量化交易难以克服的。

(2)模型设计中没有考虑仓位和资金配置,没有安全的风险评估和预防措施,可能导致资金、仓位和模型的不匹配,而发生爆仓现象。

(3)网络中断,硬件故障也可能对量化交易产生影响。

(4)同质模型产生竞争交易现象导致的风险。

(5)单一投资品种导致的不可预测风险。

为规避或减小量化交易存在的潜在风险,可采取的策略有:①保证历史数据的完整性;②在线调整模型参数;③在线选择模型类型;④风险在线监测和规避等。

第 2 章
Python 量化交易的开发环境

Python 语言简单易学,并且在各行各业都发挥着独特的作用。由于 Python 语言具有强大的数据处理功能,所以该语言是量化交易的首选开发语言。本章首先讲解 Python 语言的由来、特点、应用;然后讲解 Python 开始环境及配置;接着讲解 Python 程序的编写;最后讲解如何利用量化交易平台编写 Python 程序。

2.1 初识 Python 语言

Python 是一个有条理的、强大的面向对象的程序设计语言。虽然运行速度比不上 Java、C++，更比不上传说中的速度之王 C 语言。但完成同一个任务，C 语言要写 1000 行代码，Java 只需要写 100 行代码，而 Python 可能只要 20 行代码。

2.1.1 Python 的历史由来

Python 的创始人是 Guido van Rossum（吉多·范·罗苏姆）。1989 年圣诞节期间，在阿姆斯特丹，Guido 为了打发圣诞节的无趣，决心开发一个新的脚本解释程序，作为 ABC 语言的一种继承。之所以选中 Python（"大蟒蛇"的意思）作为该编程语言的名字，是因为他是一个叫 Monty Python 的喜剧团体的爱好者。

ABC 是由 Guido 参加设计的一种教学语言。就 Guido 本人看来，ABC 这种语言非常优美和强大，是专门为非专业程序员设计的。但是 ABC 语言并没有成功，究其原因，Guido 认为是其非开放造成的。Guido 决心在 Python 中避免这一错误。同时，他还想实现在 ABC 中闪现过但未曾实现的东西。

就这样，Python 在 Guido 手中诞生了。可以说，Python 是从 ABC 发展起来，主要受到了 Modula-3（另一种相当优美且强大的语言，为小型团体所设计的）的影响。并且结合了 Unix Shell 和 C 的习惯。

Python 已经成为最受欢迎的程序设计语言之一。2011 年 1 月，它被 TIOBE 编程语言排行榜评为 2010 年度语言。自从 2004 年以后，Python 的使用率呈线性增长。

由于 Python 语言的简洁性、易读性以及可扩展性，在国外用 Python 做科学计算的研究机构日益增多，一些知名大学已经采用 Python 来教授程序设计课程，如卡耐基·梅隆大学的编程基础、麻省理工学院的计算机科学及编程导论就使用 Python 语言讲授。众多开源的科学计算软件包都提供了 Python 的调用接口，如著名的计算机视觉库 OpenCV、三维可视化库 VTK、医学图像处理库 ITK。而 Python 专用的科学计算扩展库就更多了，如 3 个十分经典的科学计算扩展库——NumPy、SciPy 和 Matplotlib，它们分别为 Python 提供了快速数组处理、数值运算以及绘图功能。因此 Python 语言及其众多的扩展库所构成的开发环境十分适合工程技术、科研人员处理实验数据、制作图表，甚至开发科学计算应用程序。

2.1.2 Python 的特点

Python 具有 10 项明显的特点，具体如下。

（1）易于学习。Python 有相对较少的关键字，结构简单，和一个明确定义的语法，学习起来更加简单。

（2）易于阅读。Python 代码定义得更清晰。

（3）易于维护。Python 的成功在于它的源代码是相当容易维护的。

（4）一个广泛的标准库。Python 的最大优势之一是丰富的库，跨平台的，在 UNIX、Windows 和 Macintosh 中兼容很好。

（5）互动模式。互动模式的支持，可以从终端输入执行代码并获得结果的语言，互动的测试和调试代码片段。

（6）可移植。基于其开放源代码的特性，Python 已经被移植（也就是使其工作）到许多平台。

（7）可扩展。如果需要一段运行很快的关键代码，或者想要编写一些不愿开放的算法，可以使用 C 或 C++完成那部分程序，然后从你的 Python 程序中调用。

（8）数据库。Python 提供所有主要的商业数据库的接口。

（9）GUI 编程。Python 支持 GUI 可以创建和移植到许多系统调用。

（10）可嵌入。你可以将 Python 嵌入 C/C++程序，让你的程序的用户获得"脚本化"的能力。

2.1.3　Python 的应用

Python 的应用很广泛，主要应用在以下几个方面。

（1）系统编程。Python 可提供 API（Application Programming Interface，应用程序编程接口），能方便进行系统维护和管理，Linux 下标志性语言之一，是很多系统管理员理想的编程工具。

（2）图形处理。Python 有 PIL、Tkinter 等图形库支持，能方便进行图形处理。

（3）数学处理。NumPy 扩展提供大量与许多标准数学库的接口。

（4）文本处理。Python 提供的 re 模块能支持正则表达式，还提供 SGML、XML 分析模块，许多程序员利用 Python 进行 XML 程序的开发。

（5）数据库编程。程序员可通过遵循 Python DB-API（数据库应用程序编程接口）规范的模块与 Microsoft SQL Server、Oracle、Sybase、DB2、MySQL、SQLite 等数据库通信。Python 自带一个 Gadfly 模块，提供了一个完整的 SQL 环境。

（6）网络编程。Python 提供丰富的模块支持 Sockets 编程，能方便、快速地开发分布式应用程序。很多大规模软件开发计划如 Zope、Mnet、BitTorrent、Google 都在广泛地使用它。

（7）Web 编程。Python 可作为 Web 应用程序的开发语言，支持最新的 XML 技术。

（8）多媒体应用。Python 的 PyOpenGL 模块封装了"OpenGL 应用程序编程接口"，能进行二维和三维图像处理。PyGame 模块可用于编写游戏软件。

2.2 Python 开发环境及配置

Python 在 PC 三大主流平台（Windows、Linux 和 OS X）都可以使用。这里只讲解 Python 在 Windows 操作系统下的开发环境配置。

2.2.1 Python 的下载

在浏览器的地址栏中输入 https://www.python.org，然后按 Enter 键，进入 Python 官网的首页页面。鼠标指针指向导航栏中 Downloads，弹出下拉菜单，如图 2.1 所示。

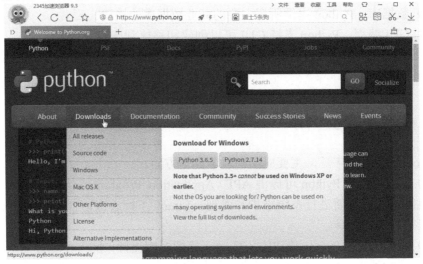

图 2.1 Python 官网的首页页面

在下拉菜单中选择 Python 3.6.5 命令，弹出"新建下载任务"对话框，如图 2.2 所示。

图 2.2 "新建下载任务"对话框

第 2 章　Python 量化交易的开发环境

单击"下载"按钮，开始下载，下载完成后可以在桌面看到 Python 3.6.5 安装文件图标，如图 2.3 所示。

图 2.3　桌面上的安装文件图标

2.2.2　Python 的安装

Python 安装文件下载成功后，就可以安装了。双击 Python 3.6.5 安装文件图标，弹出 Python 3.6.5 安装向导对话框，如图 2.4 所示。

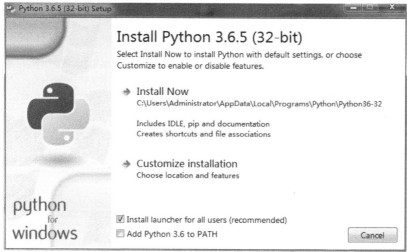

图 2.4　Python 3.6.5 安装向导对话框

选择 Install Now 选项，采用默认安装，把 Python 3.6.5 安装到 C 盘中。选择 Customize installation 选项，自定义安装，这时可以选择 Python 3.6.5 安装位置。

这里选择 Install Now 选项，即采用默认安装，就开始安装并显示安装进度，如图 2.5 所示。

安装完成后，显示"安装成功"对话框，如图 2.6 所示。

单击 Close 按钮，整个安装程序完毕。

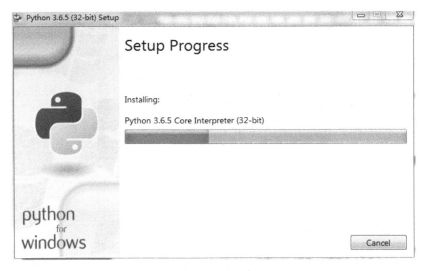

图 2.5 开始安装并显示安装进度

图 2.6 安装成功

2.2.3 Python 的环境变量配置

程序和可执行文件可以存储许多目录，而这些路径很可能不在操作系统提供可执行文件的搜索路径中。Path（路径）存储在环境变量中，这是由操作系统维护的一个命名的字符串。这些变量包含可用的命令行解释器和其他程序的信息。

在环境变量中添加 Python 目录有两种方法：一是利用命令提示框；二是利用计算机属性设置。

第 2 章　Python 量化交易的开发环境

1. 命令提示框

单击桌面左下角的"开始"按钮，弹出"开始"菜单，然后在文本框中输入 cmd，如图 2.7 所示。

图 2.7　"开始"菜单

在文本框中输入 cmd 后，按 Enter 键，打开 Windows 系统命令行程序，如图 2.8 所示。

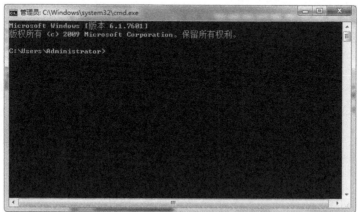

图 2.8　Windows 系统命令行程序

在 Windows 系统命令行程序中，输入以下代码：

path=%path%;C:\Python36

然后按 Enter 键即可。注意：C:\Python36 是 Python 的安装目录。

2. 利用计算机属性设置

鼠标指针指向计算机图标并右击，在弹出的快捷菜单中选择"属性"命令，如图 2.9 所示。

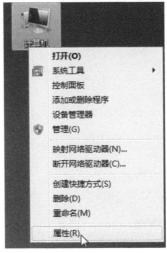

图 2.9　右键快捷菜单

弹出"控制面板"窗口，如图 2.10 所示。

图 2.10　"控制面板"窗口

在"控制面板"窗口中单击"高级系统设置"，弹出"系统属性"对话框，如图 2.11 所示。

在"系统属性"对话框中，单击"环境变量"按钮，弹出"环境变量"对话框，

第 2 章　Python 量化交易的开发环境

如图 2.12 所示。

图 2.11　"系统属性"对话框

图 2.12　"环境变量"对话框

双击"系统变量"列表框中的 Path，弹出"编辑系统变量"对话框，然后在"变量名"文本框中添加 Python 的安装路径，即 C:\Python36。需要注意的是，路径一定要用分号"；"隔开。

在环境变量中添加 Python 目录后，在 Windows 系统命令行程序中输入以下代码：

```
Python -h
```

然后按 Enter 键，就可以看到 Python 的相关信息了，如图 2.13 所示。

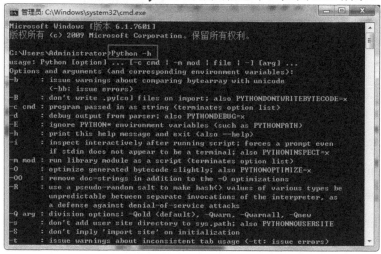

图 2.13　Python 的相关信息

2.3　Python 程序的编写

Python 开发环境配置成功后，就来编写 Python 程序。依照传统，学习一门新语言，写的第一段程序都叫"Hello World！"，因为这个程序所要做的事情就是显示"Hello World！"。

2.3.1　利用系统自带的开发软件 IDEL 直接编写程序并运行

单击桌面左下角的"开始"→"所有程序"菜单命令，可以看到 Python 3.6，再单击 Python 3.6，就可以看到 Python 自带的开发软件 IDEL 菜单命令，如图 2.14 所示。

图 2.14　Python 自带的开发软件 IDEL 菜单命令

选择 IDEL 命令，打开 Python 3.6.5 Shell 软件，如图 2.15 所示。
在 Python 3.6.5 Shell 软件中输入以下代码：

```
print（"hello word!"）
```

然后按 Enter 键，就可以看到程序运行结果，如图 2.16 所示。

第 2 章　Python 量化交易的开发环境

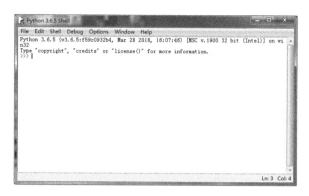

图 2.15　Python 3.6.5 Shell 软件

图 2.16　程序运行结果

这是 print 语句的实例。print 并不会真的往纸上打印文字，而是在屏幕上输出值。

利用 print 语句，不仅可以输出英文，还可以输出汉字。在 Python 3.6.5 Shell 软件中输入以下代码：

```
print("欢迎您！Python")
```

然后按 Enter 键，就可以看到程序运行结果了，如图 2.17 所示。

图 2.17　输出汉字

— 49 —

print 语句还可以跟上多个字符串,用逗号","隔开,就可以连成一串输出。在 Python 3.6.5 Shell 软件中输入以下代码:

```
print ("This is ","a book!")
```

然后按 Enter 键,就可以看到程序运行结果了,如图 2.18 所示。

图 2.18　多个字符串

在这里还可以直接计算。在 Python 3.6.5 Shell 软件中输入以下代码:

```
30+15-6-5
```

然后按 Enter 键,就可以看到程序运行结果了,如图 2.19 所示。

图 2.19　直接计算

2.3.2　创建 Python 文件并运行

如果要编写多行代码程序,直接输入不太方便,最好先创建 Python 文件,然后再运行文件。

在菜单栏中选择 File→New File 命令,创建一个 Python 文件,如图 2.20 所示。

第 2 章 Python 量化交易的开发环境

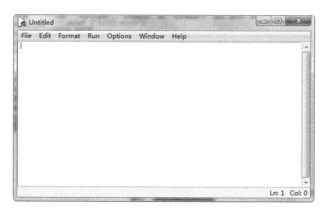

图 2.20 创建一个 Python 文件

在 Python 文件中输入以下代码：

```
print（"第一个实例：逐个显示'Python'中的每个字母！"）
for letter in "Python":        # 第一个实例
    print （"当前字母 :", letter）
print（）
print（"第二个实例:"）
fruits = "banana", "apple", "mango"
for fruit in fruits:            # 第二个实例
    print （"当前水果 :", fruit）
print （"输出完成，再见!"）
```

其中 print（）表示输入一个空行。

然后在菜单栏中选择 File→Save 命令，弹出"另存为"对话框，保存位置为默认，即 Python 安装目录下，文件名为 Python2-1，如图 2.21 所示。

图 2.21 "另存为"对话框

单击"保存"按钮，保存 Python 程序文件，下面来运行程序。单击菜单栏中的 Run 菜单项，弹出下拉菜单，如图 2.22 所示。

图 2.22 Run 的下拉菜单

在下拉菜单中选择 Run module 命令或按键盘上的 F5 键，都可以运行程序，如图 2.23 所示。

图 2.23 运行程序

2.4 利用量化交易平台编写 Python 程序

聚宽 JoinQuant 量化交易平台免费提供基于 IPython Notebook 的研究平台，利用该平台也可以轻松编写 Python 程序，特别是关注量化交易的 Python 程序。

2.4.1 初识 IPython Notebook 研究平台

成功登录聚宽 JoinQuant 量化交易平台后，在菜单栏中选择"我的策略"→"投资研究"命令，打开"投资研究"页面，如图 2.24 所示。

第 2 章 Python 量化交易的开发环境

图 2.24 "投资研究"页面

1. 新建文件

单击"新建"按钮，弹出下拉菜单，如图 2.25 所示。

图 2.25 "新建"下拉菜单

看到可以新建 Python2 或 Python3 的 Notebook，还可以创建文本文件和文件夹。单击下一级子菜单中的 Python3，就创建了 Python3 的 Notebook，如图 2.26 所示。

图 2.26 Python3 的 Notebook

接下来就可以编写 Python 程序了，具体代码如下：

print("您好！我是量化交易平台")

然后单击 运行 按钮，显示程序运行结果，如图 2.27 所示。

图 2.27 程序运行结果

单击"文件"菜单项,弹出下拉菜单,可以保存、重命名文件,如图2.28所示。

图2.28 "文件"下拉菜单

选择"重命名"命令,就会弹出"重命名"对话框,这里把文件命名为Python2-1,如图2.29所示。

图2.29 "重命名"对话框

这样,在"投资研究"页面中就可以看到Python2-1文件了,如图2.30所示。

图2.30 "投资研究"页面中的新建文件

2. 文件的管理

选中刚新建的文件,可以看到投资研究页面中增加了几个按钮,如图2.31所示。

第 2 章　Python 量化交易的开发环境

图 2.31　增加按钮

"复制"按钮：单击该按钮，就可以复制选中的文件。

"关闭"按钮：如果选中的文件还在运行中，单击"关闭"按钮，可以停止文件的运行。

"视图"按钮：单击该按钮，打开选中的文件。

"编辑"按钮：单击该按钮，打开选中的文件，并显示程序代码，如图 2.32 所示。

图 2.32　打开选中的文件并显示程序代码

"移入回收站"按钮：单击该按钮，删除文件到回收站中。单击"回收站"选项卡，还可以看到删除的文件，如图 2.33 所示。

图 2.33　回收站

> **提醒** 在"回收站"中,选中文件,单击"还原"按钮,可以把文件重新移回到"投资研究"页面中。单击"彻底删除"按钮,可以彻底删除选中的文件。单击"清空回收站"按钮,可以把回收站中的所有文件彻底删除。

删除按钮■:单击该按钮,可以删除文件。注意这个文件就找不到了。

2.4.2 利用 Python Notebook 编写 Python 程序

单击"新建"按钮,新建一个 Python3 的 Notebook,然后命名为 Python2-2,并输入以下代码:

```
stocks = get_industry_stocks('C36')    #获得汽车制造业指数的所有股票代码
stocks
```

单击 运行 按钮,程序运行结果如图 2.34 所示。

图 2.34 获得汽车制造业指数的所有股票代码

单击"新建"按钮,新建一个 Python3 的 Notebook,然后命名为 Python2-3,并输入以下代码:

```
import pandas as pd
#从 2015 年 4 月 16 日到当前,平安银行、中国宝安两只股票的限售解禁股数据
dataframe1 = get_locked_shares(stock_list=['000001.XSHE', '000009.XSHE'], start_date='2015-4-16', forward_count=1600)
dataframe1
```

第 2 章 Python 量化交易的开发环境

单击 运行 按钮，程序运行结果如图 2.35 所示。

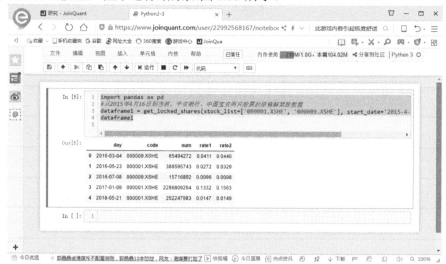

图 2.35 限售解禁股数据

学习心得

第 3 章 Python 的基本语法及流程控制

Python 语言的基本语法和流程控制，与当前其他流行语言 C、C++、Java 等有较多相似之处，但也有一些差别。Python 语言有两大流程控制结构，分别是选择结构和循环结构。选择结构通过 if 语句来实现，循环结构可以通过 while 循环来实现，也可以通过 for 循环来实现。本章首先讲解 Python 的基本数据类型；然后讲解变量和运算符；接着讲解选择结构、循环结构及其他语句；最后讲解 Python 的代码格式。

3.1 Python 的基本数据类型

Python 的数据类型只有 6 个类别，分别是数值、字符串、列表、元组、集合、字典。相对于 C 语言来讲，Python 的数据类型很少，但 Python 该有的功能一个也不少。即使 C 语言的代表作——链表和二叉树，Python 同样可以轻松应对。下面先来讲解 Python 的基本数据类型，即数值和字符串。

3.1.1 数值类型

Python 支持 3 种不同的数值类型，分别是整型（int）、浮点型（floating point real values）、复数（complex numbers），如图 3.1 所示。

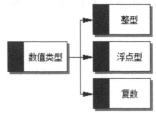

图 3.1　数值类型

1. 整型（int）

整型（int），通常称为整数，是正整数或负整数，不带小数点。Python3 整型是没有大小限制的，可以当作长整型（Long）类型使用，所以 Python3 没有 Python2 的长整型（Long）类型。需要注意的是，可以使用十六进制和八进制来代表整数。

2. 浮点型（floating point real values）

浮点型由整数部分与小数部分组成，浮点型也可以使用科学计数法表示（2.5E+02 = 2.5×10^2 = 250）。

3. 复数（complex numbers）

复数由实数部分和虚数部分构成，可以用 $a+bj$ 或者 complex(a, b) 表示，复数的实部 a 和虚部 b 都是浮点型。

Python 的数值类型如表 3.1 所示。

表 3.1　Python 的数值类型

int	float	complex
60	0.3	3.14j
-100	-11.8	-25j
0o60	2.5E+2	3+4j

续表

int	float	complex
-0o80	2.3E-5	9.322e-36j
0x69	-5E+3	3e+26j
-0x260	-8E-9	-0.6545+0j

下面举例来说明数值类型。单击"开始"菜单,打开 Python 3.6.5 Shell 软件,然后在菜单栏中选择 File→New File 命令,创建一个 Python 文件,并命名为 Python3-1.py,然后输入以下代码:

```
x1 = -50            # 整型变量
x2 = 20.0           # 浮点型变量
x3 = -3+5j          # 复数变量
x4 = 0xA0F          # 十六进制
x5 = 0o37           # 八进制
x6 = 2.5E+3         #浮点型用使用科学计数法表示
print(x1)           #显示变量的值
print(x2)
print(x3)
print(x4)
print(x5)
print(x6)
```

在菜单栏中选择 Run→Run Module 命令或按键盘上的 F5 键,就可以运行程序代码了,结果如图 3.2 所示。

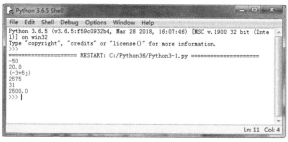

图 3.2 数值类型

有时需要对数值类型进行转换,数据类型转换时,只需要将数值类型作为函数名即可,具体如下。

int(x):将 x 转换为一个整数。

float(x):将 x 转换为一个浮点数。

complex(x):将 x 转换为一个复数,实数部分为 x,虚数部分为 0。

complex(x, y):将 x 和 y 转换为一个复数,实数部分为 x,虚数部分为 y。

3.1.2 字符串类型

字符串是 Python 编程语言中最常用的数据类型,可以使用单引号(')或双引号(")来创建字符串。需要注意的是,Python 不支持单字符类型,单字符在 Python 中也是作为一个字符串使用。

1. 普通字符串实例

单击"开始"菜单,打开 Python 3.6.5 Shell 软件,然后在菜单栏中选择 File→New File 命令,创建一个 Python 文件,并命名为"Python3-2.py",然后输入以下代码:

```
var1 = 'I am python!'          #利用单引号给字符串变量赋值
var2 = "您好,好久不见"          #利用双引号给字符串变量赋值
print("显示 var1 中的字符串:"+var1)                    #输出字符串
print("显示 var2 中的字符串:"+var2)
print("显示 var1 中第一个的字符串:"+var1[0])           #输出 var1 中的第一个字符
print("显示 var2 中第三个的字符串:"+var2[2])
print("显示 var1 中第一到第四个的字符串:"+var1[0:4])
print("显示 var2 中第四到第六个的字符串:"+var2[3:6])
```

在菜单栏中选择 Run→Run Module 命令或按键盘上的 F5 键,运行程序代码,结果选择如图 3.3 所示。

图 3.3 字符串

在需要在字符串中使用特殊字符时,Python 用反斜杠(\)转义字符。转义字符及意义如表 3.2 所示。

表 3.2 转义字符及意义

转义字符	意 义
\(在行尾时)	续行符
\\	反斜杠符号
\'	单引号
\"	双引号
\a	响铃

第 3 章　Python 的基本语法及流程控制

续表

转义字符	意　义
\b	退格(Backspace)
\e	转义
\000	空
\n	换行
\v	纵向制表符
\t	横向制表符
\r	回车
\f	换页
\oyy	八进制数，yy 代表的字符，如\o12 代表换行
\xyy	十六进制数，yy 代表的字符，如\x0a 代表换行
\other	其他的字符以普通格式输出

　　Python 支持格式化字符串的输出，尽管这样可能会用到非常复杂的表达式，但最简单的用法是将一个值插入一个有字符串格式符%s 的字符串中。

提醒　在 Python 中，字符串格式化使用与 C 中 sprintf ( ) 函数一样的语法。

2. 格式化字符串的输出实例

单击"开始"菜单，打开 Python 3.6.5 Shell 软件，然后输入以下代码：

```
print ("我叫 %s,今年 %d 岁,爱好是：%s!" % ('周涛',10,'跳舞、唱歌、绘画'))
```

按 Enter 键，就可以运行代码，如图 3.4 所示。

图 3.4　格式化字符串的输出

利用 input()函数可以进行动态输入，该函数的语法结构如下：

```
input([prompt])
```

其中，参数 prompt 是提示信息。input()函数接受一个标准输入数据，返回为 string 类型。

3. input()函数实例

单击"开始"菜单,打开 Python 3.6.5 Shell 软件,然后在菜单栏中选择 File→New File 命令,创建一个 Python 文件,并命名为 Python3-3.py,然后输入以下代码:

```
myname=input("请输入您的名称:")
myold=input("请输入您的年龄:")
myhobby=input("请输入您的爱好:")
print("我叫%s,今年%d 岁,我的爱好是:%s。" % (myname,int(myold),myhobby))
```

这里需要注意,input()函数默认数据类型是字符串型,要想输出数值型,需要使用 int()函数进行数据类型转换。

在菜单栏中选择 Run→Run Module 命令或按键盘上的 F5 键,就可以运行程序代码,这时程序要求输入您的名称,如图 3.5 所示。

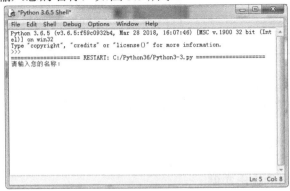

图 3.5 程序要求输入您的名称

假如这里输入"李哲",然后按 Enter 键,这时程序要求输入您的年龄,如图 3.6 所示。

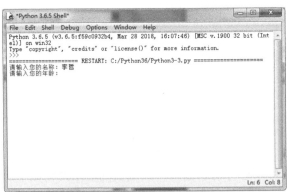

图 3.6 程序要求输入您的年龄

假如这里输入"8",然后按 Enter 键,这时程序要求输入您的爱好,如图 3.7 所示。

第 3 章 Python 的基本语法及流程控制

图 3.7 程序要求输入您的爱好

假如这里输入"围棋、跑步、跳高",然后按 Enter 键,这时程序就会显示输入的名称、年龄和爱好信息,如图 3.8 所示。

图 3.8 格式化显示输入的信息

Python 的字符串格式化符号及意义如表 3.3 所示。

表 3.3 字符串格式化符号及意义

字符串格式化符号	意 义
%c	格式化字符及其 ASCII 码
%s	格式化字符串
%d	格式化整数
%u	格式化无符号整型
%o	格式化无符号八进制数
%x	格式化无符号十六进制数
%f	格式化浮点数字,可指定小数点后的精度
%e	用科学记数法格式化浮点数
%p	用十六进制数格式化变量的地址

3.2 变量及赋值

变量是指在程序执行过程中其值可以变化的量,系统为程序中的每个变量分配一个存储单元。变量名实质上就是计算机内存单元的命名。因此,借助变量名就可以访问内存中的数据了。

3.2.1 变量命名规则

变量有一个名称,给变量命名时,应遵循以下规则。
(1)名称只能由字母、数字和下画线组成。
(2)名称的第一个字符可以是字母或下画线,但不能是数字。
(3)名称对大小写敏感。
(4)名称不能与 Python 中的关键字相同。

关键字,即保留字。Python 的标准库提供了一个 keyword 模块,可以输出当前版本的所有关键字。

保留字示例如下。

单击"开始"菜单,打开 Python 3.6.5 Shell 软件,然后输入以下代码:

```
import keyword
```

按 Enter 键,这样就导入 keyword 模块,即关键字模块。keyword 模块中有两个成员,即 iskeyword()函数和 kwlist 列表。其中 kwlist 中包含了所有的关键字,而 iskeyword()函数则用来查看某一个字符串是否是关键字。

接着输入以下代码:

```
keyword.kwlist
```

然后按 Enter 键,就可以看到所有关键字,如图 3.9 所示。

图 3.9 查看 Python 的关键字

下面来判断一个字符串是否是关键字。接着输入以下代码：

```
keyword.iskeyword("False")
```

 提醒 iskeyword()函数中的参数是字符串。

然后按 Enter 键，这时显示输出结果为 True，这表明"False"是一个关键字。再输入以下代码：

```
keyword.iskeyword("myname")
```

然后按 Enter 键，这时显示输出结果为 False，这表明" myname "不是一个关键字，如图 3.10 所示。

图 3.10　判断一个字符串是否是关键字

3.2.2　变量的赋值

每个变量在使用前都必须赋值，变量赋值以后该变量才会被创建。在 Python 中，变量就是变量，它没有类型，通常所说的"类型"是变量所指的内存中对象的类型。

等号（=）用来给变量赋值。等号（=）运算符左边是一个变量名，等号（=）运算符右边是存储在变量中的值，例如：

```
counter = 5             # 整型变量
miles   = 803.320       # 浮点型变量
name    = "runoob"      # 字符串
```

另外，Python 允许同时为多个变量赋值。例如：

```
a = b = c = 30
```

上述代码表示，创建一个整型对象，赋值为 30，3 个变量被分配到相同的内存空间。

还可以为多个对象指定多个变量，例如：

a, b, c = 1, 2, "runoob"

上述代码表示，两个整型对象 1 和 2 分配给变量 a 和 b，字符串对象"runoob"分配给变量 c。另外，利用 type()函数可以查看变量的数据类型。

变量类型查看的示例如下。

单击"开始"菜单，打开 Python 3.6.5 Shell 软件，然后在菜单栏中选择 File→New File 命令，创建一个 Python 文件，并命名为 Python3-4.py，然后输入以下代码：

```
a, b,c,d = 20,5.5, 4+3j ,"我是字符串类型"        #为多个对象指定多个变量
print("变量 a 的数据类型是：",type(a))
print("变量 b 的数据类型是：",type(b))
print("变量 c 的数据类型是：",type(c))
print("变量 d 的数据类型是：",type(d))
```

在菜单栏中选择 Run→Run Module 命令或按键盘上的 F5 键，就可以运行程序代码，结果如图 3.11 所示。

图 3.11　变量类型的查看

3.3　运算符

运算是对数据的加工，最基本的运算形式可以用一些简洁的符号来描述，这些符号称为运算符。被运算的对象（数据）称为运算量。例如，4 +5 = 9，其中 4 和 5 被称为运算量，"+"称为运算符。

3.3.1　算术运算符

算术运算符及意义如表 3.4 所示。

第3章 Python 的基本语法及流程控制

表3.4 算术运算符及意义

运 算 符	意 义
+	两个数相加
-	两个数相减
*	两个数相乘
/	两个数相除，求商
%	取模，即两个数相除，求余数
//	两个数相除，求商，但只取商的整数部分
**	幂，即返回 x 的 y 次幂

算术运算符示例如下。

单击"开始"菜单，打开 Python 3.6.5 Shell 软件，然后在菜单栏中选择 File→New File 命令，创建一个 Python 文件，并命名为 Python3-5.py，然后输入以下代码：

```
a = 15        #为3个变量赋值
b = 6
c = 0
print ("当前 a=15,b=6,计算结果如下：")
c = a + b
print ("a + b 的值为：",c)
c = a - b
print ("a - b 的值为：",c)
c = a * b
print ("a * b 的值为：",c)
c = a / b
print ("a / b 的值为：",c)
c = a % b
print ("a % b 的值为：", c)
a = 3          # 修改变量 a 、b 、c 的值
b = 5
print()
print ("当前 a=3,b=5,计算结果如下：")
c = a**b
print ("a**b 的值为：",c)
a = 15
b = 3
print()
print ("当前 a=15,b=3,计算结果如下：")
c = a//b
print ("a//b 的值为：",c)
```

在菜单栏中选择 Run→Run Module 命令或按键盘上的 F5 键，就可以运行程序代码，结果如图 3.12 所示。

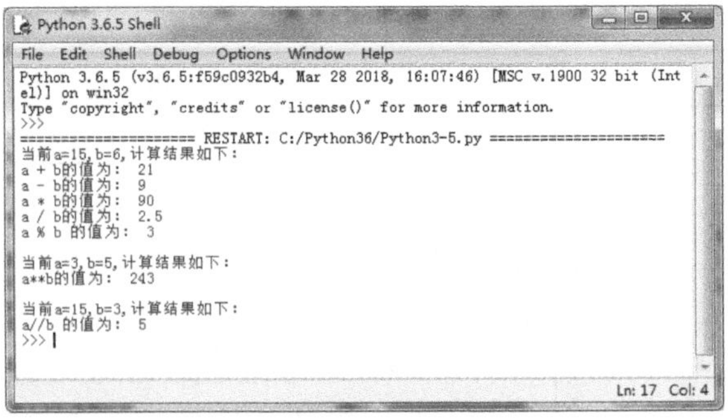

图 3.12　算术运算符示例的运行结果

3.3.2　赋值运算符

赋值运算符及意义如表 3.5 所示。

表 3.5　赋值运算符及意义

运 算 符	意 义
=	简单的赋值运算符
+=	加法赋值运算符
-=	减法赋值运算符
*=	乘法赋值运算符
/=	除法赋值运算符
%=	取模赋值运算符
//=	取整除赋值运算符
**=	幂赋值运算符

赋值运算符示例如下。

单击"开始"菜单，打开 Python 3.6.5 Shell 软件，在菜单栏中选择 File→New File 命令，创建一个 Python 文件，并命名为 Python3-6.py，然后输入以下代码：

```
a = 45      #为3个变量赋值
b = 5
c = 0
c = a + b
print ("a + b 的值为： ",c)
c += a
print ("c += a 的值为： ",c)
c *= a
print ("c *= a 的值为： ",c)
```

```
c /= a
print ("c /= a 的值为：",c)
c = 2
c %= a
print ("c %= a 的值为：",c)
c **= a
print ("c **= a 的值为：",c)
c //= a
print ("c //= a 的值为：", c)
```

在菜单栏中选择 Run→Run Module 命令或按键盘上的 F5 键，运行程序代码，结果如图 3.13 所示。

图 3.13 赋值运算符示例的运行结果

3.3.3 位运算符

位运算符是把数字看作二进制来进行计算的。位运算符及意义如表 3.6 所示。

表 3.6 位运算符及意义

运 算 符	意 义
&	按位与运算符：参与运算的两个值，如果两个相应位都为 1，则该位的结果为 1，否则为 0
|	按位或运算符：只要对应的两个二进位有一个为 1 时，结果位就为 1
^	按位异或运算符：当两对应的二进位相异时，结果为 1
~	按位取反运算符：对数据的每个二进制位取反，即把 1 变为 0，把 0 变为 1
<<	左移动运算符：运算数的各二进位全部左移若干位，由"<<"右边的数指定移动的位数，高位丢弃，低位补 0
>>	右移动运算符：把">>"左边的运算数的各二进位全部右移若干位，">>"右边的数指定移动的位数

位运算符示例如下。

单击"开始"菜单，打开 Python 3.6.5 Shell 软件，然后在菜单栏中选择 File→New File 命令，创建一个 Python 文件，并命名为 Python3-7.py，然后输入以下代码：

```
a = 60              # 60 = 0011 1100
b = 13              # 13 = 0000 1101
c = 0
c = a & b           # 12 = 0000 1100
print ("a & b 的值为：",c)
c = a | b           # 61 = 0011 1101
print ("a | b 的值为：",c)
c = a ^ b           # 49 = 0011 0001
print ("a ^ b 的值为：",c)
c = ~a              # -61 = 1100 0011
print ("~a 的值为：", c)
c = a << 2          # 240 = 1111 0000
print ("a << 2 的值为：",c)
c = a >> 2          # 15 = 0000 1111
print ("a >> 2 的值为：",c)
```

在菜单栏中选择 Run→Run Module 命令或按键盘上的 F5 键，就可以运行程序代码，结果如图 3.14 所示。

图 3.14　位运算符示例的运行结果

3.4　选择结构

选择结构是一种程序化设计的基本结构，它用于解决这样一类问题：可以根据不同的条件选择不同的操作。对选择条件进行判断只有两种结果，即"条件成立"或"条件不成立"。在程序设计中，通常用"真"表示条件成立，用 True 表达；用"假"表示条件不成立，用 False 表达；并称"真"和"假"为逻辑值。

3.4.1 关系运算符

关系运算用于对两个量进行比较。Python 提供 6 个关系运算符,关系运算符及意义如表 3.7 所示。

表 3.7 关系运算符及意义

运算符	意义
==	等于,比较对象是否相等
!=	不等于,比较两个对象是否不相等
>	大于,返回 x 是否大于 y
<	小于,返回 x 是否小于 y。所以比较运算符返回 1 表示真,返回 0 表示假。这分别与特殊的变量 True 和 False 等价。注意这些变量名需大写
>=	大于等于,返回 x 是否大于等于 y
<=	小于等于,返回 x 是否小于等于 y

关系运算符示例如下。

单击"开始"菜单,打开 Python 3.6.5 Shell 软件,然后在菜单栏中选择 File→New File 命令,创建一个 Python 文件,并命名为 Python3-8.py,然后输入以下代码:

```
a = 28
b = 12
print("当a=28,b=12 时,关系运算结果:")
if ( a == b ):
    print ("1: a 等于 b")
else:
    print ("1: a 不等于 b")
if ( a != b ):
    print ("2:a 不等于 b")
else:
    print ("2:a 等于 b")
if ( a < b ):
    print ("3:a 小于 b")
else:
    print ("3:a 大于等于 b")
if ( a > b ):
    print ("4:a 大于 b")
else:
    print ("4:a 小于等于 b")
a = 8      # 修改变量 a 和 b 的值
b = 19
print()
```

```
print("当 a=8,b=19 时，关系运算结果：")
if ( a <= b ):
    print ("5:a 小于等于  b")
else:
    print ("5:a 大于   b")
if ( b >= a ):
    print ("6:b 大于等于  a")
else:
    print ("6:b 小于  a")
```

在菜单栏中选择 Run→Run Module 命令或按键盘上的 F5 键，就可以运行程序代码，结果如图 3.15 所示。

图 3.15　关系运算符示例的运行结果

3.4.2　逻辑运算符

Python 提供 3 个逻辑运算符，逻辑运算符及意义如表 3.8 所示。

表 3.8　逻辑运算符及意义

运算符	逻辑表达式	意　义
and	x and y	布尔"与"，如果 x 为 False，x and y 返回 False；否则它返回 y 的计算值
or	x or y	布尔"或"，如果 x 是 True，它返回 x 的值；否则它返回 y 的计算值
not	not x	布尔"非"，如果 x 为 True，返回 False。如果 x 为 False，它返回 True

逻辑运算符示例如下。

单击"开始"菜单，打开 Python 3.6.5 Shell 软件，然后在菜单栏中选择 File→New File 命令，创建一个 Python 文件，并命名为 Python3-9.py，然后输入以下代码：

第 3 章　Python 的基本语法及流程控制

```
a = 12
b = 28
print("当 a=12,b=28 时，逻辑运算结果：")
if ( a and b ):
    print ("1:变量 a 和 b 都为 true")
else:
    print ("1:变量 a 和 b 有一个不为 true")
if ( a or b ):
    print ("2:变量 a 和 b 都为 true，或其中一个变量为 true")
else:
    print ("2:变量 a 和 b 都不为 true")
a = 0      # 修改变量 a 的值
print()
print("当 a=0,b=28 时，逻辑运算结果：")
if ( a and b ):
    print ("3:变量 a 和 b 都为 true")
else:
    print ("3:变量 a 和 b 有一个不为 true")
if ( a or b ):
    print ("4:变量 a 和 b 都为 true，或其中一个变量为 true")
else:
    print ("4:变量 a 和 b 都不为 true")
if not( a and b ):
    print ("5:变量 a 和 b 都为 false，或其中一个变量为 false")
else:
    print ("5:变量 a 和 b 都为 true")
```

在菜单栏中选择 Run→Run Module 命令或按键盘上的 F5 键，就可以运行程序代码，结果如图 3.16 所示。

图 3.16　逻辑运算符示例的运行结果

3.4.3　if 语句

Python 中 if 语句的一般格式如下。

```
if   表达式 1:
    语句 1
elif   表达式 2:
    语句 2
else:
    语句 3
```

if 语句的执行具体如下。

如果"表达式 1"为 True，将执行"语句 1"块语句；如果"表达式 1"为 False，将判断"表达式 2"；如果"表达式 2"为 True，将执行"语句 2"块语句；如果"表达式 2"为 False，将执行"语句 3"块语句。

 提醒　Python 中用 elif 代替 else if，所以 if 语句的关键字为 if、elif、else。

另外，还要注意以下 3 点。

（1）每个条件后面要使用冒号（:），表示接下来是满足条件后要执行的语句块。

（2）使用缩进来划分语句块，相同缩进数的语句在一起组成一个语句块。

（3）在 Python 中没有 switch-case 语句。

if 语句示例如下。

单击"开始"菜单，打开 Python 3.6.5 Shell 软件，然后在菜单栏中选择 File→New File 命令，创建一个 Python 文件，并命名为 Python3-10.py，然后输入以下代码：

```
age = int(input("请输入您的年龄: "))    #调用 input（）函数，并把函数返回值转化为整型
print("")                              #打印一个空行
if age < 0:                            #如果输入年龄小于 0，显示对不起，年龄不能小于 0
    print("对不起，年龄不能小于 0!")
elif age >0 and age<=6 :               #如果输入年龄在 0~6，显示您还是一名幼儿
    print("您好，您还是一名幼儿！")
elif age >6 and age<=11:
    print("您好，您还是一名儿童！")#如果输入年龄在 7~11，显示您还是一名儿童
elif age > 11 and age<=15 :
    print("您好，您还是一名少年！")    #如果输入年龄在 12~15，显示您还是一名少年
elif age > 15 and age<=25 :
    print("您好，您是一名青年人！")    #如果输入年龄在 16~25，显示您是一名青年人
elif age > 25 and age<=65 :
    print("您好，您是一名成年人！")    #如果输入年龄在 26~65，显示您是一名成年人
else:
    print("您好，您是一位老人！")      #如果输入年龄在 26~65，显示您是一位老人
```

在菜单栏中选择 Run→Run Module 命令或按键盘上的 F5 键，就可以运行程序代码，并提醒你输入年龄。

如果你输入的年龄在 0~6 之间，如输入 3，就会显示"您好，您还是一名幼儿！"。

第 3 章　Python 的基本语法及流程控制

如果你输入的年龄在 7~11 之间，如输入 9，就会显示"您好，您是一名儿童！"。
如果你输入的年龄在 12~15 之间，如输入 14，就会显示"您好，您是一名少年！"。
如果你输入的年龄在 16~25 之间，如输入 23，就会显示"您好，您是一名青年人！"。
如果你输入的年龄在 26~65 之间，如输入 42，就会显示"您好，您是一名成年人！"。
如果你输入的年龄大于 65，如输入 72，就会显示"您好，您是一位老人！"。
在这里输入 22，显示"您好，您是一名青年人！"，如图 3.17 所示。

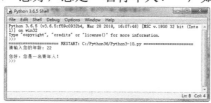

图 3.17　if 语句示例的运行结果

3.4.4　嵌套 if 语句

在嵌套 if 语句中，可以把 if...elif...else 结构放在另外一个 if...elif...else 结构中。嵌套 if 语句的一般格式如下：

```
if 表达式 1:
    语句 1
    if 表达式 2:
        语句 2
    elif 表达式 3:
        语句 3
    else:
        语句 4
elif 表达式 4:
    语句 5
else:
    语句 6
```

嵌套 if 语句的执行具体如下。
如果"表达式 1"为 True，将执行"语句 1"块语句，并判断"表达式 2"；如果"表达式 2"为 True 将执行"语句 2"块语句；如果"表达式 2"为 False，将判断"表达式 3"，如果"表达式 3"为 True，将执行"语句 3"块语句。如果"表达式 3"为 False，将执行"语句 4"块语句。
如果"表达式 1"为 False，将判断"表达式 4"，如果"表达式 4"为 True，将执行"语句 5"块语句；如果"表达式 4"为 False，将执行"语句 6"块语句。

嵌套 if 语句示例如下。

单击"开始"菜单，打开 Python 3.6.5 Shell 软件，然后在菜单栏中选择 File→New File 命令，创建一个 Python 文件，并命名为 Python3-11.py，然后输入以下代码：

```
num=int(input("输入一个数字："))
print()
if num%2==0:
    if num%3==0:
        print ("输入的数字可以整除 2 和 3")
    else:
        print ("输入的数字可以整除 2，但不能整除 3")
else:
    if num%3==0:
        print ("输入的数字可以整除 3，但不能整除 2")
    else:
        print   ("输入的数字不能整除 2 和 3")
```

在菜单栏中选择 Run→Run Module 命令或按键盘上的 F5 键，就可以运行程序代码，并提醒你输入一个数。

如果你输入 6，就会显示"输入的数字可以整除 2 和 3"。

如果你输入 4，就会显示"输入的数字可以整除 2，但不能整除 3"。

如果你输入 9，就会显示"输入的数字可以整除 3，但不能整除 2"。

如果你输入 5，就会显示"输入的数字不能整除 2 和 3"；

在这里输入 14，显示"输入的数字可以整除 2，但不能整除 3"，如图 3.18 所示。

图 3.18　嵌套 if 语句示例的运行结果

3.5　循环结构

在程序设计中，循环是指从某处开始有规律地反复执行某一块语句的现象，通常将复制执行的块语句称为循环的循环体。使用循环体可以简化程序，节约内存、提高效率。Python 中的循环语句有 while 循环和 for 循环。

3.5.1　while 循环

Python 中 while 循环语句的一般格式如下：

```
while  判断条件：
    语句
```

while 循环语句同样需要注意冒号和缩进。另外，在 Python 中没有 do...while 循环。while 循环示例如下。

单击"开始"菜单，打开 Python 3.6.5 Shell 软件，然后在菜单栏中选择 File→New File 命令，创建一个 Python 文件，并命名为 Python3-12.py，然后输入以下代码：

```
n =int(input("请输入一个大于 0 的整数:"))
print()
mysum = 0
num = 1
while num<=n :
    mysum= mysum + num
    num +=1
print("1 加到 %d 的和为: %d" % (n,mysum))
```

在菜单栏中选择 Run→Run Module 命令或按键盘上的 F5 键，就可以运行程序代码，结果如图 3.19 所示。

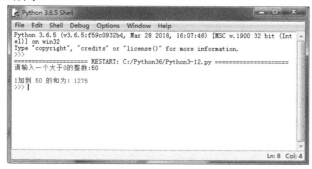

图 3.19　while 循环示例的运行结果

3.5.2　while 循环使用 else 语句

在 while...else 语句中，如果条件语句为 False 时，则执行 else 的语句块。

while 循环使用 else 语句示例如下。

单击"开始"菜单，打开 Python 3.6.5 Shell 软件，然后在菜单栏中选择 File→New File 命令，创建一个 Python 文件，并命名为 Python3-13.py，然后输入以下代码：

```
count = 0
while count < 12:
    print (count, " 小于 12，正在运行 While 循环语句")
    count = count + 1
else:
    print()
    print (count, " 等于 12，即已运行到 While 循环中的 else 语句")
```

在菜单栏中选择 Run→Run Module 命令或按键盘上的 F5 键，就可以运行程序代码，结果如图 3.20 所示。

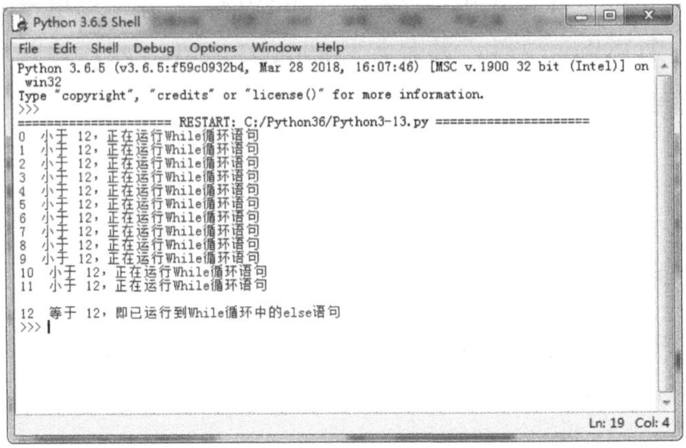

图 3.20 while 循环使用 else 语句示例的运行结果

3.5.3 无限循环

可以通过设置条件表达式永远不为 False，来实现无限循环，下面通过实例来说明。
无限循环示例如下。
单击"开始"菜单，打开 Python 3.6.5 Shell 软件，然后在菜单栏中选择 File→New File 命令，创建一个 Python 文件，并命名为 Python3-14.py，然后输入以下代码：

```
num = 1
while num == 1 :    # 表达式永远为 true
    mystr = input("请输入字母或数字:")
    print ("您输入的字母或数字是： ", mystr)
```

在菜单栏中选择 Run→Run Module 命令或按键盘上的 F5 键，就可以运行程序代码，结果如图 3.21 所示。

第 3 章 Python 的基本语法及流程控制

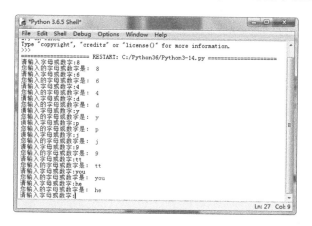

图 3.21 无限循环示例的运行结果

对于无限循环，该如何结束程序运行呢？按键盘上的 Ctrl+C 组合键，就可以结束无限循环。

> **提醒** 无限循环在服务器的客户端的实时请求非常有用。

3.5.4 for 循环

for 循环可以遍历任何序列的项目，如一个列表或者一个字符串。for 循环语句的一般格式如下：

```
for <variable> in <sequence>:
    <statements>
else:
    <statements>
```

for 循环示例如下。

单击"开始"菜单，打开 Python 3.6.5 Shell 软件，然后在菜单栏中选择 File→New File 命令，创建一个 Python 文件，并命名为 Python3-15.py，然后输入以下代码：

```
names = ["苹果","香蕉","樱桃","猕猴桃","椰子","山核桃","黑莓","杏子"]
print("利用 for 循环分别显示水果名：")
for x in names:
    print( x)
```

在菜单栏中选择 Run→Run Module 命令或按键盘上的 F5 键，就可以运行程序代码，结果如图 3.22 所示。

图 3.22　for 循环示例的运行结果

3.5.5　在 for 循环中使用 range() 函数

range() 函数的语法格式如下：

```
range(stop)
range(start, stop[, step])
```

range() 函数是一个用来创建算术级数序列的通用函数，返回一个[start, start + step, start + 2 * step, ...]结构的整数序列；range 函数具有以下特性。

（1）如果 step 参数缺省，默认为 1；如果 start 参数缺省，默认为 0。

（2）如果 step 是正整数，则最后一个元素（start + i×step）小于 stop。

（3）如果 step 是负整数，则最后一个元素（start + i×step）大于 stop。

（4）step 参数必须是非零整数；否则显示异常。

需要注意的是，range() 函数返回一个左闭右开（[left,right)）的序列数。例如，range(4)，显示的是 0,1,2,3，没有 4；range(2,5)，显示的是 2,3,4，没有 5。

range() 函数示例如下。

单击"开始"菜单，打开 Python 3.6.5 Shell 软件，然后在菜单栏中选择 File→New File 命令，创建一个 Python 文件，并命名为 Python3-16.py，然后输入以下代码：

```
print("遍历数字序列:")
for i in range(12):
    print(i)
print("使用 range()指定区间的值")
for a in range(2,9):
    print(a)
print("使用 range()指定数字开始并指定不同的增量")
for b in range(10,300,40):
    print(b)
```

选择菜单栏中的 Run→Run Module 命令或按键盘上的 F5 键,就可以运行程序代码,结果如图 3.23 所示。

图 3.23 range()函数示例的运行结果

3.6 其他语句

在 Python 的基本流程控制中,还常常使用其他 3 种语句,分别是 break 语句、continue 语句和 pass 语句。

3.6.1 break 语句

使用 break 语句可以使流程跳出 while 或 for 的本层循环,特别是在多层次循环结构中,利用 break 语句可以提前结束内层循环。

需要注意的是,如何从 for 或 while 循环中终止,任何对应的循环 else 块将不再执行。

break 语句示例如下。

单击"开始"菜单,打开 Python 3.6.5 Shell 软件,然后在菜单栏中选择 File→New File 命令,创建一个 Python 文件,并命名为 Python3-17.py,然后输入以下代码:

```
for letter in "mypython":        # 第一个实例
    if letter == 'h':
        break
    print ('当前字母为 :', letter)
print()
var = 15                         # 第二个实例
```

```
while var > 0:
    print ('当期变量值为  :', var)
    var = var -1
    if var == 5:
        break
print ("程序运行完毕，再见！")
```

在菜单栏中选择 Run→Run Module 命令或按键盘上的 F5 键，就可以运行程序代码，结果如图 3.24 所示。

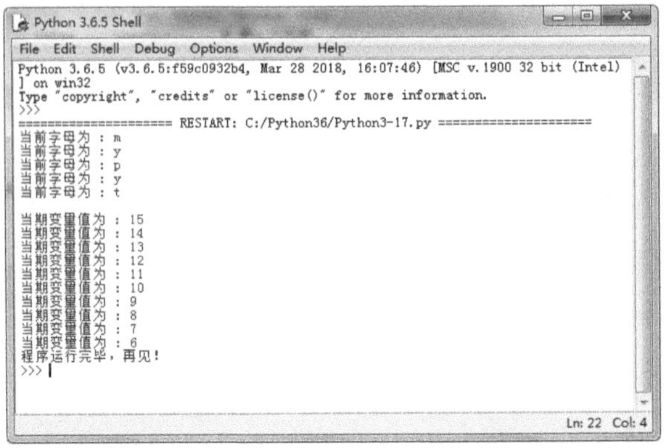

图 3.24 break 语句示例的运行结果

3.6.2 continue 语句

continue 语句被用来告诉 Python 跳过当前循环块中的剩余语句，然后继续进行下一轮循环，下面通过实例进行说明。

continue 语句示例如下。

单击"开始"菜单，打开 Python 3.6.5 Shell 软件，然后在菜单栏中选择 File→New File 命令，创建一个 Python 文件，并命名为 Python3-18.py，然后输入以下代码：

```
var = 12
while var > 0:
    var = var -1
    if var == 6:                  # 变量为 6 时跳过输出
        continue
    print ('当前变量值  :', var)
print()
print ("程序运行完毕，再见！")
```

在菜单栏中选择 Run→Run Module 命令或按键盘上的 F5 键，就可以运行程序代码，结果如图 3.25 所示。

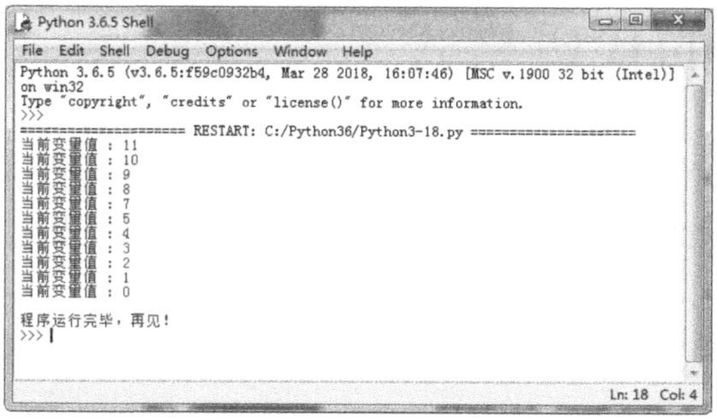

第 3 章　Python 的基本语法及流程控制

图 3.25　continue 语句示例的运行结果

3.6.3　pass 语句

在 Python 程序设计中，pass 是空语句，是为了保持程序结构的完整性。pass 语句不做任何事情，一般用作占位语句。

pass 语句示例如下。

单击"开始"菜单，打开 Python 3.6.5 Shell 软件，然后在菜单栏中选择 File→New File 命令，创建一个 Python 文件，并命名为 Python3-19.py，然后输入以下代码：

```
for a in "letter":
    if a == 'e':
        pass
        print ('执行 pass 块')
    print ('当前字母 :', a)
print()
print ("程序运行完毕，再见！")
```

在菜单栏中选择 Run→Run Module 命令或按键盘上的 F5 键，就可以运行程序代码，结果如图 3.26 所示。

图 3.26　pass 语句示例的运行结果

3.7 Python 的代码格式

Python 是一门新兴的编程语言，在格式上与其他传统编程语言虽然相差不大，但也有不同之处，特别是代码缩进。下面具体讲解 Python 的代码格式。

3.7.1 代码缩进

Python 最具特色的就是使用缩进来表示代码块，不需要使用大括号{}。缩进的空格数是可变的，但是同一个代码块的语句必须包含相同的缩进空格数。示例如下：

```
if True:
    print ("正确")
else:
    print ("错误")
```

以下代码最后一行语句缩进数的空格数不一致，会导致运行错误：

```
if True:
    print ("Answer")
    print ("True")
else:
    print ("Answer")
  print ("False")       # 缩进不一致，会导致运行错误
```

错误信息如图 3.27 所示。

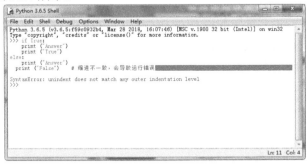

图 3.27　缩进不一致，会导致运行错误

3.7.2 代码注释

Python 中单行注释以#开头，实例如下：

```
print ("Hello, Python!")    # 第一个注释
```

第 3 章 Python 的基本语法及流程控制

多行注释可以用多个#号，还有'''和""":

```
# 第一个注释
# 第二个注释
'''
第三注释
第四注释
'''
"""
第五注释
第六注释
"""
```

3.7.3 空行

函数之间或类的方法之间用空行分隔，表示一段新代码的开始。类和函数入口之间也用一行空行分隔，以突出函数入口的开始。

空行与代码缩进不同，空行并不是 Python 语法的一部分。书写时不插入空行，Python 解释器运行也不会出错。但是空行的作用在于分隔两段不同功能或含义的代码，便于日后代码的维护或重构。

 提醒 空行也是程序代码的一部分。

3.7.4 同一行显示多条语句

Python 可以在同一行中使用多条语句，语句之间使用分号(;)分隔，在 Python 3.6.5 Shell 软件中，输入以下代码：

```
x=5;y=89;z=24;print(x+y+10+6-z)
```

按 Enter 键，执行代码，就会显示运行结果，如图 3.28 所示。

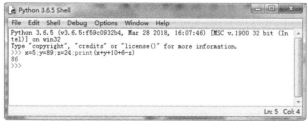

图 3.28 同一行显示多条语句

学习心得

第 4 章
Python 的特征数据类型

　　Python 语言有 4 个特征数据类型，分别是列表、元组、字典、集合。本章首先讲解列表的创建、访问、更新、删除及列表的方法与函数，然后讲解元组的创建、访问、连接、删除及函数的应用，接着讲解字典的创建、访问、修改及函数的应用，最后讲解集合的创建、运算符和方法的应用。

4.1 列表

列表是 Python 程序设计中最常用的数据类型。列表是一个可变序列，序列中的每个元素都分配一个数字，即它的位置或索引。第一个索引是 0，第二个索引是 1，以此类推。

4.1.1 列表的创建

在 Python 语言中，是用中括号（[ ]）来解析列表的。列表中的元素可以是数学、字符串、列表、元组等。创建一个列表，只要把逗号分隔的不同数据项使用中括号括起来即可，具体如下：

```
list1 = ["苹果","香蕉", 2007, 2016, 2018]
list2 = [1, 2, 3, 4, 5 ]
list3 = ["x", "y", "z"]
```

4.1.2 3 种方法访问列表中的值

可以使用下标索引来访问列表中的值，也可以使用中括号的形式截取字符，还可以利用 for 循环语句来遍历列表中的值。

利用 3 种方法访问列表中的值示例如下。

单击"开始"菜单，打开 Python 3.6.5 Shell 软件，然后在菜单栏中选择 File→New File 命令，创建一个 Python 文件，并命名为 Python4-1.py，然后输入以下代码：

```
list1 = ["苹果","香蕉", 2007, 2016, 2018]
print("使用下标索引来访问列表中的值:")
print ("列表中的第一个值，list1[0]: ", list1[0])
print ("列表中的第三个值，list1[2]: ", list1[2])
print()
print("使用中括号的形式截取字符:")
print ("列表中的第三和第四个值，list1[2:4]: ", list1[2:4])
print()
print("利用 for 循环语句来遍历列表中的值:")
for i in list1:
    print(i)
```

在菜单栏中选择 Run→Run Module 命令或按键盘上的 F5 键，就可以运行程序代码，结果如图 4.1 所示。

第 4 章 Python 的特征数据类型

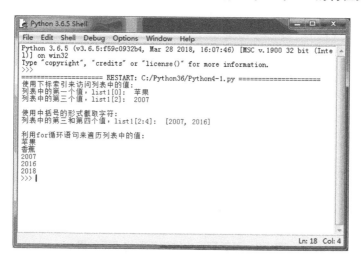

图 4.1 访问列表中的值示例的运行结果

4.1.3 两种方法更新列表中的值

可以对列表的数据项进行修改或更新，也可以使用 append()方法来添加列表项。利用两种方法更新列表中的值示例如下。

单击"开始"菜单，打开 Python 3.6.5 Shell 软件，然后在菜单栏中选择 File→New File 命令，创建一个 Python 文件，并命名为 Python4-2.py，然后输入以下代码：

```
list1 = ["苹果","香蕉", 2007, 2016, 2018]
print("列表中原来的数据：")
for i in list1:
    print(i)
print()
print ("列表中原来的第二个元素为 : ", list1[1])
list1[1] = "桃子"
print ("列表中更新后的第二个元素为 : ", list1[1])
print("列表中更新后的数据：")
for i in list1:
    print(i)
print()
list1.append("Baidu")    #利用 append()方法来添加列表项
print ("添加列表项后的列表中数据 : ", list1)
```

在菜单栏中选择 Run→Run Module 命令或按键盘上的 F5 键，就可以运行程序代码，结果如图 4.2 所示。

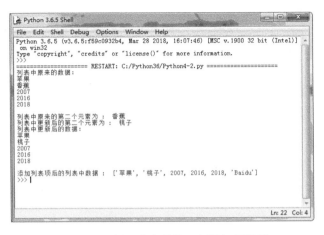

图 4.2　更新列表中的值示例的运行结果

4.1.4　del 语句删除列表中的值

可以使用 del 语句来删除列表的元素。

利用 del 语句删除列表中的值示例如下。

单击"开始"菜单，打开 Python 3.6.5 Shell 软件，然后在菜单栏中选择 File→New File 命令，创建一个 Python 文件，并命名为 Python4-3.py，然后输入以下代码：

```
list1 = ["苹果","香蕉", 2007, 2016, 2018]
print("没有删除元素之前的列表数据：",list1)
print()
del list1[2]
print("删除第三个元素之后的列表数据 :", list1)
```

在菜单栏中选择 Run→Run Module 命令或按键盘上的 F5 键，就可以运行程序代码，结果如图 4.3 所示。

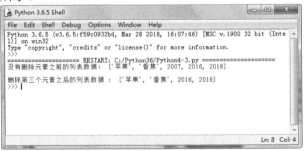

图 4.3　删除列表中的值示例的运行结果

4.1.5 列表的 4 个函数

列表的 4 个函数的名称及功能说明如表 4.1 所示。

表 4.1 列表的函数名及功能说明

列表的函数名	函数的功能说明
len(list)	列表元素个数
max(list)	返回列表元素最大值
min(list)	返回列表元素最小值
list(seq)	将元组转换为列表

列表的函数示例如下。

单击"开始"菜单，打开 Python 3.6.5 Shell 软件，然后在菜单栏中选择 File→New File 命令，创建一个 Python 文件，并命名为 Python4-4.py，然后输入以下代码：

```
list1 = ["I","love","python"]
list2 = [100, 200, 300,400,500]
print ("列表 1 中的元素 : ", list1)
print ("列表 2 中的元素 : ", list2)
print()
print( "list1 的最大值:", max(list1) )
print( "list2 的最大值:", max(list2) )
print( "list1 的最小值:", min(list1) )
print( "list2 的最小值:", min(list2) )
print("list1 的元数个数:",len(list1))
print("list2 的元数个数:",len(list2))
print()
 # id() 函数用于获取对象的内存地址
print("列表 1 中第一个值的内存地址值： ", id(list1[0]) )
print("列表 1 中第二个值的内存地址值： ", id(list1[1]) )
print("列表 1 中第三个值的内存地址值", id(list1[2]) )
print()
aTuple = (123, 'Google', 'Runoob', 'Taobao')   #定义元组
list1 = list(aTuple)                            #把元组变成列表
print ("把元组变成列表后，其中的元素 : ", list1)
```

在这里用到了元组。需要注意的是，元组与列表是非常相似的，区别在于元组的元素值不能修改，元组是放在括号中，列表是放在中括号中。

在菜单栏中选择 Run→Run Module 命令或按键盘上的 F5 键，就可以运行程序代码，结果如图 4.4 所示。

图 4.4 列表的函数示例的运行结果

4.1.6 列表的方法

前面已讲解列表的 append()方法,下面讲解其他列表方法。列表的方法名称及功能说明如表 4.2 所示。

表 4.2 列表的方法名称及功能说明

列表的方法名称	方法的功能说明
list.copy()	复制列表
list.clear()	清空列表
list.sort([func])	对原列表进行排序
list.reverse()	反向列表中的元素
list.remove(obj)	移除列表中某个值的第一个匹配项
list.pop(obj=list[-1])	移除列表中的一个元素(默认最后一个元素),并且返回该元素的值
list.insert(index, obj)	将对象插入列表
list.index(obj)	从列表中找出某个值第一个匹配项的索引位置
list.extend(seq)	在列表末尾一次性追加另一个序列中的多个值(用新列表扩展原来的列表)
list.count(obj)	统计某个元素在列表中出现的次数

列表的方法示例如下。

单击"开始"菜单,打开 Python 3.6.5 Shell 软件,然后在菜单栏中选择 File→New File 命令,创建一个 Python 文件,并命名为 Python4-5.py,然后输入以下代码:

```
list1 = ['Google', 'Runoob', 'Taobao', 'Baidu']
list2 = list1.copy()
print ("list2 列表: ", list2)
print()
list2.sort()
print ("list2 列表排序后 : ", list2)
print()
list2.reverse()
print ("list2 列表反转后: ", list2)
print()
list2.remove('Taobao')
print ("list2 列表移除 Taobao 后 : ", list2)
print()
list2.pop()
print ("list2 列表再移除最后一个元素 : ", list2)
print()
list2.insert(1, 'Runoob')
print ('列表插入元素后为 : ', list2)
print ('Runoob 索引值为', list2.index('Runoob'))
print()
list2.clear()
print ("列表清空后 : ", list2)
```

在菜单栏中选择 Run→Run Module 命令或按键盘上的 F5 键，就可以运行程序代码，结果如图 4.5 所示。

图 4.5　列表的方法示例的运行结果

4.2　元组

Python 程序设计中的元组与列表类似，不同之处在于元组的元素不能修改。另外，元组使用小括号，列表使用中括号。

4.2.1 元组的创建

元组的创建很简单,只需要在括号中添加元素,并使用逗号隔开即可,具体代码如下:

```
tup1 = ("Google", "Baidu", 2017, 2018)
tup2 = (4, 5,6,7,8,9,15,20,60)
tup3 = "h", "b", "w", "d","f","p"        # 不需要括号也可以
```

还可以定义空元组,具体代码如下:

```
tup1 = ();
```

元组中只包含一个元素时,需要在元素后面添加逗号;否则括号会被当作运算符使用。

元组的创建示例如下。

单击"开始"菜单,打开 Python 3.6.5 Shell 软件,然后在菜单栏中选择 File→New File 命令,创建一个 Python 文件,并命名为 Python4-6.py,然后输入以下代码:

```
tup1 = (120)
tup2 = (120,)
print("tup1 = (120)的数据类型是:",type(tup1))
print("tup2 = (120,)的数据类型是:",type(tup2))
```

在菜单栏中选择 Run→Run Module 命令或按键盘上的 F5 键,就可以运行程序代码,结果如图 4.6 所示。

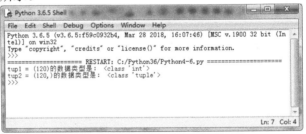

图 4.6 创建元组示例的运行结果

4.2.2 3 种方法访问元组中的值

可以使用下标索引来访问元组中的值,也可以使用中括号的形式截取字符,还可以利用 for 循环语句来遍历元组中的值。

第 4 章 Python 的特征数据类型

利用 3 种方法访问元组中的值示例如下。

单击"开始"菜单,打开 Python 3.6.5 Shell 软件,然后在菜单栏中选择 File→New File 命令,创建一个 Python 文件,并命名为 Python4-7.py,然后输入以下代码:

```
tup1 = ("book" , "desk","bag",2000,2008,2012,2015, 2018)
print("元组中的值: ",tup1)
print()
print("使用下标索引来访问元组中的值:")
print ("元组中的第二个值,tup1[1]: ", tup1[1])
print()
print("使用中括号的形式截取字符,显示元组中的值: ")
print ("元组中的第二个和第五个值,tup1[1:5]: ", tup1[1:5])
print()
#利用 for 循环语句来遍历元组中的值
print("利用 for 循环语句来遍历元组中的值")
for i in tup1:
    print(i)
```

在菜单栏中选择 Run→Run Module 命令或按键盘上的 F5 键,就可以运行程序代码,结果如图 4.7 所示。

图 4.7 访问元组中的值示例的运行结果

4.2.3 元组的连接

元组中的元素值是不允许修改的,但可以利用"+"号对元组进行连接组合。

(1)元组的连接示例如下。

单击"开始"菜单,打开 Python 3.6.5 Shell 软件,然后在菜单栏中选择 File→New

File 命令，创建一个 Python 文件，并命名为 Python4-8.py，然后输入以下代码：

```
tup1 = (12, 34.56,82)
tup2 = ('abc', 'xyz',"me")
# 以下修改元组元素操作是非法的
# tup1[0] = 100
# 创建一个新的元组
tup3 = tup1 + tup2
print ("连接元组并显示",tup3)
```

在菜单栏中选择 Run→Run Module 命令或按键盘上的 F5 键，就可以运行程序代码，结果如图 4.8 所示。

图 4.8 利用 "+" 号对元组进行连接组合示例的运行结果

（2）修改元组内的特定位置的值示例如下。

下面利用 for 循环语句为元组添加新的内容。如果想修改元组内特定位置的值，需要先把元组转化为列表，修改成功后再转化为元组。

单击"开始"菜单，打开 Python 3.6.5 Shell 软件，然后在菜单栏中选择 File→New File 命令，创建一个 Python 文件，并命名为 Python4-9.py，然后输入以下代码：

```
t1=(1,2,3)        #创建元组
print("显示初始元组中的数据：",t1)
print()
for i in range(1,5):    #利用 for 循环为元组添加数据
    t2=(i,)
    t1=t1+t2
print("为元组添加数据后的数据：",t1)
print()
l1=list(t1)    #把元组转化为列表
print("把元组转化为列表，列表中的数据：",l1)
print()
l1[0]=9        #修改列表中的第一个数据的值
print("修改数据后的数据：",l1)
```

```
print()
t1=tuple(l1)    #把列表转化为元组
print("把列表转化为元组,元组中的数据：",t1)
```

在菜单栏中选择 Run→Run Module 命令或按键盘上的 F5 键，就可以运行程序代码，结果如图 4.9 所示。

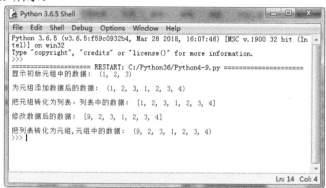

图 4.9 修改元组内的特定位置的值示例的运行结果

4.2.4 整个元组的删除

元组中的元素值是不允许删除的，但可以使用 del 语句来删除整个元组。

使用 del 语句删除整个元组示例如下。

单击"开始"菜单，打开 Python 3.6.5 Shell 软件，然后在菜单栏中选择 File→New File 命令，创建一个 Python 文件，并命名为 Python4-10.py，然后输入以下代码：

```
tup = ("苹果","桃子","香蕉",2015, 2018)
print ("显示元组中的数据：",tup)
del tup
print ("删除后的元组 tup : ")
print (tup)
```

第一行代码为元组赋值；第二行代码是显示元组内容；第三行代码是利用 del 语句删除元组；第四行代码显示提示信息，这些都会正常运行，不会出错。在运行第五行代码时，程序就会报错，即元组删除后，就没有该元组了，所以再显示元组就会报错。

在菜单栏中选择 Run→Run Module 命令或按键盘上的 F5 键，就可以运行程序代码，结果如图 4.10 所示。

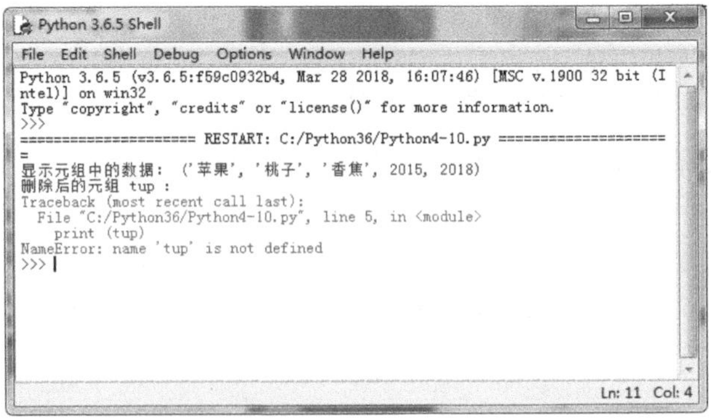

图 4.10　删除整个元组示例的运行结果

4.2.5　元组的 4 个函数

元组的 4 个函数的名称及功能说明如表 4.3 所示。

表 4.3　元组的函数名称及功能说明

元组的函数名称	函数的功能说明
len(tuple)	元组元素个数
max(tuple)	返回元组元素最大值
min(tuple)	返回元组元素最小值
tuple (seq)	将列表转换为元组

元组的函数示例如下。

单击"开始"菜单，打开 Python 3.6.5 Shell 软件，然后在菜单栏中选择 File→New File 命令，创建一个 Python 文件，并命名为 Python4-11.py，然后输入以下代码：

```
tuple1 = (5, 4, 8,12,16,38)
print("元组中的初始元素数据：",tuple1)
print("元组中元素的最大值：",max(tuple1))
print("元组中元素的最小值：",min(tuple1))
print("元组中元素的个数：",len(tuple1))
print("把元组转换成列表，并显示：",list(tuple1))
print("把列表转换为元组，并显示：",tuple(list(tuple1)))
```

在菜单栏中选择 Run→Run Module 命令或按键盘上的 F5 键，就可以运行程序代码，结果如图 4.11 所示。

第 4 章　Python 的特征数据类型

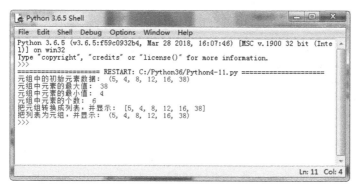

图 4.11　元组的函数示例的运行结果

4.3　字典

从某种意义上讲，字典和列表是相似的。字典使用的是{ }，列表使用的是[ ]，元素的分隔符都是逗号。不同的是列表的索引是从 0 开始的有序整数，并且不能重复；而字典的索引称为键，虽然字典中的键和列表中的索引一样，都是不可重复的，但键是元素的。字典中元素的任意排列都不影响字典的使用。

4.3.1　字典的创建

字典的键可以是数学、字符串、元组等，但一般是用字符串来表示，键与键值之间用冒号分开。创建一个字典，代码如下：

```
dict1 = {'姓名': '张平','年龄': 12,'年级': '6','学习成绩':'优'}
```

提醒　字典中的键必须是唯一的，并且不可变；字典中的值可以不唯一，也可以变。

4.3.2　访问字典中的值和键

访问字典中的值，可以使用表索引来访问，也可以利用 values()方法来访问。可以利用 keys()方法访问字典中的键，利用 items()方法同时访问字典中的值和键。

访问字典中的值和键示例如下。

单击"开始"菜单，打开 Python 3.6.5 Shell 软件，然后在单栏中选择 File→New

File 命令，创建一个 Python 文件，并命名为 Python4-12.py，然后输入以下代码：

```
dict1 = {'姓名': '张平', '年龄': 12, '年级': '6','学习成绩':'优'}
print("姓名：",dict1['姓名'])
print("年龄：",dict1['年龄'])
print("年级：",dict1['年级'])
print("学习成绩：",dict1['学习成绩'])
print()
print ("字典所有值是：",    tuple(dict1.values()))    #以元组方式返回字典中的所有值
print ("字典所有的键是:",  list(dict1.keys()))      #以列表方式返回字典中的所有键
print ("字典所有值和键是：%s" %   dict1.items())      #利用 items()方法同时访问字典中的值和键
```

在菜单栏中选择 Run→Run Module 命令或按键盘上的 F5 键，就可以运行程序代码，结果如图 4.12 所示。

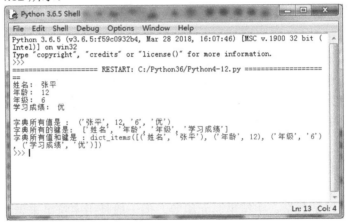

图 4.12　访问字典中的值和键示例的运行结果

还可以利用 for 循环语句来遍历字典中的键和值，下面举例说明。

利用 for 循环语句来遍历字典中的键和值示例如下。

单击"开始"菜单，打开 Python 3.6.5 Shell 软件，然后在菜单栏中选择 File→New File 命令，创建一个 Python 文件，并命名为 Python4-13.py，然后输入以下代码：

```
dict1 = {'姓名': '张平', '年龄': 12, '年级': '6','学习成绩':'优'}
for i,j in dict1.items():
    print(i, ":", j)
```

在菜单栏中选择 Run→Run Module 命令或按键盘上的 F5 键，就可以运行程序代码，结果如图 4.13 所示。

第 4 章　Python 的特征数据类型

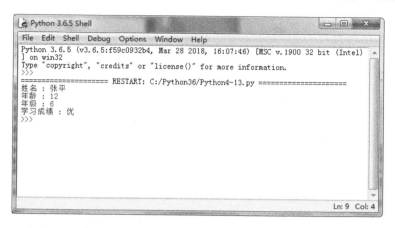

图 4.13　利用 for 循环语句遍历字典中的键和值示例的运行结果

4.3.3　字典的修改

字典的修改，即向字典中添加新的数据项、修改字典中原有的数据项、删除字典中的某一项数据、清空字典中所有数据项。

字典的修改示例如下。

单击"开始"菜单，打开 Python 3.6.5 Shell 软件，然后在菜单栏中选择 File→New File 命令，创建一个 Python 文件，并命名为 Python4-14.py，然后输入以下代码：

```
dict1 = {'姓名': '张平', '年龄': 12, '年级': '6','学习成绩':'优'}
print("字典初始数据：%s" % dict1.items())
print()
dict1['性别'] = '男'     #添加新的数据项
print ("添加数据项后的字典数据 :%s" %  dict1.items())
print()
dict1['学习成绩'] = '及格'    #修改原有的数据项
print ("修改数据项后字典是 :%s" %   dict1.items())
print()
del dict1['学习成绩']           #删除字典中的某一项数据
print ("删除某一项数据后字典是 :%s" %   dict1.items())
print()
dict1.clear()                   #清空字典中所有数据项
print ("清空所有数据后字典是 :%s" %   dict1.items())
```

在菜单栏中选择 Run→Run Module 命令或按键盘上的 F5 键，就可以运行程序代码，结果如图 4.14 所示。

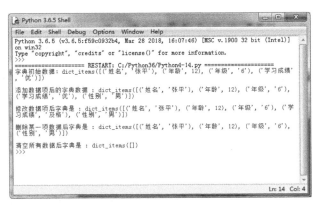

图4.14 修改字典示例的运行结果

4.3.4 字典中的3个函数

字典包括3个函数，函数的名称及功能说明如表4.4所示。

表4.4 字典的函数名称及功能说明

字典的函数名称	函数的功能说明
len(dict)	字典中元素个数，即键的总数
str(dict)	输出字典，以可打印的字符串表示
type(dict)	返回输入的变量类型，如果变量是字典就返回字典类型

字典的函数示例如下。

单击"开始"菜单，打开Python 3.6.5 Shell软件，输入dict1 = {'姓名': '张平', '年龄': 12, '年级': '6', '学习成绩':'优'}，按Enter键，再输入str(dict1)，按Enter键，就可以看到以可打印的字符串表示的字典数据，如图4.15所示。

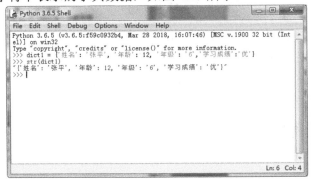

图4.15 以可打印的字符串表示的字典数据示例的运行结果

然后输入 print("字典中元素个数，即键的总数:",len(dict1))，然后按 Enter 键，就可以显示字典中元素个数；然后再输入 type(dict1)，按 Enter 键，就可以看到字典数据类型，如图 4.16 所示。

图 4.16 字典中的函数示例的运行结果

4.4 集合

集合（set）是一个无序不重复元素的序列。集合可分两种，分别是不可变的集合和可变的集合。

4.4.1 集合的创建

可以使用大括号{ }或者 set()函数创建集合。需要注意的是，创建一个空集合必须用 set()而不是{ }，因为{ }是用来创建一个空字典。创建集合的代码如下：

```
student = {'Tom', 'Jim', 'Mary', 'Tom', 'Jack', 'Rose'}
a = set('I love python')
b = set()
```

4.4.2 集合的两个基本功能

集合的两个基本功能是去重和成员测试。

去重是指把一个还有重复元素的列表或元组等数据类型转变成集合，其中的重复元素只出现一次。

成员测试即判断元素是否在集合内。

去重和成员测试示例如下。

单击"开始"菜单，打开 Python 3.6.5 Shell 软件，然后在菜单栏中选择 File→New

File 命令，创建一个 Python 文件，并命名为 Python4-15.py，然后输入以下代码：

```
student = {'Tom', 'Jim', 'Mary', 'Tom', 'Jack', 'Rose'}
print("输出集合，重复的元素被自动去掉: ",student)
# 成员测试
if('Rose' in student) :
    print('Rose  在集合中')
else :
    print('Rose  不在集合中')
if('Zhoudao' in student):
    print('Zhoudao  在集合中')
else:
    print('Zhoudao  不在集合中')
```

在菜单栏中选择 Run→Run Module 命令或按键盘上的 F5 键，就可以运行程序代码，结果如图 4.17 所示。

图 4.17　去重和成员测试示例的运行结果

4.4.3　集合的运算符

集合的运算符及说明如表 4.5 所示。

表 4.5　集合的运算符及说明

数学符号	Python 符号	说　　明
∩	&	交集，如 a&b
∪	|	并集，如 a|b
- 或 \	-	差补或相对补集
△	^	对称差分
⊂	<	真子集
⊆	<=	子集
⊃	>	真超集

第 4 章　Python 的特征数据类型

续表

数学符号	Python 符号	说　明
⊇	>=	超集
=	==	等于，两个集合相等
≠	!=	不等于
∈	in	属于，是里面的元素
	not in	不属于

集合的运算符示例如下。

单击"开始"菜单，打开 Python 3.6.5 Shell 软件，然后在菜单栏中选择 File→New File 命令，创建一个 Python 文件，并命名为 Python4-16.py，然后输入以下代码：

```
a = set('abracadabra')
b = set('alacazam')
print("a 集合中的元素：",a)
print("b 集合中的元素：",b)
print("a 和 b 的差集:",a - b)
print("a 和 b 的并集:",a | b)
print("a 和 b 的交集:",a & b)
print("a 和 b 中不同时存在的元素:",a ^ b)
print("a 和 b 的真子值:",a < b)
print("a 和 b 的子值:",a <= b)
print("a 和 b 的真超值:",a > b)
print("a 和 b 的超值:",a >= b)
print("a 和 b 的相等:",a == b)
print("a 和 b 的不相等:",a != b)
print("a 属于 b:",a in b)
print("a 不属于 b:",a not in b)
```

在菜单栏中选择 Run→Run Module 命令或按键盘上的 F5 键，就可以运行程序代码，结果如图 4.18 所示。

图 4.18　集合的运算符示例的运行结果

4.4.4 集合的方法

集合的方法是一种常用的数学方法，以集合为基础确定数学概念和处理数学问题的方法，有些方法适合所有集合，即不可变的集合和可变的集合；但有些方法只适合可变的集合。

适合所有集合的方法名称及功能说明如表 4.6 所示。

表 4.6 适合所有集合的方法名称及功能说明

方法名称	功能说明
a.issubset(b)	如果 a 是 b 的子集，则返回 True；否则返回 False
a.issuperset(b)	如果 a 是 b 的超集，则返回 True；否则返回 False
a.intersection(b)	返回 a 和 b 的交集
a.union(b)	返回 a 和 b 的并集
a.difference(b)	返回一个新集合，该集合是集合 a 去除 b 元素部分后的
a.symmetric_difference(b)	返回一个新集合，该集合是 a 或 b 的成员，但不是 a 和 b 共有的成员
a.copy()	返回一个浅副本

只适合可变的集合的方法名称及功能说明如表 4.7 所示。

表 4.7 只适合可变的集合的方法名称及功能说明

方法名称	功能说明
a.add()	在集合里添加新的对象
a.clear()	清空集合里的所有对象
a.pop()	删除 a 中的第一元素，并返回，为空时报错
a.remove(obj)	在 a 中删除 obj 这个元素，没找到时报错
a.discard(obj)	在 a 中删除 obj 这个元素，没找到时什么都不做，返回 None
a.update(b)	用 b 中的元素修改 a，此时 a 包含 a 或 b 的成员。相当于合并
a.intersection_update(b)	用 a 和 b 的交集更新 a 集合
a.difference_update(b)	从 a 中移除和 b 一样的元素
a.symmetric_difference(b)	将 a 修改成 a 和 b 的对称差分

集合的方法示例如下。

单击"开始"菜单，打开 Python 3.6.5 Shell 软件，然后在菜单栏中选择 File→New File 命令，创建一个 Python 文件，并命名为 Python4-17.py，然后输入以下代码：

```
thisset = set(("Google", "Runoob", "Taobao"))
```

第 4 章 Python 的特征数据类型

```
        print("集合中的初始数据：",thisset)
        print()
        thisset.add("Facebook")    #利用 add 方法向集合中添加数据
        print("利用 add 方法添加数据后的集合数据：",thisset)
        print()
        thisset.update([1,4],[5,6]) #利用 update 方法向集合中添加数据
        print("利用 update 方法添加数据后的集合数据：",thisset)
        print()
        thisset.remove("Taobao")    #利用 remove 方法删除集合中的数据，如果删除的数据不存在，
会报错
        thisset.discard("Facebook")  #利用 discard 方法删除集合中的数据，如果删除的数据不存在，不
会报错
        print("删除数据后的集合数据：",thisset)
        print()
        thisset.pop()   #利用 pop 方法删除集合中的数据，为空时报错
        print("利用 pop 方法删除数据后的集合数据：",thisset)
        print()
        print("thisset 集合中的元素个数：",len(thisset))
        print()
        thisset.clear()   #清空集合中的数据
        print("利用 clear 方法清空集合中的数据：",thisset)
```

在菜单栏中选择 Run→Run Module 命令或按键盘上的 F5 键，就可以运行程序代码，结果如图 4.19 所示。

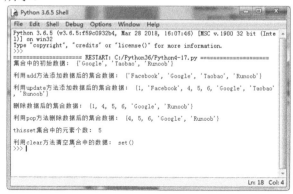

图 4.19 集合的方法示例的运行结果

— 109 —

学习心得

第 5 章
Python 的函数及应用技巧

函数是集成化的子程序，是用来实现某些运算和完成各种特定操作的重要手段。在程序设计中，灵活运用函数库，能体现程序设计智能化，提高程序可读性，充分体现算法设计的正确性、可读性、健壮性、效率与低存储量需求。本章首先讲解函数的作用；然后讲解 Python 的内置函数，即数学函数、三角函数、随机函数和字符串函数；接着讲解用户自定义函数的定义、调用、参数传递及参数类型；最后讲解匿名函数。

5.1　初识函数

程序需要完成多个功能或操作,每个函数可以实现一个独立功能或完成一个独立的操作,因此学习"程序设计"必须掌握函数的编写。因为函数可以被多次调用,所以可以减少重复的代码,即函数能提高应用的模块性和代码的重复利用率。

Python 提供了许多内置函数,如 print()。但也可以自己创建函数,称为用户自定义函数。

5.2　内置函数

Python 提供大量功能强大的内置函数,在这里重点讲解常见的数值函数和字符串函数。

5.2.1　数学函数

数学函数用于各种数学运算。数学函数的名称及返回值如表 5.1 所示。

表 5.1　数学函数的名称及返回值

函数名称	返 回 值
abs(x)	返回数字的绝对值,如 abs(-10) 返回 10
ceil(x)	返回数字的上入整数,如 math.ceil(4.1) 返回 5
floor(x)	返回数字的下舍整数,如 math.floor(4.9)返回 4
round(x [, n])	返回浮点数 x 的四舍五入值,如给出 n 值,则代表舍入到小数点后的位数
exp(x)	返回 e 的 x 次幂,如 math.exp(1) 返回 2.718281828459045
Log10(x)	返回以 10 为基数的 x 的对数,如 math.log10(100)返回 2.0
pow(x, y)	返回 x**y 运算后的值
sqrt(x)	返回数字 x 的平方根
max(x1, x2, ...)	返回给定参数的最大值,参数可以为序列
min(x1, x2, ...)	返回给定参数的最小值,参数可以为序列

数学函数示例如下。

单击"开始"菜单,打开 Python 3.6.5 Shell 软件,然后在菜单栏中选择 File→New File 命令,创建一个 Python 文件,并命名为 Python5-1.py,然后输入以下代码:

```
import math      #导入 math 模块
print("-12 的绝对值：",abs(-12))
print("4.8 的上入整数：",math.ceil(4.8))
print("4.8 的下入整数：",math.floor(4.8))
print("4.8 的四舍五入整数：",round(4.8))
print("e 的 3 次幂：",math.exp(3))
print("以 10 为基数的 1000 的对数：",math.log10(1000))
print("5 的 3 次方：",math.pow(5,3))
print("16 的平方根：",math.sqrt(16))
print("3、6、13、18 数中的最大数",max(3,6,13,18))
print("3、6、13、18 数中的最小数",min(3,6,13,18))
```

需要说明的是，首先要导入 math 模块，才可以使用该模块中的函数；否则程序会报错。

在菜单栏中选择 Run→Run Module 命令或按键盘上的 F5 键，就可以运行程序代码，结果如图 5.1 所示。

图 5.1　数学函数示例的运行结果

5.2.2　随机数函数

随机数可以用于数学、游戏、安全等领域中，还经常被嵌入算法中，用以提高算法效率，并提高程序的安全性。随机数函数的名称及功能说明如表 5.2 所示。

表 5.2　随机数函数的名称及功能说明

函数名称	功能说明
choice(seq)	从序列的元素中随机挑选一个元素
randrange ([start,] stop [, step])	从指定范围内，按指定基数递增的集合中获取一个随机数，基数默认值为 1
random()	随机生成下一个实数，它在[0, 1)范围内
round(x [, n])	返回浮点数 x 的四舍五入值，如给出 n 值，则代表舍入小数点后的位数

续表

函数名称	功能说明
seed([x])	改变随机数生成器的种子 seed。如果不了解其原理，不必特别去设定 seed，Python 会帮你选择 seed
shuffle(lst)	将序列的所有元素随机排序
uniform(x, y)	随机生成下一个实数，它在[x, y]范围内

随机数函数示例如下。

单击"开始"菜单，打开 Python 3.6.5 Shell 软件，然后在菜单栏中选择 File→New File 命令，创建一个 Python 文件，并命名为 Python5-2.py，然后输入以下代码：

```
import random   #导入 radmom 模块
print ("从 range(100) 返回一个随机数 : ",random.choice(range(100)))
print ("从列表中 [1, 2, 3, 5, 9]) 返回一个随机元素 : ", random.choice([1, 2, 3, 5, 9]))
print ("从字符串中 'Runoob' 返回一个随机字符 : ", random.choice('Runoob'))
print()
# 从 1-100 中选取一个奇数
print ("randrange(1, 100, 2) : ", random.randrange(1, 100,2 ))
# 从 0-99 选取一个随机数
print ("randrange(100) : ", random.randrange(100))
print()
# 第一个随机数
print ("random() : ", random.random())
# 第二个随机数
print ("random() : ", random.random())
print()
random.seed()
print()
print ("使用默认种子生成随机数： ", random.random())
random.seed(10)
print ("使用整数种子生成随机数： ", random.random())
random.seed("hello",2)
print ("使用字符串种子生成随机数： ", random.random())
print()
list = [20, 16, 10, 5];
random.shuffle(list)
print ("随机排序列表 : ", list)
random.shuffle(list)
print ("随机排序列表 : ",list)
print ("uniform(5, 10) 的随机浮点数 : ",random.uniform(5, 10))
print ("uniform(7, 14) 的随机浮点数 : ", random.uniform(7, 14))
```

第 5 章　Python 的函数及应用技巧

需要说明的是，首先要导入 random 模块，才可以使用该模块中的函数；否则程序会报错。

在菜单栏中选择 Run→Run Module 命令或按键盘上的 F5 键，就可以运行程序代码，结果如图 5.2 所示。

图 5.2　随机数函数示例的运行结果

5.2.3　三角函数

三角函数的名称及返回值如表 5.3 所示。

表 5.3　三角函数的名称及返回值

函数名称	返 回 值
acos(x)	返回 x 的反余弦弧度值
asin(x)	返回 x 的反正弦弧度值
atan(x)	返回 x 的反正切弧度值
atan2(y, x)	返回给定的 x 及 y 坐标值的反正切值
cos(x)	返回 x 的弧度的余弦值
hypot(x, y)	返回欧几里得范数 sqrt(x*x + y*y)
sin(x)	返回 x 弧度的正弦值
tan(x)	返回 x 弧度的正切值
degrees(x)	返回弧度 x 对应的角度值
radians(x)	返回角度 x 对应的弧度值

三角函数示例如下。

单击"开始"菜单，打开 Python 3.6.5 Shell 软件，然后在菜单栏中选择 File→

New File 命令，创建一个 Python 文件，并命名为 Python5-3.py，然后输入以下代码：

```python
import math                    #导入 math 模块
print ("acos(0.64) : ", math.acos(0.64))
print ("acos(0) : ",    math.acos(0))
print ("asin(-1) : ",    math.asin(-1))
print ("asin(1) : ",    math.asin(1))
print ("atan(0) : ",    math.atan(0))
print ("atan(10) : ",    math.atan(10))
print ("atan2(5, 5) : ",    math.atan2(5,5))
print ("atan2(-10, 10) : ",    math.atan2(-10,10))
print ("cos(3) : ",    math.cos(3))
print ("cos(-3) : ",    math.cos(-3))
print ("hypot(3, 2) : ",    math.hypot(3, 2))
print ("hypot(-3, 3) : ",    math.hypot(-3, 3))
print ("sin(3) : ",    math.sin(3))
print ("sin(-3) : ",    math.sin(-3))
print ("(tan(3) : ",    math.tan(3))
print ("tan(-3) : ",    math.tan(-3))
print ("degrees(3) : ",    math.degrees(3))
print ("degrees(-3) : ",    math.degrees(-3))
print ("radians(3) : ",    math.radians(3))
print ("radians(-3) : ",    math.radians(-3))
```

需要说明的是，首先要导入 math 模块，才可以使用该模块中的函数；否则程序会报错。

在菜单栏中选择 Run→Run Module 命令或按键盘上的 F5 键，就可以运行程序代码，结果如图 5.3 所示。

图 5.3 三角函数示例的运行结果

5.2.4 字符串函数

字符串函数的名称及功能说明如表 5.4 所示。

表 5.4 字符串函数的名称及功能说明

函数名称	功能说明
capitalize()	将字符串的第一个字符转换为大写
center(width, fillchar)	返回一个指定的宽度 width 居中的字符串，fillchar 为填充的字符，默认为空格
count(str, beg= 0, end=len(string))	返回 str 在 string 里面出现的次数，如果 beg 或者 end 指定则返回指定范围内 str 出现的次数
expandtabs(tabsize=8)	把字符串 string 中的 tab 符号转换为空格，tab 符号默认的空格数是 8
find(str, beg=0 end=len(string))	检测 str 是否包含在字符串中，如果指定范围 beg 和 end，则检查是否包含在指定范围内，如果包含则返回开始的索引值；否则返回-1
index(str, beg=0, end=len(string))	跟 find()方法一样，只不过如果 str 不在字符串中会报一个异常
isalnum()	如果字符串至少有一个字符并且所有字符都是字母或数字，则返回 True；否则返回 False
isalpha()	如果字符串至少有一个字符并且所有字符都是字母，则返回 True；否则返回 False
isdigit()	如果字符串只包含数字，则返回 True；否则返回 False
isspace()	如果字符串中只包含空白，则返回 True；否则返回 False
islower()	如果字符串中包含至少一个区分大小写的字符，并且所有这些(区分大小写的)字符都是小写，则返回 True；否则返回 False
isupper()	如果字符串中包含至少一个区分大小写的字符，并且所有这些(区分大小写的)字符都是大写，则返回 True；否则返回 False
join(seq)	以指定字符串作为分隔符，将 seq 中所有的元素(的字符串表示)合并为一个新的字符串
len(string)	返回字符串长度
ljust(width[, fillchar])	返回一个原字符串左对齐，并使用 fillchar 填充至长度 width 的新字符串，fillchar 默认为空格
rjust(width, [, fillchar])	返回一个原字符串右对齐，并使用 fillchar(默认空格）填充至长度 width 的新字符串
lstrip()	删除字符串左边的空格或指定字符
rstrip()	删除字符串末尾的空格

续表

函数名称	功能说明
strip([chars])	在字符串上执行 lstrip()和 rstrip()
max(str)	返回字符串 str 中最大的字母
min(str)	返回字符串 str 中最小的字母
replace(str1, str2 [, max])	将字符串中的 str1 替换成 str2,如果 max 指定,则替换不超过 max 次
split(str="", num=string.count(str))	num=string.count(str))以 str 为分隔符截取字符串,如果 num 有指定值,则仅截取 num 个子字符串
splitlines([keepends])	按照行('\r', '\r\n', \n')分隔,返回一个包含各行作为元素的列表,如果参数 keepends 为 False,则不包含换行符,如果为 True,则保留换行符
swapcase()	将字符串中大写字母转换为小写,小写字母转换为大写
upper()	转换字符串中的小写字母为大写
lower()	转换字符串中所有大写字符为小写

字符串函数示例如下。

单击"开始"菜单,打开 Python 3.6.5 Shell 软件,然后在菜单栏中选择 File→New File 命令,创建一个 Python 文件,并命名为 Python5-4.py,然后输入以下代码:

```
str = "this is string example from runoob!"
print ("将字符串的第一个字符转换为大写,str.capitalize() : ", str.capitalize())
str = "[www.163.com]"
print ("指定的宽度为 40 并且居中的字符串,str.center(40, '*') : ", str.center(40, '*'))
str="www.runoob.com"
sub='o'
print ("返回 str 在 string 里面出现的次数, str.count('o') : ", str.count(sub))
str = "this is\tstring example....wow!!!"
print ("原始字符串: " , str)
print ("替换 \\t 符号: ", str.expandtabs())
print ("使用 16 个空格替换 \\t 符号: ", str.expandtabs(16))
str1 = "Runoob example....wow!!!"
str2 = "exam";
print (str1.find(str2))
print (str1.find(str2, 5))
print (str1.find(str2, 10))
str = "runoob2016"          # 字符串只有字母和数字
print (str.isalnum())
str = "www.runoob.com"       # 字符串除了字母和数字外,还有小数点
print (str.isalnum())
```

```python
str = "runoob"                          # 字符串只有字母
print (str.isalpha())
str = "Runoob example....wow!!!"        # 字符串除了字母，还有别的字符
print (str.isalpha())
str = "123456"                          # 字符串只有数学
print (str.isdigit())
str = "Runoob example....wow!!!"
print (str.isdigit())
str = "RUNOOB example....wow!!!"        # 字符串有大写定母
print (str.islower())
str = "runoob example....wow!!!"        # 字符串只有小写定母
print (str.islower())
str = "       "                         #字符串中只包含空白
print (str.isspace())
str = "Runoob example....wow!!!"
print (str.isspace())
str = "THIS IS STRING EXAMPLE....WOW!!!"  # 字符串只有大写定母
print (str.isupper())
str = "THIS is string example....wow!!!"
print (str.isupper())
s1 = "-"
s2 = ""
seq = ("r", "u", "n", "o", "o", "b")    # 字符串序列
print (s1.join( seq ))
print (s2.join( seq ))
str = "runoob"
print("字符串长度:",len(str))             # 字符串长度
l = [1,2,3,4,5]
print("列表元素个数:",len(l))             # 列表元素个数
str = "Runoob example....wow!!!"
print ("左对齐： ",str.ljust(50, '*'))
str = "this is string example....wow!!!"
print ("右对齐： ",str.rjust(50, '*'))
str = "     this is string example....wow!!!         "
print("删除字符串左边的空格：",str.lstrip() )
str = "     this is string example....wow!!!         "
print("删除字符串右边的空格：",str.rstrip() )
str = "     this is string example....wow!!!         "
print("删除字符串左右两边的空格：",str.strip() )
str = "runoob"
print ("最大字符: " + max(str))
str = "runoob";
print ("最小字符: " + min(str));
str = "www.w3cschool.cc"
print ("菜鸟旧地址：", str)
```

```
print ("菜鸟新地址： ", str.replace("w3cschool.cc", "runoob.com"))
str = "this is string example....wow!!!"
print (str.split( ))
print("ab c\n\nde fg\rkl\r\n".splitlines())
str = "This Is String Example....WOW!!!"
print ("将字符串中大写转换为小写，小写转换为大写",str.swapcase())
str = "this is string example from runoob....wow!!!";
print ("转换字符串中的小写字母为大写,str.upper() : ", str.upper())
str = "Runoob EXAMPLE....WOW!!!"
print( "转换字符串中的大写字母为小写,str.lower() : ",str.lower() )
```

在菜单栏中选择 Run→Run Module 命令或按键盘上的 F5 键，就可以运行程序代码，结果如图 5.4 所示。

图 5.4　字符串函数示例的运行结果

5.3　用户自定义函数

前面讲解了 Python 的内置函数，下面再来讲解 Python 的用户自定义函数。

5.3.1　函数的定义

在 Python 中，自定义函数的规则如下。

（1）函数代码块以 def 关键词开头，后接函数标识符名称和圆括号()。

（2）任何传入参数和自变量必须放在圆括号中间，圆括号之间可以用于定义参数。

（3）函数的第一行语句可以选择性地使用文档字符串，用于存放函数说明。

（4）函数内容以冒号起始，并且缩进。

（5）return[表达式]结束函数，选择性地返回一个值给调用方。不带表达式的 return 相当于返回 None。

自定义函数的一般格式如下：

```
def 函数名（参数列表）：
    函数体
```

在默认情况下，参数值和参数名称是按函数声明中定义的顺序匹配而来的。

下面定义一个简单函数，实现输出"Python，您好！"，具体代码如下：

```
def  myprint() :
    print("Python,您好！")
```

下面再定义一个含有参数的函数，实现三角形的面积计算，具体代码如下：

```
def myarea(x1,x2):
    return 1/2*x1*x2
```

5.3.2　调用自定义函数

自定义函数后，就可以调用函数。函数的调用很简单，下面举例说明。

调用自定义函数示例如下。

单击"开始"菜单，打开 Python 3.6.5 Shell 软件，然后在菜单栏中选择 File→New File 命令，创建一个 Python 文件，并命名为 Python5-5.py，然后输入以下代码：

```
def  myprint() :          #自定义函数，实现输出 Python，您好！
    print("Python,您好！")
def myarea(x1,x2):        #自定义函数，实现三角形的面积计算
    return 1/2*x1*x2
myprint()     #调用自定义函数 myprint()
print()
w=int(input("请输入三角形的底（必须是数值类型）："))
h=int(input("请输入三角形的高（必须是数值类型）："))
print()
#调用自定义函数 myarea()
print("三角形的底 =", w, " 三角形的高 =", h, " 三角形的面积 =", myarea(w, h))
```

在这里会发现，调用自定义函数与调用内置函数几乎相同。

在菜单栏中选择 Run→Run Module 命令或按键盘上的 F5 键，就可以运行程序代码，如图 5.5 所示。

图 5.5　调用自定义函数

在这里输入"12",即三角形的底为 12,然后按 Enter 键,就会显示"请输入三角形的高(必须是数值类型):",如图 5.6 所示。

图 5.6　输入三角形的底和高

在这里输入"7",即三角形的高为 7,然后按 Enter 键,就可以看到三角形的信息,即底、高及面积,如图 5.7 所示。

图 5.7　调用自定义函数 myarea()计算三角形的面积

5.3.3　函数的参数传递

在 Python 中,类型属于对象,变量是没有类型的,例如:

```
x = [1,2,3,4,5,6]
y = "bike"
```

在上述代码中，[1,2,3,4,5,6]是 List 类型，"bike"是 String 类型，而变量 x 没有类型，它仅仅是一个对象的引用（一个指针），可以是指向 List 类型对象，也可以是指向 String 类型对象。

1. 不可更改对象

在 Python 中，字符串（string）、元组（tuple）和数值型（number）是不可更改对象。例如，变量赋值 a=6 后再赋值 a=18，这里实际是新生成一个 int 值对象 18，再让 a 指向它，而 6 被丢弃，不是改变 a 的值，相当于新生成了 a。

在 Python 函数的参数传递中，不可变对象类似 C++的值传递，如整数、字符串、元组。例如，fun（a）传递的只是 a 的值，没有影响 a 对象本身。比如，在 fun（a）内部修改 a 的值，只是修改另一个复制的对象，不会影响 a 本身。

不可更改对象示例如下。

单击"开始"菜单，打开 Python 3.6.5 Shell 软件，然后在菜单栏中选择 File→New File 命令，创建一个 Python 文件，并命名为 Python5-6.py，然后输入以下代码：

```
def ChangeInt( a ):
    print("函数参数 a 的值：",a)
    a = 10
    print("函数参数重新赋值后的值：",a)
    return a
b = 2
print()
print("调用函数，并显示函数返回值：",ChangeInt(b))
print()
print( "变量 b 的值：",b )                    # 结果是 2
```

在这里可以看到，变量 b 首先赋值为 2，然后调用自定义函数 ChangeInt(b)，这时把 b 的值传给函数，所以自定义函数中的 a 就是传过来的值，是 2。

在自定义函数中，重新为变量 a 赋值为 10，这样 a 的值就为 10 了。所以，函数的返回值是 a，即 return a，故函数的返回值是 10。

需要注意的是，除自定义函数外，参数 b 的值仍是原来的值，即 2。

在菜单栏中选择 Run→Run Module 命令或按键盘上的 F5 键，就可以运行程序代码，结果如图 5.8 所示。

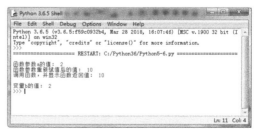

图 5.8 不可更改对象示例的运行结果

2. 可更改对象

在 Python 中，列表(list)、字典（dict）等是可以修改的对象。例如，变量赋值 la=[1,2,3,4]后再赋值 la[2]=5，则是将列表 la 中的第三个元素值更改，本身 la 没有动，只是其内部的一部分值被修改了。

在 Python 函数的参数传递中，可变对象类似 C++的引用传递，如列表、字典。如 fun（la），则是将 la 真正地传过去，修改后 fun 外部的 la 也会受到影响。

> **提醒** Python 中一切都是对象，严格意义上不能说是值传递还是引用传递，应该说传不可变更对象和传可变更对象。

可更改对象示例如下。

单击"开始"菜单，打开 Python 3.6.5 Shell 软件，然后在菜单栏中选择 File→New File 命令，创建一个 Python 文件，并命名为 Python5-7.py，然后输入以下代码：

```python
def changeme( mylist1 ):
    print("函数参数 mylist1 的值：",mylist1)
    #修改传入的列表
    mylist1.append([5,7,9,11])
    print ("函数内取值: ", mylist1)
    return
mylist = [100,200,300]
print("列表最初数据信息：",mylist)
print()
# 调用 changeme 函数
changeme( mylist )
print()
print ("函数外取值: ", mylist)
```

传入函数的和在末尾添加新内容的对象用的是同一个引用，所以函数内取值和函数外取值是一样的。

在菜单栏中选择 Run→Run Module 命令或按键盘上的 F5 键，就可以运行程序代码，结果如图 5.9 所示。

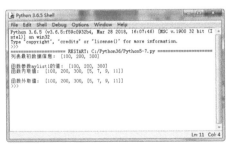

图 5.9 可更改对象示例的运行结果

5.3.4 函数的参数类型

在调用函数时，可以使用的正式参数类型有 4 种，分别是必需参数、关键字参数、默认参数、不定长参数，如图 5.10 所示。

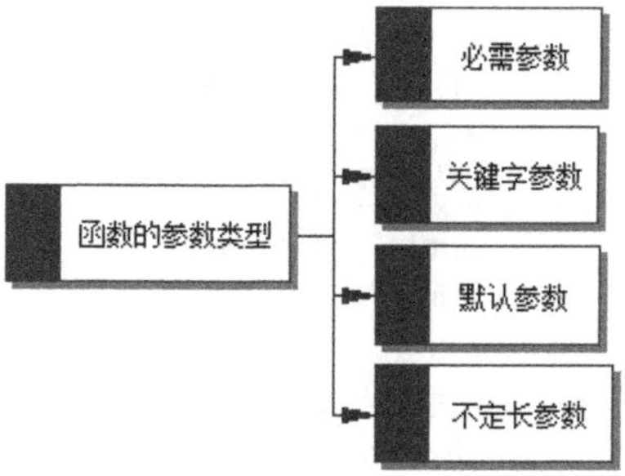

1. 必需参数

必需参数须以正确的顺序传入函数，并且调用时的数量必须和声明时的一样，下面举例说明。

必需参数示例如下。

单击"开始"菜单，打开 Python 3.6.5 Shell 软件，然后在菜单栏中选择 File→New File 命令，创建一个 Python 文件，并命名为 Python5-8.py，然后输入以下代码：

图 5.10　函数的参数类型

```
def printme( str ):            #可写函数说明
    #打印任何传入的字符串
    print (str)
    return
#第一次调用 printme 函数，带有参数
printme("第一次调用函数！")
#第二次调用 printme 函数，没有参数
printme()
```

在这时可以看到，先定义一个含有必需参数的函数，第一次调用带有参数，会正确显示；第二次调用函数时没有输入参数，就会显示报错信息。

在菜单栏中选择 Run→Run Module 命令或按键盘上的 F5 键，就可以运行程序代码，结果如图 5.11 所示。

2. 关键字参数

关键字参数和函数调用关系紧密，函数调用使用关键字参数来确定传入的参数值。

图 5.11　必需参数示例的运行结果

需要注意的是，使用关键字参数允许函数调用时参数的顺序与声明时不一致，因为 Python 解释器能够用参数名匹配参数值。

关键字参数示例如下。

单击"开始"菜单，打开 Python 3.6.5 Shell 软件，然后在菜单栏中选择 File→New

File 命令，创建一个 Python 文件，并命名为 Python5-9.py，然后输入以下代码：

```
#可写函数说明
def printinfo( name, sex,age, score):
    "打印任何传入的字符串或数值"
    print ("名字: ", name)
    print ("性别: ",    sex)
    print ("年龄: ", age)
    print ("成绩: ", score)
    return
#调用 printinfo 函数
printinfo( age=18, name="张红",sex="男", score=89 )
```

在菜单栏中选择 Run→Run Module 命令或按键盘上的 F5 键，就可以运行程序代码，结果如图 5.12 所示。

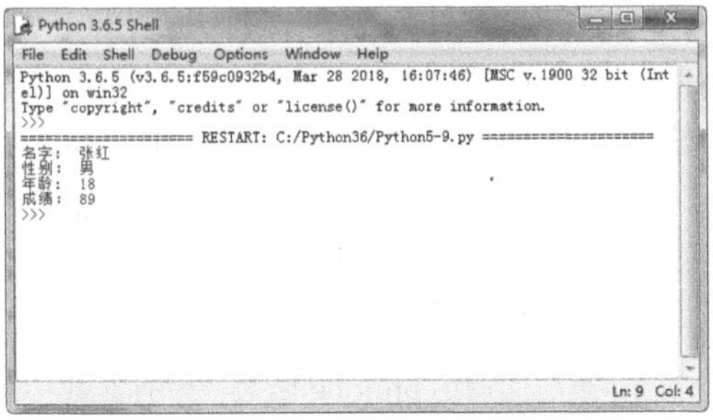

3. 默认参数

调用函数时，如果没有传递参数，则会使用默认参数。

默认参数示例如下。

单击"开始"菜单，打开 Python 3.6.5 Shell 软件，然后在菜单栏中选择 File→New File 命令，创建一个 Python 文件，并命名为 Python5-10.py，然后输入以下代码：

图 5.12 关键字参数示例的通行结果

```
def printinfo( name,score ,age = 13 ,sex = '女' ):
    print ("名字: ", name)
    print ("性别: ",    sex)
    print ("年龄: ", age)
    print ("成绩: ", score)
    return
 #第一次调用 printinfo 函数
printinfo( age=12, name="张永平",sex="男", score=97 )
print()
print ("----------------------")
#第二次调用 printinfo 函数
printinfo( name="李路", score=85 );
```

需要注意的是，含有的默认参数要放在必需参数的后面；否则程序会报错。

第一次调用函数，用的是关键字参数；第二次调用函数用到了默认参数，即调用函数是没有传入 age 和 sex 的数值，这样就采用默认参数值。

在菜单栏中选择 Run→Run Module 命令或按键盘上的 F5 键，就可以运行程序代码，结果如图 5.13 所示。

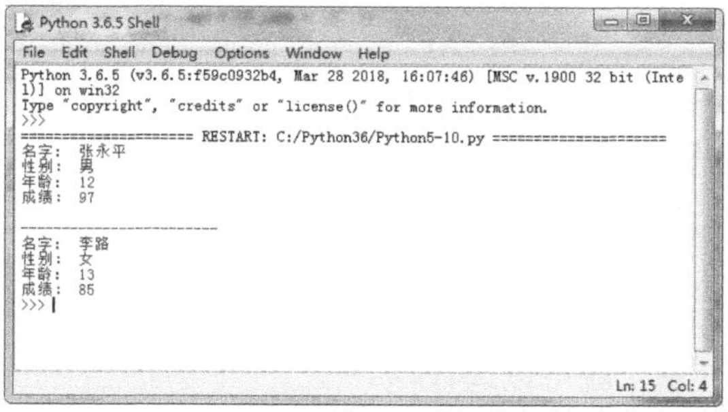

第 5 章　Python 的函数及应用技巧

图 5.13　默认参数示例的运行结果

4. 不定长参数

有时可能需要一个函数能处理比当初声明时更多的参数，这些参数叫作不定长参数，和上述 3 种参数不同，声明时不会命名，基本语法如下：

```
def functionname([formal_args,] *var_args_tuple ):
    function_suite
    return [expression]
```

加了星号（*）的变量名会存放所有未命名的变量参数，如果在函数调用时没有指定参数，它就是一个空元组。

不定长参数示例如下。

单击"开始"菜单，打开 Python 3.6.5 Shell 软件，然后在菜单栏中选择 File→New File 命令，创建一个 Python 文件，并命名为 Python5-11.py，然后输入以下代码：

```
def printinfo( arg1, *vartuple ):
    "打印任何传入的参数"
    print ("必需参数的值: ",arg1)
    print()
    if len(vartuple)==0 :
        print("没有可变参数传入")
    else:
        for var in vartuple:
            print ("可变参数的值： ",var)
    return
# 第一次调用 printinfo 函数
printinfo( 80 );
print ("-----------------------")
#第二次调用 printinfo 函数
printinfo( 120, 110, 40,90,50 )
```

在这里两次调用函数，第一次调用函数只传入必需参数，这样可变参数的变量长度就为 0，即 len(vartuple)==0 成立，因此就会显示"没有可变参数传入"。

— 127 —

第二次调用函数传入 5 个参数，第一个参数是必需参数，其他 4 个参数是可变参数。这样 len(vartuple)==0 不成立，程序运行 else 语句内容，即通过 for 循环语句显示可变参数的值。

在菜单栏中选择 Run→Run Module 命令或按键盘上的 F5 键，就可以运行程序代码，结果如图 5.14 所示。

图 5.14　不定长参数示例的运行结果

5.3.5　匿名函数

匿名就是不再使用 def 语句这样标准的形式定义一个函数。在 Python 中，使用 lambda 来创建匿名函数。匿名函数需要注意以下几点。

（1）lambda 只是一个表达式，函数体比 def 简单很多。

（2）lambda 的主体是一个表达式，而不是一个代码块，仅仅能在 lambda 表达式中封装有限的逻辑。

（3）lambda 函数拥有自己的命名空间，且不能访问自己参数列表之外或全局命名空间里的参数。

（4）虽然 lambda 函数看起来只能写一行，却不等同于 C 或 C++的内联函数，后者的目的是调用小函数时不占用栈内存，从而增加运行效率。

lambda 函数的语法只包含一个语句，具体如下：

```
lambda [arg1 [,arg2,.....argn]]:expression
```

匿名函数示例如下。

单击"开始"菜单，打开 Python 3.6.5 Shell 软件，然后在菜单栏中选择 File→New File 命令，创建一个 Python 文件，并命名为 Python5-12.py，然后输入以下代码：

```
mylamb = lambda arg1, arg2, arg3 : arg1 + arg2 - arg3
# 调用匿名函数 mylamb
print ("调用匿名函数，并返回运算值 : ", mylamb( 30, 90,66 ))
```

在菜单栏中选择 Run→Run Module 命令或按键盘上的 F5 键，就可以运行程序代码，结果如图 5.15 所示。

图 5.15　匿名函数

第 6 章
Python 的面向对象编程基础

面向对象程序设计可以看作一种在程序中包含各种独立而又互相调用的对象的思想，这与传统的程序设计思想刚好相反：传统的程序设计主张将程序看作一系列函数的集合，或者直接就是一系列对计算机下达的指令。面向对象程序设计中的每一个对象都应该能够接收数据、处理数据并将数据传达给其他对象，因此它们都可以被看作一个小型的"机器"，即对象。面向对象程序设计推广了程序的灵活性和可维护性，并且在大型项目设计中广为应用。

本章主要内容包括：
- ✓ 面向对象概念
- ✓ 类定义与类对象
- ✓ 类的继承
- ✓ 自定义模块并调用
- ✓ import 语句
- ✓ 标准模块
- ✓ 包

6.1 面向对象

Python 从设计之初就已经是一门面向对象的语言,所以在 Python 中创建一个类和对象是很容易的。

6.1.1 面向对象概念

面向对象概念主要有 9 个,具体如下。

1. 类(Class)

类(Class)用来描述具有相同的属性和方法的对象的集合。它定义了该集合中每个对象所共有的属性和方法。对象是类的实例。

2. 类变量

类变量在整个实例化的对象中是公用的。类变量定义在类中且在函数体之外。类变量通常不作为实例变量使用。

3. 数据成员

数据成员,即类变量或者实例变量,是用于处理类及其实例对象的相关的数据。

4. 方法重写

如果从父类继承的方法不能满足子类的需求,可以对其进行改写,这个过程叫方法的覆盖(override),也称为方法的重写。

5. 实例变量

实例变量是定义在方法中的变量,只作用于当前实例的类。

6. 继承

继承,即一个派生类(derived class)继承基类(base class)的字段和方法。继承也允许把一个派生类的对象作为一个基类对象对待。

7. 实例化

实例化,即创建一个类的实例,类的具体对象。

8. 方法

方法,即类中定义的函数。

9. 对象

对象,即通过类定义的数据结构实例,对象包括两个数据成员(类变量和实例变量)和方法。

6.1.2 类定义与类对象

在 Python 中,类定义的语法格式如下:

```
class ClassName:
    <statement-1>
    .
    .
    .
    <statement-N>
```

在类实例化后,可以使用其属性。实际上,创建一个类之后,可以通过类名访问其属性。

类对象支持两种操作,分别是属性引用和实例化。属性引用和 Python 中所有的属性引用一样的标准语法:obj.name。类对象创建后,类命名空间中所有的命名都是有效属性名。

类定义与类对象示例如下。

单击"开始"菜单,打开 Python 3.6.5 Shell 软件,然后在菜单栏中选择 File→New File 命令,创建一个 Python 文件,并命名为 Python6-1.py,然后输入以下代码:

```
class MyClass:
    x = 16              #定义类变量
    y = "Python class"
    def myfun(self):    #定义类方法
        return "hello Python!"
a = MyClass()    # 实例化类
# 访问类的属性和方法
print("MyClass 类的属性 x 为: ", a.x)
print("MyClass 类的属性 y 为: ", a.y)
print("MyClass 类的方法 myfun 输出为: ", a.myfun())
```

在这里可以看到,首先定义类,类名 MyClass,该类有两个类变量和一个类方法,类变量分别为 x 和 y,类方法为 myfun()。接着是实例化类,这样就可以调用类的属性和方法,最后利用 print()函数来显示。

在菜单栏中选择 Run→Run Module 命令或按键盘上的 F5 键,就可以运行程序代码,结果如图 6.1 所示。

图 6.1 类定义与类对象示例的运行结果

很多类都倾向于将对象创建为有初始状态的。因此，类可能会定义一个名为__init__()的特殊方法（构造方法），具体代码如下：

```
def __init__(self):
    self.data = []
```

如果类定义了__init__()方法，那么类的实例化操作会自动调用__init__()方法。当然，__init__()方法可以有参数，参数通过__init__()传递到类的实例化操作上。

类的构造方法示例如下。

单击"开始"菜单，打开 Python 3.6.5 Shell 软件，然后在菜单栏中选择 File→New File 命令，创建一个 Python 文件，并命名为 Python 6-2.py，然后输入以下代码：

```
class Complex:
    #定义类的特殊方法，即构造方法
    def __init__(self, realpart, imagpart):
        self.r = realpart
        self.i = imagpart
    #定义类的方法
    def prt(self):
        print("self 代表的是类的实例，代表当前对象的地址:",self)
        print("self.class 指向类:",self.__class__)
x = Complex(11.2, 36)     #实例化类
print(x.r, x.i)
x.prt()
```

需要注意的是，类中定义了构造方法，该方法在类的实例化操作中会自动调用，因此参数通过 __init__() 传递到类的实例化操作上。

类的方法与普通的函数只有一个区别，即它们必须有一个额外的第一个参数名称，按照惯例它的名称是 self。self 代表的是类的实例，代表当前对象的地址；而 self.class 则指向类。

在菜单栏中选择 Run→Run Module 命令或按键盘上的 F5 键，就可以运行程序代码，结果如图 6.2 所示。

图 6.2　类的构造方法和额外的第一个参数

6.1.3 类的继承

Python 同样支持类的继承,如果一种语言不支持继承,类就没有什么意义。派生类定义的语法格式如下:

```
class DerivedClassName(BaseClassName1):
    <statement-1>
    .
    .
    .
    <statement-N>
```

需要注意圆括号中基类的顺序,若是基类中有相同的方法名,而在子类使用时未指定,Python 从左至右搜索,即方法在子类中未找到时,从左到右查找基类中是否包含方法。另外,基类必须与派生类定义在一个作用域内。

类的继承示例如下。

单击"开始"菜单,打开 Python 3.6.5 Shell 软件,然后在菜单栏中选择 File→New File 命令,创建一个 Python 文件,并命名为 Python6-3.py,然后输入以下代码:

```python
#类定义
class people:
    #定义基本属性
    name = ''
    age = 0
    #定义私有属性,私有属性在类外部无法直接进行访问
    __weight = 0
    #定义构造方法
    def __init__(self,n,a,w):
        self.name = n
        self.age = a
        self.__weight = w
    def speak(self):
        print("%s 说: 我 %d 岁。" %(self.name,self.age))
#单继承类
class student(people):
    grade = ''
    def __init__(self,n,a,w,g):
        #调用父类的构造函数
        people.__init__(self,n,a,w)
        self.grade = g
    #覆写父类的方法
    def speak(self):
        print("%s 说: 我 %d 岁了,我在读 %d 年级"%(self.name,self.age,self.grade))
```

```
s = student('张建利',12,58,6)
s.speak()
```

在上述代码中,先定义 people 类,类中有两个基本属性(name 和 age)和一私有属性(__weight),类中有两个方法,即类的构造方法和 speak()方法;在继承类(子类 student)中,定义一个属性(grade),定义两个方法,即子类的构造方法和子类的 speak()方法,这样在调用时就会覆写父类(people)的 speak()方法。

最后就是子类 student 实例化,再调用子类的 speak()方法。

在菜单栏中选择 Run→Run Module 命令或按键盘上的 F5 键,就可以运行程序代码,结果如图 6.3 所示。

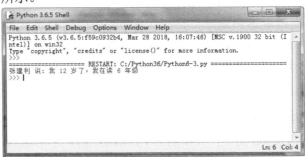

图 6.3 类的继承示例的运行结果

Python 同样有限地支持多继承形式。多继承的类定义的语法格式如下:

```
class DerivedClassName(Base1, Base2, Base3):
    <statement-1>
    .
    .
    .
    <statement-N>
```

多继承示例如下。

单击"开始"菜单,打开 Python 3.6.5 Shell 软件,然后在菜单栏中选择 File→New File 命令,创建一个 Python 文件,并命名为 Python6-4.py,然后输入以下代码:

```
#类定义
class people:
    #定义基本属性
    name = ''
    age = 0
    #定义私有属性,私有属性在类外部无法直接进行访问
    __weight = 0
    #定义构造方法
    def __init__(self,n,a,w):
        self.name = n
        self.age = a
```

第 6 章　Python 的面向对象编程基础

```
            self.__weight = w
        def speak(self):
            print("%s 说：我 %d 岁。"%(self.name,self.age))
#单继承
class student(people):
    grade = ''
    def __init__(self,n,a,w,g):
        #调用父类的构造函数
        people.__init__(self,n,a,w)
        self.grade = g
    #覆写父类的方法
    def speak(self):
        print("%s 说：我 %d 岁了，我在读 %d 年级"%(self.name,self.age,self.grade))
#另一个类，多重继承之前的准备
class speaker():
    topic = ''
    name = ''
    def __init__(self,n,t):
        self.name = n
        self.topic = t
    def speak(self):
        print("我叫 %s，我是一个演说家，我演讲的主题是 %s"%(self.name,self.topic))
#多重继承
class sample(speaker,student):
    a =''
    def __init__(self,n,a,w,g,t):
        student.__init__(self,n,a,w,g)
        speaker.__init__(self,n,t)
test = sample("张亮",15,70,7,"Python")
test.speak()    #方法名同，默认调用的是在括号中排前父类的方法
```

在上述代码中，先定义了 3 个类，分别是 people 类、student 类、speaker 类，其中 student 类是 people 类的子类，需要注意的是，3 个类中都有 speak()方法。

然后，定义 sample 类，sample 类多重继承，即是 student 类的子数，同时也是 speaker 类的子数。sample 类定义了一个类变量，即 a；定义一个构造方法，在构造方法中调用了父类 student 的构造方法和父类 speaker 的构造方法。

最后，sample 类实例化，再调用 speak()方法。需要注意的是，由于 people 类、student 类、speaker 类中都有 speak()方法，在默认情况下，调用的是在括号中排前父类的方法，即 speaker 类中的 speak()方法。

在菜单栏中选择 Run→Run Module 命令或按键盘上的 F5 键，就可以运行程序代码，结果如图 6.4 所示。

图 6.4　多继承示例的运行结果

6.2　模块

模块是一个包含所有定义的函数和变量的文件，其后缀名是.py。模块可以被别的程序引入，以使用该模块中的函数等功能。

6.2.1　自定义模块和调用

模块的自定义方法，与 Python 文件的创建是一样的，但在保存时一定要保存到 Python 当前目录下，这样就可以直接调用了，下面举例说明。

自定义模块示例如下。

单击"开始"菜单，打开 Python 3.6.5 Shell 软件，然后菜单栏中选择 File→New File 命令，创建一个 Python 文件，然后输入以下代码：

```
def print_func( par ):
    print ("您好，您 Mypython8 调用了模块中的 print_func 函数：　", par)
    return
def fib(n):        # 定义到 n 的斐波那契数列
    a, b = 0, 1
    while b < n:
        print(b, end=' ')      #不换行输出
        a, b = b, a+b
    print()                    #输出一个空行
```

在上述代码中定义了两个函数，分别是 print_func()和 fib()。

下面来保存文件。选择菜单栏中的 File→Save as 命令，弹出"另存为"对话框，如图 6.5 所示。

第 6 章 Python 的面向对象编程基础

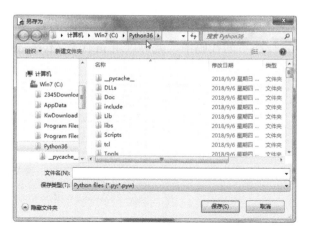

图 6.5 "另存为"对话框

在这里保存在 Python 当前目录下,设置文件名为 Mymodule1,然后单击"保存"按钮,这样自定义模块就完成了。下面来调用模块中的函数。

要调用自定义模块,首先是导入自定义模块,然后就可以调用了。

调用自定义模块实例如下。

单击"开始"菜单,打开 Python 3.6.5 Shell 软件,如果直接调用模块中的函数,即直接输入 Mymodule1.fib(300),然后按 Enter 键,就会报错,如图 6.6 所示。

在这里可以看到,报错是 name 'Mymodule1' is not defined,即 Mymodule1 没有定义,原因在于调用之前没有导入该模块。

输入 import Mymodule1,然后按 Enter 键,就会导入 Mymodule1 模块,然后就可以调用模块中的 fib()函数,即接着输入 Mymodule1.fib(300),按 Enter 键,就可以看到输出结果,如图 6.7 所示。

图 6.6 报错信息

图 6.7 调用自定义模块中的 fib()函数

还可以调用 Mymodule1 模块中的 print_func()函数,即输入 Mymodule1.print_func("张平"),按 Enter 键,输出结果如图 6.8 所示。

如果打算经常使用某模块，为了简化输入，可以为模块另命名，如 import Mymodule1 as m。这样在下面代码中，就可以用 m 代替 Mymodule1。代码及运行结果如图 6.9 所示。

图 6.8　调用自定义模块中的 print_func()函数

图 6.9　简化模块调用

6.2.2　import 语句

想使用 Python 源文件，只需在另一个源文件里执行 import 语句，其语法格式如下：

```
import module1[, module2[,... moduleN]
```

当 Python 解释器遇到 import 语句时，如果模块在当前的搜索路径就会被导入。所以模块文件一定要放在当前的搜索路径中。可以利用 Python 标准库中的 sys.py 模块来查看当前路径。

查看当前路径示例如下。

单击"开始"菜单，打开 Python 3.6.5 Shell 软件，输入 import sys，按 Enter 键，然后再输入 print("Python当前的搜索路径：", sys.path)，按 Enter 键，如图 6.10 所示。

在这里可以看到，Python 当前的搜索路径是 C:\\Python36，只要把模块文件放到当前的搜索路径中，就可以直接调用该模块文件，如图 6.11 所示。

图 6.10　Python 当前的搜索路径

图 6.11　Python 搜索路径文件夹

> **提醒** 利用 Python 3.6.5 Shell 软件创建文件，默认状态下就保存在 Python36 文件夹中。不管你执行了多少次 import，一个模块只会被导入一次。这样可以防止导入模块被一遍又一遍地执行。

在 Python 中，用 import 或 from...import 来导入相应的模块，具体如下。

（1）将整个模块（somemodule）导入，格式为：import somemodule。

（2）从某个模块中导入某个函数，格式为：from somemodule import somefunction。

（3）从某个模块中导入多个函数，格式为：from somemodule import firstfunc, secondfunc, thirdfunc。

（4）将某个模块中的全部函数导入，格式为：from somemodule import *。

6.2.3 标准模块

Python 本身带有一些标准的模块库，如操作系统接口 os 模块、文件通配符 glob 模块、命令行参数 sys 模块、字符串正则匹配 re 模块、数学函数 math 模块和 random 模块、日期和时间 datetime 模块、数据压缩 zlib 模块等。

标准模块示例如下。

单击"开始"菜单，打开 Python 3.6.5 Shell 软件，然后在菜单栏中选择 File→New File 命令，创建一个 Python 文件，并命名为 Python6-5.py，然后输入以下代码：

```
import os,glob,sys,re,math,random,datetime,zlib
print("当前的工作目录:",os.getcwd())
print()
print("当前目录下所有以 py 为后缀的文件：",glob.glob('*.py'))
print()
print("当前文件的路径及名称：",sys.argv)
print("显示字母 f 开头的单词：",re.findall(r'\bf[a-z]*', 'which foot or hand fell fastest'))
print("调用数学 math 函数，计算 cos(math.pi / 4)的值：",math.cos(math.pi / 4))
print("调用 random 函数，显示 0~1 之间的随机数:",random.random())
print ("当前的日期和时间是  %s" % datetime.datetime.now())
print("没有压缩之前的长度和压缩之后的长度：",len(b'witch which has which witches wrist watch!'),len(zlib.compress(b'witch which has which witches wrist watch!')))
```

在菜单栏中选择 Run→Run Module 命令或按键盘上的 F5 键，就可以运行程序代码，结果如图 6.12 所示。

图 6.12 标准模块示例的运行结果

6.3 包

包是一种管理 Python 模块命名空间的形式，采用"点模块名称"。例如，一个模块的名称是 A.B，那么它表示一个包 A 中的子模块 B。

提醒：包类似于文件夹，而模块类似于文件夹中的文件。

就好像使用模块的时候，不用担心不同模块之间的全局变量相互影响一样，采用点模块名称形式也不用担心不同库之间的模块重名的情况。这样不同的程序员就可以提供 NumPy 模块，或者是 Python 图形库。

假设设计一套统一处理声音文件和数据的模块（或者称为一个"包"）。现存很多种不同的音频文件格式，所以需要有一组不断增加的模块，用来在不同的格式之间转换。并且针对这些音频数据，还有很多不同的操作（如混音、添加回声、增加均衡器功能、创建人造立体声效果），所以还需要一组怎么也写不完的模块来处理这些操作。

这里给出了一种可能的包结构（在分层的文件系统中），具体如下：

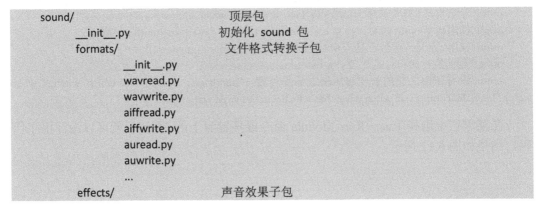

第 6 章 Python 的面向对象编程基础

```
                    __init__.py
                    echo.py
                    surround.py
                    reverse.py
                    ...
        filters/                        filters 子包
                    __init__.py
                    equalizer.py
                    vocoder.py
                    karaoke.py
                    ...
```

在导入一个包时，Python 会根据 sys.path 中的目录来寻找这个包中包含的子目录。

目录只有包含__init__.py 文件才会被认作一个包，主要是为了避免一些滥俗的名字（如 string）不小心影响搜索路径中的有效模块。

打开 Python 当前工作目录，即 C:\Python36，然后双击 Lib，这里的子文件夹都是一个包，在这里双击 email，在该文件夹下就可以看到__init__.py 文件，如图 6.13 所示。

打开__init__.py 文件，就可以看到该文件中的代码，如图 6.14 所示。

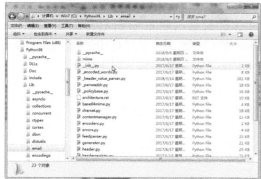

图 6.13　Python 中的包

图 6.14　__init__.py 文件代码

最简单的情况，放一个空的:file:__init__.py 就可以了。当然这个文件中也可以包含一些初始化代码。

6.4　变量作用域及类型

在 Python 程序设计中，程序的变量并不是在哪个位置都可以访问的，访问权限决定于这个变量是在哪里赋值的。

6.4.1 变量作用域

变量的作用域决定了在哪一部分程序可以访问哪个特定的变量名称。Python 的变量作用域共有 4 种，分别是局部作用域（Local）、闭包函数外的函数中（Enclosing）、全局作用域（Global）、内建作用域（Built-in）。

在 Python 程序设计中，变量以局部作用域（Local）、闭包函数外的函数中（Enclosing）、全局作用域（Global）、内建作用域（Built-in）的规则查找，即在局部找不到，便会去局部外的局部找（如闭包），再找不到就会去全局找，再者去内建中找，具体代码如下：

```
x = int(2.9)      # 内建作用域
g_count = 0       # 全局作用域
def outer():
    o_count = 1   # 闭包函数外的函数中
    def inner():
        i_count = 2  # 局部作用域
```

在 Python 程序设计中，只有模块（module）、类（class）以及函数（def、lambda）才会引入新的作用域，其他的代码块（如 if/elif/else/、for/while 等）是不会引入新的作用域的，也就是说，这些语句内定义的变量，外部也可以访问。

单击"开始"菜单，打开 Python 3.6.5 Shell 软件，然后在菜单栏中选择 File→New File 命令，创建一个 Python 文件，并命名为 Python6-6.py，然后输入以下代码：

```
if True :
    msg1="我是 if 语句中的变量，外部是可以访问的！"
else:
    msg2="我也是一个代码块变量"
print(msg1)          #可以直接调用 if 语句中的变量
```

由于 if 语句的条件成立，因此 msg1 已指向"我是 if 语句中的变量！"，又因这个变量已存在，所以可以直接利用 print()函数输出。需要注意的是，由于 if 语句的条件成立，就不会运行 else 中的语句，因此 msg2 没有指向"我也是一个代码块变量"，所以不能利用 print()函数输出 msg2 变量。

在菜单栏中选择 Run→Run Module 命令或按键盘上的 F5 键，就可以运行程序代码，结果如图 6.15 所示。

需要注意的是，如果是自定义函数中的变量，由于是局部变量，所以外部不能访问。单击"开始"菜单，打开 Python 3.6.5 Shell 软件，然后选

图 6.15 if 语句中的变量示例的运行结果

择菜单栏中的 File→New File 命令，创建一个 Python 文件，并命名为 Python6-7.py，然后输入以下代码：

```
def test():
        msg_inner ='我是函数中的变量，是局部变量，外部不能访问！'
print(msg_inner)
```

在菜单栏中选择 Run→Run Module 命令或按键盘上的 F5 键，运行代码就会报错。从报错的信息上看，说明了 msg_inner 未定义，无法使用，因为它是局部变量，只有在函数内可以使用，如图 6.16 所示。

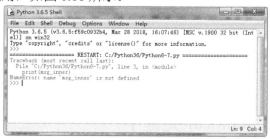

图 6.16　自定义函数中的变量外部不能访问

6.4.2　全局变量和局部变量

定义在函数内部的变量拥有一个局部作用域，定义在函数外的变量拥有全局作用域。局部变量只能在其被声明的函数内部访问，而全局变量可以在整个程序范围内访问。调用函数时，所有在函数内声明的变量名称都将被加入作用域中。

全局变量和局部变量示例如下。

单击"开始"菜单，打开 Python 3.6.5 Shell 软件，然后在菜单栏中选择 File→New File 命令，创建一个 Python 文件，并命名为 Python6-8.py，然后输入以下代码：

```
total = 0      # 这是一个全局变量
def sum( arg1, arg2 ):
       total = arg1 + arg2      # total 在这里是局部变量.
       print ("函数内是局部变量 ：", total)
       print()
       return total;
#调用 sum 函数
mya = sum( 12, 38 )
print ("函数外是全局变量 ：", total)
print()
print("函数 sum 的返回值：",mya)
```

可以看到，首先定义一个全局变量 total，其值为 0。然后自定义函数 sum()，该函数有两个参数，并且都是必需参数。函数 sum() 的功能是实现两个数相加，然后显示运算结果，并把运算结果返回。需要注意的是，函数内的变量 total 是局部变量，其值不会影响全局变量 total。

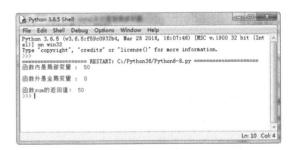

图 6.17　全局变量和局部变量示例的运行结果

然后调用 sum() 函数，接着再显示函数外的全局变量 total 及函数 sum 的返回值。

在菜单栏中选择 Run→Run Module 命令或按键盘上的 F5 键，就可以运行程序代码，结果如图 6.17 所示。

6.4.3　global 和 nonlocal 关键字

当内部作用域想修改外部作用域的变量时，就要用到 global 和 nonlocal 关键字。下面先来看一下 global 关键字的应用。

global 关键字的应用示例如下。

单击"开始"菜单，打开 Python 3.6.5 Shell 软件，然后在菜单栏中选择 File→New File 命令，创建一个 Python 文件，并命名为 Python6-9.py，然后输入以下代码：

```
num = 1
def fun1():
    global num           #使用 global 关键字声明
    print("使用 global 关键字声明后，就可以在自定义函数中引用外部变量，其值为：",num)
    num = 123            #重新为外部变量 num 赋值
    print("重新为外部变量 num 赋值后的值：",num)
print("没调用函数前，全部变量的值：",num)
fun1()                   #调用自定义函数 fun1()
print("调用函数后，全部变量的值：",num)
```

可以看到，首先定义一个全局变量 num，其值为 1。然后自定义函数 fun1()，在该函数中利用 global 关键字声明全局变量 num，这样函数内与函数外的变量 num 就会同时更新。

接着显示变量 num，这里是 1，即全局变量的最初值。随后变量 num 赋值为 123，那么函数内的变量 num 变为 123。需要注意的是，这里函数外的变量 num 也变为 123。

接下来显示没有调用函数之前的变量 num 的值，当然是 1。

随后调用函数 fun1()，然后显示调用后的变量 num 的值，当然是 123。

在菜单栏中选择 Run→Run Module 命令或按键盘上的 F5 键，就可以运行程序代码，结果如图 6.18 所示。

图 6.18　global 关键字的应用示例的运行结果

下面来看一下 nonlocal 关键字的应用。

nonlocal 关键字的应用示例如下。

单击"开始"菜单，打开 Python 3.6.5 Shell 软件，然后在菜单栏中选择 File→New File 命令，创建一个 Python 文件，并命名为 Python6-10.py，然后输入以下代码：

```
def outer():          #自定义函数
    num = 10
    def inner():      #自定义嵌套函数
        nonlocal num      # nonlocal 关键字声明
        print("nonlocal 关键字声明，在嵌套函数中调用 num 的值，其值为",num)
        num = 100         #重新为 num 赋值
        print("重新为 num 赋值后，其值为",num)
    inner()           #调用嵌套函数
    print("调用嵌套函数后，num 的值为",num)
outer()      #调用自定义函数
```

可以看到，这里自定义函数 outer()，然后在函数 outer()中嵌套函数 inner()。在嵌套函数 inner()使用 nonlocal 关键字声明，这样嵌套函数内外变量 num 的值都联动更新。

在菜单栏中选择 Run→Run Module 命令或按键盘上的 F5 键，就可以运行程序代码，结果如图 6.19 所示。

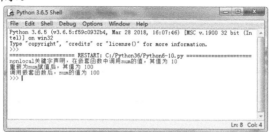

图 6.19　nonlocal 关键字的应用示例的运行结果

学习心得

第 7 章
Python 大数据分析的 Numpy 包

Numpy 包是高性能科学计算和数据分析的基础包,它不是 Python 的标准包,是 Python 第三方包。为了更好地讲解,在这里使用聚宽 JoinQuant 量化交易平台免费提供基于 IPython Notebook 的研究平台。本章首先讲解 Numpy 包的由来及应用;然后讲解 Numpy 数组的创建、索引、运算、复制及特殊数组、序列数组;接着讲解 Numpy 的矩阵、线性代数;最后讲解 Numpy 的文件操作。

7.1 初识 Numpy 包

Numpy 代表 Numeric Python，是一个由多维数组对象和用于处理数组的例程集合组成的包。

Numeric，即 Numpy 的前身，是由 Jim Hugunin 开发的。他也开发了另一个包 Numarray，从而拥有一些额外的功能。2005 年，Travis Oliphant 通过将 Numarray 的功能集成到 Numeric 包中来创建 Numpy 包。

Numpy 通常与 Scipy（Scientific Python）和 Matplotlib（绘图库）一起使用。这种组合广泛应用于替代 Matlab（Matlab 是一个流行的技术计算平台）。但是，Python 作为 Matlab 的替代方案，现在被视为一种更加现代和完整的编程语言。

另外，Numpy 是开源的，这是它的一个额外的优势。

7.2 ndarray 数组基础

Pyhton 中用列表保存一组值，可将列表当成数组使用。此外，Python 有 array 模块，但它不支持多维数组，无论是列表还是 array 模块，都没有科学运算函数，不适合做矩阵等科学计算。因此，Numpy 没有使用 Python 本身的数组机制，而是提供了 ndarray 数组对象，该对象不但能方便地存取数组，而且拥有丰富的数组计算函数，如向量的加法、减法、乘法等。

使用 ndarray 数组，首先需要导入 Numpy 函数包。可以直接导入 Numpy 函数包，也可以在导入 Numpy 函数包时指定导入库的别名，代码如下：

```
import numpy              #直接导入 Numpy 函数包
import numpy as np        #导入 Numpy 函数包并指定导入包的别名
```

7.2.1 创建 Numpy 数组

创建 Numpy 数组是进行数组计算的先决条件，可以通过 array()函数定义数组实例对象，其参数为 Python 的序列对象（如列表）。如果想定义多维数组，则传递多层嵌套的序列，代码如下：

```
Numpy1 = np.array([[10,-8,10.5],[-4,6.0,9.6]])
```

创建 Numpy 数组实例如下。

成功登录聚宽 JoinQuant 量化交易平台后，在菜单栏中选择"我的策略"→"投资研究"命令，打开投资研究页面，如图 7.1 所示。

第 7 章　Python 大数据分析的 Numpy 包

图 7.1　选择"投资研究"命令

为了便于文件管理，这里先新建文件夹。单击"新建"按钮，弹出下拉菜单，然后选择"文件夹"命令，就会新建一个文件夹，默认名称为 Untitled Folder，如图 7.2 所示。

图 7.2　新建一个文件夹

下面为文件夹命名。选中 Untitled Folder 复选框，就可以在页面中看到"重命名"按钮，如图 7.3 所示。

图 7.3　"重命名"按钮

单击"重命名"按钮,弹出"重命名路径"对话框,在这里命名为 Numpy,然后单击对话框中的"重命名"按钮,就可以命名成功,如图 7.4 所示。

图 7.4 "重命名路径"对话框

双击 Numpy 文件夹,然后再单击"新建"按钮,在弹出的下拉菜单中选择 Python3 命令,就可以新建一个 Python3 文件,如图 7.5 所示。

图 7.5 新建 Python3 文件

在单元格中输入代码如下:

```
import numpy as np
a = np.array([1,2,3])
a
```

首先导入 numpy 包,并指定导入包的别名为 np;然后定义一维数组,最后直接输出显示。

单击工具栏中的 运行 按钮,就会显示 Numpy 数组内容,并在下方插入一个新的单元格,如图 7.6 所示。

图 7.6 显示 Numpy 数组内容

第 7 章　Python 大数据分析的 Numpy 包

在新的单元格中输入代码如下：

```
# dtype 参数
b = np.array([1, 2, 3], dtype = complex)
b
```

由于包一次性导入，以后可以随便使用，所以这里不需要再导入 numpy 包。这里设置了一维数组的数据类型，默认为整型，在这进而设置为复数类型。

单击工具栏中的 运行 按钮，就会显示 Numpy 数组内容，并在下方插入一个新的单元格，如图 7.7 所示。

图 7.7　设置数据类型为复数

在新的单元格中输入代码如下：

```
# 多于一个维度的数组
c = np.array([[1, 2], [3, 4]], dtype = complex)
c
```

在这里定义多于一个维度的数组，并设置数据类型为复数。

单击工具栏中的 运行 按钮，就会显示 Numpy 数组内容，并在下方插入一个新的单元格，如图 7.8 所示。

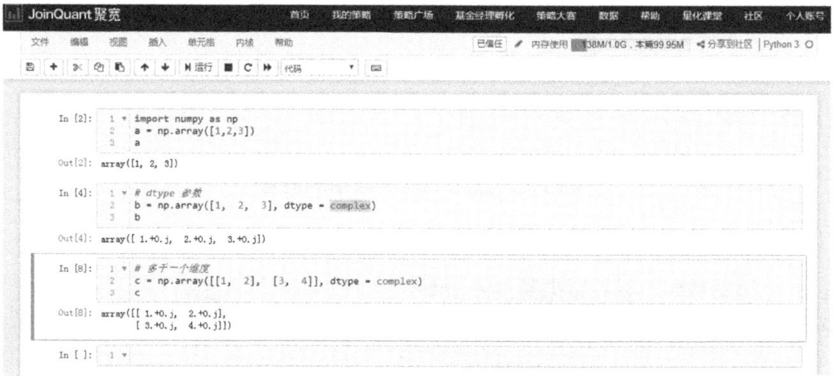

图 7.8　多于一个维度的数组

重合名文件。在菜单栏中选择"文件"→"重命名"命令，弹出"重命名"对话框，命名为"创建 Numpy 数组"，然后单击对话框中的"重命名"按钮即可。

保存文件。选择菜单栏中的"文件/保存"命令即可。

7.2.2 Numpy 特殊数组

在 Numpy 数组中，有 3 种特殊数组，分别是 zeros 数组、ones 数组、empty 数组。

1. zeros 数组

zeros 数组是指全零的数组，即数组中所有元素都为 0。

zeros 数组示例如下。

成功登录 JoinQuant（聚宽）量化交易平台后，在菜单栏中选择"我的策略"→"投资研究"命令，打开投资研究页面。然后单击"新建"按钮，在弹出的下拉菜单中单击 Python3 命令，就可以新建一个 Python3 文件，并命名为"zeros 数组"。

在单元格中输入代码如下：

```
# 含有 6 个 0 的数组，默认类型为 float
import numpy as np
x = np.zeros(6)
x
```

需要注意的是，zeros 数组元素的数据类型为浮点型。

单击工具栏中的 ▶运行 按钮，就会显示 zeros 数组的内容，并在下方插入一个新的单元格，如图 7.9 所示。

图 7.9　显示 zeros 数组的内容

在新的单元格中输入代码如下：

```
#含有 6 个 0的数组，设置数据类型为 int
y = np.zeros(6, dtype = np.int)
y
```

注意，这里的 zeros 数组元素的数据类型为整型。

第 7 章　Python 大数据分析的 Numpy 包

单击工具栏中的 运行 按钮，显示 zeros 数组内容，并在下方插入一个新的单元格，如图 7.10 所示。

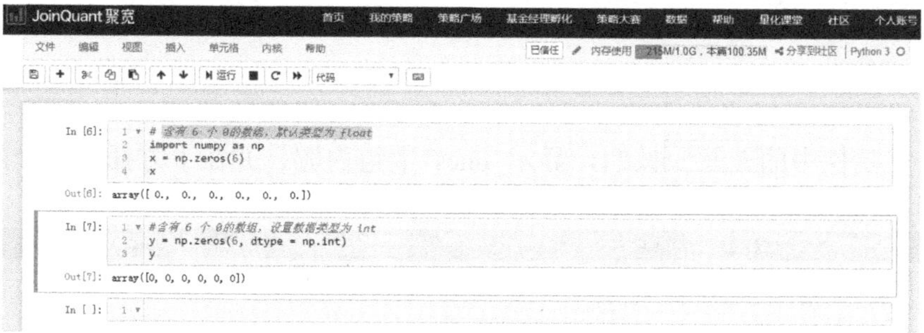

图 7.10　设置数据类型为整型

在新的单元格中输入代码如下：

```
#多于一维数组，设置数据类型为 int
z = np.zeros((3,3), dtype = np.int)
z
```

单击工具栏中的 运行 按钮，显示 zeros 数组内容，并在下方插入一个新的单元格，如图 7.11 所示。

图 7.11　多于一个维度的 zeros 数组

2. ones 数组

ones 数组是指全 1 的数组，即数组中所有元素都为 1。

ones 数组示例如下。

成功登录 JoinQuant（聚宽）量化交易平台后，在菜单栏中选择"我的策略"→"投资研究"命令，打开"投资研究"页面。然后单击"新建"按钮，在弹出的下拉菜单中单击 Python3 命令，就可以新建一个 Python3 文件，并命名为"ones 数组"。

— 153 —

在单元格中输入代码如下：

```
# 含有 8 个 1 的数组，默认类型为 float
import numpy as np
x = np.ones(8)
x
```

单击工具栏中的 ▶运行 按钮，显示 ones 数组内容，并在下方插入一个新的单元格，如图 7.12 所示。

图 7.12　显示 ones 数组的内容

在新建的单元格中输入代码如下：

```
#多于一维的 ones 数组，并且数据类型为整型
y = np.ones((4,4), dtype = int)
y
```

单击工具栏中的 ▶运行 按钮，显示 ones 数组内容，并在下方插入一个新的单元格，如图 7.13 所示。

图 7.13　多于一维的 ones 数组

3. empty 数组

empty 数组是空数组，即数组中所有元素全近似为 0。

empty 数组示例如下。

成功登录 JoinQuant（聚宽）量化交易平台后，在菜单栏中选择"我的策略"→

第 7 章　Python 大数据分析的 Numpy 包

"投资研究"命令,打开"投资研究"页面。然后单击"新建"按钮,在弹出的下拉菜单中单击 Python3 命令,就可以新建一个 Python3 文件,并命名为"empty 数组"。

在单元格中输入代码如下:

```
import numpy as np
numpy3 = np.empty((2,5))
print("全空数组,即 empty 数组:",numpy3)
```

单击工具栏中的 ▶运行 按钮,显示 empty 数组的内容,并在下方插入一个新的单元格,如图 7.14 所示。

图 7.14　显示 empty 数组的内容

7.2.3　Numpy 序列数组

arange 函数与 Python 中的 range 函数相似,但它属于 Numpy 库,其参数依次为开始值、结束值、步长。

还可以使用 linspace 函数创建等差序列数组,其参数依次为开始值、结束值、元素数量。

Numpy 序列数组示例如下。

成功登录 JoinQuant(聚宽)量化交易平台后,在菜单栏中选择"我的策略"→"投资研究"命令,打开"投资研究"页面。然后单击"新建"按钮,在弹出的下拉菜单中单击 Python3 命令,就可以新建一个 Python3 文件,并命名为"Numpy 序列数组"。

在单元格中输入代码如下:

```
import numpy as np
numpy1 = np.arange(1,120,4)
print("利用 arange 函数创建等差序列数组:",numpy1)
print()
```

```
numpy2 = np.linspace(0,8,20)
print("利用 linspace 函数创建等差序列数组：",numpy2)
```

单击工具栏中的 ▶运行 按钮，运行结果如图 7.15 所示。

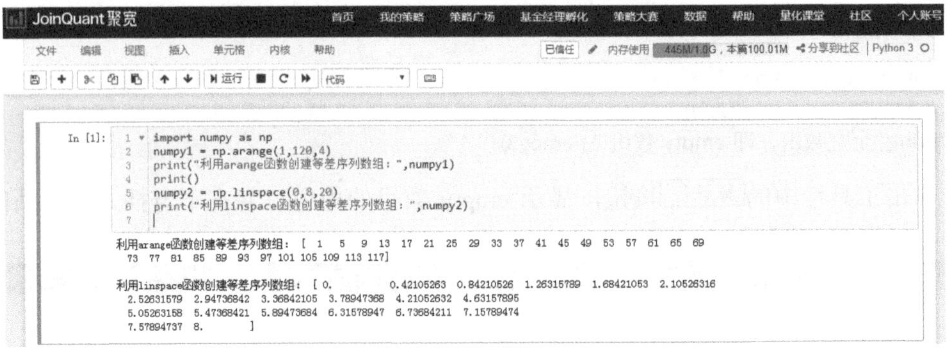

图 7.15　Numpy 序列数组示例的运行结果

7.2.4　Numpy 数组索引

Numpy 数组的每个元素、每行元素、每列元素都可以用索引访问。不过注意：索引是从 0 开始的，其操作与列表基本相同。

Numpy 数组索引示例如下。

成功登录 JoinQuant（聚宽）量化交易平台后，在菜单栏中选择"我的策略"→"投资研究"命令，打开"投资研究"页面。然后单击"新建"按钮，在弹出的下拉菜单中单击 Python3 命令，就可以新建一个 Python3 文件，并命名为"Numpy 数组索引"。

在单元格中输入代码如下：

```
import numpy as np
numpy1 = np.array([[8,6,5.2],[3.5,-8,0.59]])
print("显示 Numpy 数组中所有元素：",numpy1)
print()
print("显示 Numpy 数组中第一行元素：",numpy1[0])
print()
print("显示 Numpy 数组中第一行中的第二个元素：",numpy1[0,1])
print()
print("显示 Numpy 数组中第二行中的第三元素：",numpy1[1,2])
print()
print("显示 Numpy 数组中第三列元素：",numpy1[:,2])
```

单击工具栏中的 ▶运行 按钮，运行结果如图 7.16 所示。

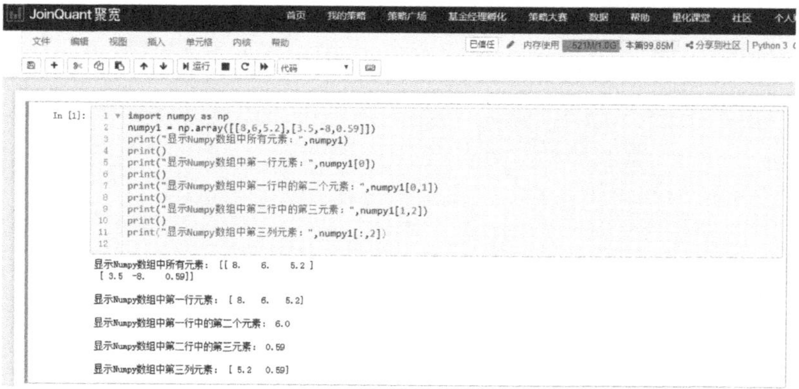

第 7 章　Python 大数据分析的 Numpy 包

图 7.16　Numpy 数组索引示例的运行结果

7.2.5　Numpy 数组运算

Numpy 数组运算是指 Numpy 数组中元素的加、减、乘、除、乘方、最大值、最小值等运算。

Numpy 数组运算示例如下。

成功登录 JoinQuant（聚宽）量化交易平台后，在菜单栏中选择"我的策略"→"投资研究"命令，打开"投资研究"页面。然后单击"新建"按钮，在弹出的下拉菜单中单击 Python3 命令，就可以新建一个 Python3 文件，并命名为"Numpy 数组运算"。

在单元格中输入代码如下：

```
import numpy as np
numpy1 = np.array([8,6,5.2])
numpy2 = np.array([3.5,-8,0.59])
print("数组的加法运算",numpy1+numpy2)
print("数组的减法运算",numpy1-numpy2)
print("数组的乘法运算",numpy1×numpy2)
print("数组的除法运算",numpy1/numpy2)
print("numpy1 数组的乘方运算",numpy1××2)
print("数组的点乘运算",np.dot(numpy1,numpy2))          #就是把数组的乘法运算得到的数，再加起来
print("数组的大小比较",numpy1>=numpy2)
print("numpy1 数组的最大值",numpy1.max())
print("numpy2 数组的最小值",numpy2.min())
print("numpy1 数组的和",numpy1.sum())
print("numpy1 和 numpy2 数组的和",numpy1.sum()+numpy2.sum())
```

单击工具栏中的 运行 按钮，运行结果如图 7.17 所示。

— 157 —

图 7.17　Numpy 数组运算示例的运行结果

7.2.6　Numpy 数组复制

Numpy 数组复制分两种，分别是浅复制和深复制。

浅复制通过数组变量的复制完成，只复制数组的引用，这样对浅复制数组中的元素进行修改时，原数组中对应的元素也会被修改。

深复制使用数组对象的 copy 方法完成，是对储存内存进行复制。这样对深复制数组中的元素进行修改时，原数组中对应的元素不会改变。

Numpy 数组复制示例如下。

成功登录 JoinQuant（聚宽）量化交易平台后，在菜单栏中选择"我的策略"→"投资研究"命令，打开"投资研究"页面。然后单击"新建"按钮，在弹出的下拉菜单中单击 Python3 命令，就可以新建一个 Python3 文件，并命名为"Numpy 数组复制"。

在单元格中输入代码如下：

```
import numpy as np
numpy1 = np.array([8,6,5.2])
numpy2 = numpy1
print("浅复制数组中的数据：",numpy2)
numpy2[1] = -18.6       #修改浅复制数组中的数据
print("修改浅复制数组中的数据后：",numpy2)
print("原数组 numpy1 中的数据也被修改了：",numpy1)
print()
numpy3 = np.zeros(3)
numpy4 = numpy3.copy()
print("深复制数组中的数据：",numpy4)
numpy4[1] = -18.6       #修改深复制数组中的数据
```

第 7 章　Python 大数据分析的 Numpy 包

```
print("修改深复制数组中的数据后：",numpy4)
print("原数组 numpy3 中的数据没有被修改：",numpy3)
```

单击工具栏中的 ▶运行 按钮，运行结果如图 7.18 所示。

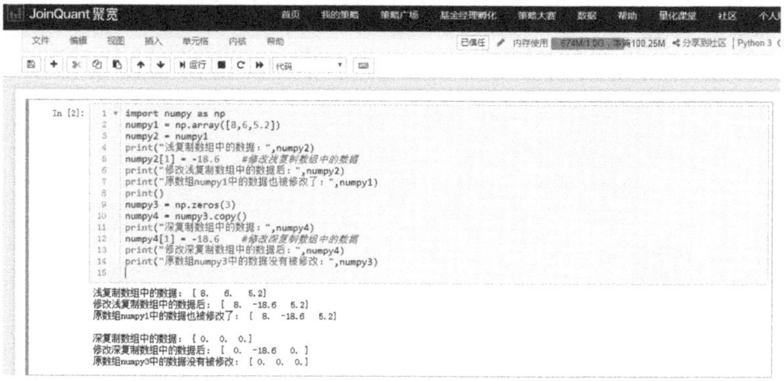

图 7.18　Numpy 数组复制示例的运行结果

7.3　Numpy 的矩阵

矩阵（matrix）是一个按照长方阵列排列的复数或实数集合，是高等代数中的常见工具，也常见于统计分析等应用数学学科中。

Numpy 的矩阵对象与数组对象相似，主要不同之处在于，矩阵对象的计算遵循矩阵数学运算规律，即矩阵的乘、转置、求逆等。需要注意的是，矩阵使用 matrix 函数创建。

Numpy 的矩阵示例如下。

成功登录 JoinQuant（聚宽）量化交易平台后，在菜单栏中选择"我的策略"→"投资研究"命令，打开"投资研究"页面。然后单击"新建"按钮，在弹出的下拉菜单中单击 Python3 命令，就可以新建一个 Python3 文件，并命名为"Numpy 的矩阵"。

在单元格中输入代码如下：

```
import numpy as np
numpy1=np.matrix([[2,6,8],[14,19,22]])
print("矩阵数据内容：")
print(numpy1)
numpy2 = numpy1.T        #矩阵的转置
print("矩阵的转置后的数据内容：")
print(numpy2)
print("矩阵的乘法：")
print(numpy1×numpy2)
numpy3 = numpy1.I        #矩阵的求逆
```

```
print("矩阵的求逆：")
print(numpy3)
```

单击工具栏中的 ▶运行 按钮，运行结果如图 7.19 所示。

图 7.19　Numpy 的矩阵示例的运行结果

7.4　Numpy 的线性代数

Numpy 包包含 numpy.linalg 模块，提供线性代数所需的所有功能，下面进行具体讲解。

7.4.1　两个数组的点积

numpy.dot()函数返回两个数组的点积。对于二维向量，其等效于矩阵乘法；对于一维数组，它是向量的内积；对于 N 维数组，它是 a 的最后一个轴上的和与 b 的倒数第二个轴的乘积。

两个数组的点积示例如下。

成功登录 JoinQuant（聚宽）量化交易平台后，在菜单栏中选择"我的策略"→"投资研究"命令，打开"投资研究"页面。然后单击"新建"按钮，在弹出的下拉菜单中单击 Python3 命令，就可以新建一个 Python3 文件，并命名为"两个数组的点积"。

在单元格中输入代码如下：

```
import numpy as np
a = np.array([[1,2],[3,4]])
b = np.array([[11,12],[13,14]])
print("返回两个数组的点积:")
print(np.dot(a,b))
```

第 7 章　Python 大数据分析的 Numpy 包

注意，两个数组的点积计算为：[[1×11+2×13, 1×12+2×14],[3×11+4×13, 3×12+4×14]]。

单击工具栏中的 ▶运行 按钮，运行结果如图 7.20 所示。

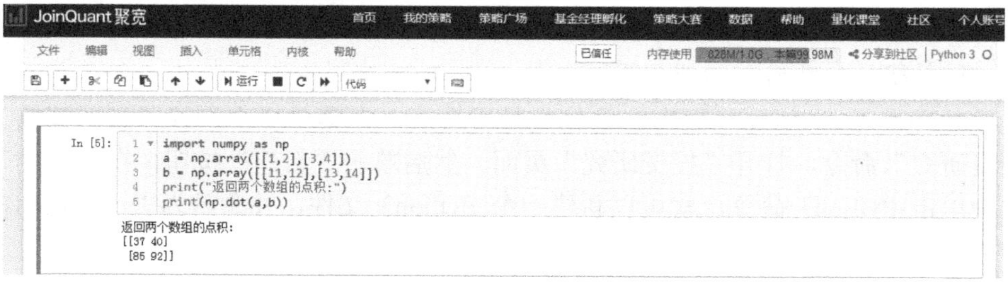

图 7.20　返回两个数组的点积

7.4.2　两个向量的点积

numpy.vdot()函数返回两个向量的点积。如果第一个参数是复数，那么它的共轭复数会用于计算。如果参数 id 是多维数组，它会被展开。

两个向量的点积示例如下。

成功登录 JoinQuant（聚宽）量化交易平台后，在菜单栏中选择"我的策略"→"投资研究"命令，打开"投资研究"页面。然后单击"新建"按钮，在弹出的下拉菜单中单击 Python3 命令，就可以新建一个 Python3 文件，并命名为"两个向量的点积"。

在单元格中输入代码如下：

```python
import numpy as np
a = np.array([[1,2],[3,4]])
b = np.array([[11,12],[13,14]])
print("返回两个向量的点积:")
print(np.vdot(a,b))
```

注意，两个向量的点积计算为：1×11 + 2×12 + 3×13 + 4×14 = 130。

单击工具栏中的 ▶运行 按钮，运行结果如图 7.21 所示。

图 7.21　返回两个向量的点积

7.4.3 一维数组的向量内积

numpy.inner()：返回一维数组的向量内积。对于更高的维度，它返回最后一个轴上的和的乘积。

一维数组的向量内积示例如下。

成功登录 JoinQuant（聚宽）量化交易平台后，在菜单栏中选择"我的策略"→"投资研究"命令，打开"投资研究"页面。然后单击"新建"按钮，在弹出的下拉菜单中单击 Python3 命令，就可以新建一个 Python3 文件，并命名为"一维数组的向量内积"。

在单元格中输入代码如下：

```
import numpy as np
a=np.array([1,2,3])
b=np.array([0,1,0])
print("一维数组的向量内积:")
print(np.inner(a,b))        #1×0+2×1+3×0
print()
c=np.array([[1,2], [3,4]])
d=np.array([[11, 12], [13, 14]])
print("多维数组的向量内积:")
print(np.inner(c,d))
```

注意，多维数组的向量内积计算如下。

1×11+2×12, 1×13+2×14

3×11+4×12, 3×13+4×14

单击工具栏中的 运行 按钮，运行结果如图 7.22 所示。

图 7.22 一维数组的向量内积示例的运行结果

7.4.4 矩阵的行列式

行列式在线性代数中是非常有用的值，它从方阵的对角元素计算。对于 2×2 矩

第 7 章　Python 大数据分析的 Numpy 包

阵，它是左上和右下元素的乘积与其他两个的乘积的差。换句话说，对于矩阵[[a, b], [c, d]]，行列式计算为 ad-bc。较大的方阵被认为是 2×2 矩阵的组合。在 Python 中，是利用 numpy.linalg.det()函数计算输入矩阵的行列式。

矩阵的行列式示例如下。

成功登录 JoinQuant（聚宽）量化交易平台后，在菜单栏中选择"我的策略"→"投资研究"命令，打开"投资研究"页面。然后单击"新建"按钮，在弹出的下拉菜单中单击 Python3 命令，就可以新建一个 Python3 文件，并命名为"矩阵的行列式"。

在单元格中输入代码如下：

```
import numpy as np
a = np.array([[1,2], [3,4]])
print("矩阵的行列式:")
print(np.linalg.det(a))
b = np.array([[6,1,1], [4, -2, 5], [2,8,7]])
print("较大的方阵的数据: ")
print(b)
print()
print("较大的方阵的行列式: ")
print(np.linalg.det(b))
print()
print("较大的方阵的行列式的计算方法: ")
c=6*(-2*7 - 5*8) - 1*(4*7 - 5*2) + 1*(4*8 - -2*2)
print("6*(-2*7 - 5*8) - 1*(4*7 - 5*2) + 1*(4*8 - -2*2)=",c)
```

单击工具栏中的 运行 按钮，运行结果如图 7.23 所示。

图 7.23　矩阵的行列式示例的运行结果

— 163 —

7.4.5 矩阵的逆

使用 numpy.linalg.inv()函数来计算矩阵的逆。矩阵的逆是这样的，如果它乘以原始矩阵，则得到单位矩阵。

矩阵的逆示例如下。

成功登录 JoinQuant（聚宽）量化交易平台后，在菜单栏中选择"我的策略"→"投资研究"命令，打开"投资研究"页面。然后单击"新建"按钮，在弹出的下拉菜单中单击 Python3 命令，就可以新建一个 Python3 文件，并命名为"矩阵的逆"。

在单元格中输入代码如下：

```
import numpy as np
x = np.array([[1,2],[3,4]])
print("原始矩阵:")
print(x)
print()
y = np.linalg.inv(x)
print("矩阵的逆:")
print(y)
print()
print("单位矩阵:")
print(np.dot(x,y))
```

单击工具栏中的 运行 按钮，运行结果如图 7.24 所示。

图 7.24　矩阵的逆示例的运行结果

7.5　Numpy 的文件操作

ndarray 对象可以保存到磁盘文件，并从磁盘文件加载。

（1）可以利用 ndarray 对象的 save()函数将数据存储在具有 npy 扩展名的磁盘文件中。

第 7 章　Python 大数据分析的 Numpy 包

（2）可以利用 ndarray 对象的 load()函数读出 npy 扩展名的磁盘文件中的数据。

（3）可以利用 ndarray 对象的 savetxt()函数将数据存储在具有 txt 扩展名的文本文件中。

（4）可以利用 ndarray 对象的 loadtxt()函数读出 txt 扩展名的文本文件中的数据。

Numpy 的文件操作示例如下。

成功登录 JoinQuant（聚宽）量化交易平台后，在菜单栏中选择"我的策略"→"投资研究"命令，打开"投资研究"页面。然后单击"新建"按钮，在弹出的下拉菜单中单击 Python3 命令，就可以新建一个 Python3 文件，并命名为"Numpy 的文件操作"。

在单元格中输入代码如下：

```
import numpy as np
a = np.array([1,2,3,4,5,6,7,8,9])
np.save('myfile1',a)        #创建 npt 文件，并且保存数据
print("创建二进制文件，并保存数据")
```

单击工具栏中的 ▶运行 按钮，运行结果如图 7.25 所示。

图 7.25　创建二进制文件并保存数据

这时，就可以在 Numpy 文件夹（本章开头创建的管理本章文件的文件夹）中看到创建的二进制文件 myfile1，如图 7.26 所示。

图 7.26　创建的二进制文件 myfile1

下面读出文件中的内容。在新建的单元格中输入代码如下：

```
b = np.load('myfile1.npy')
print("成功读取二进制文件，然后显示：")
print(b)
```

单击工具栏中的 ▶运行 按钮，运行结果如图 7.27 所示。

图 7.27　读出文件中的内容并显示

下面创建文本文件，然后再读出其中的内容。在新建的单元格中输入代码如下：

```
c = np.array([1,4,3,6])
np.savetxt('mytxt.txt',c)    #创建文本文件，并保存数据
d = np.loadtxt('mytxt.txt')
print("成功读取文本文件，然后显示：")
print(d)
```

单击工具栏中的 ▶运行 按钮，运行结果如图 7.28 所示。

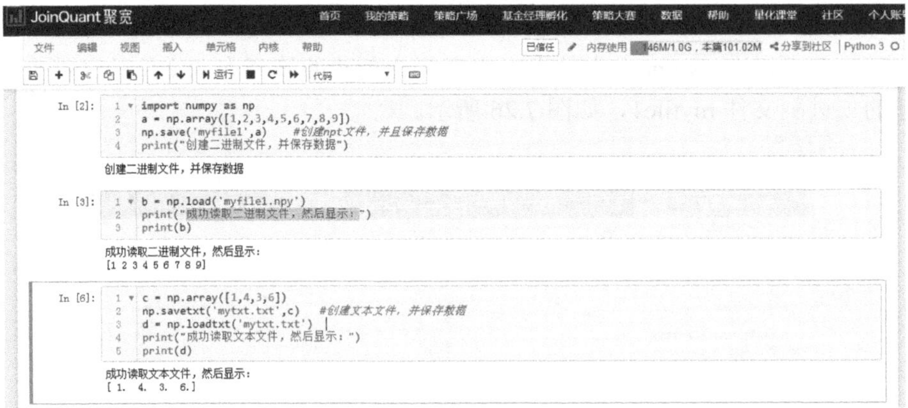

图 7.28　文本文件的操作

需要注意的是，代码运行后，在 Numpy 文件夹中可以看到创建的文本文件 mytxt.txt，如图 7.29 所示。

第 7 章 Python 大数据分析的 Numpy 包

图 7.29 创建的文本文件 mytxt.txt

学习心得

第 8 章
Python 大数据分析的 Pandas 包

Pandas 是基于 Numpy 构建的,让以 Numpy 为中心的应用变得更加简单。Pandas 提供了大量能使我们快速、便捷地处理数据的函数和方法,这也是使 Python 成为强大而高效的数据分析环境的重要因素之一。本章首先讲解 Pandas 的三大数据结构;然后讲解一维数组系列(Series)的创建、访问;接着讲解二维数组 DataFrame 的创建、查看、选择和处理;最后讲解三维数组 Panel。

8.1 Pandas 的数据结构

Pandas 的数据结构主要有 3 种，分别是 Series、DataFrame 和 Panel。

（1）系列（Series）是一维数组，与 Numpy 中的一维 Array 类似。二者与 Python 基本的数据结构 List 也很相近，其区别是：List 中的元素可以是不同的数据类型，而 Array 和 Series 中则只允许存储相同的数据类型，这样可以更有效地使用内存，提高运算效率。

（2）DataFrame 是二维数组，非常接近于 Excel 电子表格或者类似 MySQl 数据库的形式。它的竖行称为列（columns），横行称为索引（index），也就是说，数据的位置是通过 columns 和 index 来确定的。可以将 DataFrame 理解为 Series 的容器。

（3）Panel 是三维的数组，可以理解为 DataFrame 的容器。

8.2 一维数组系列

系列（Series）是由一组数据（各种 Numpy 数据类型）以及一组与之相关的标签数据（索引）组成。仅由一组数据即可产生最简单的系列，也可以通过传递一个 list 对象来创建一个系列。需要注意的是，Pandas 会默认创建整型索引。

8.2.1 创建一个空的系列

创建一个基本系列是一个空系列。

空的系列示例如下。

成功登录聚宽 JoinQuant 量化交易平台后，在菜单栏中选择"我的策略"→"投资研究"命令，打开"投资研究"页面。单击"新建"按钮，弹出下拉菜单，然后选择下拉菜单中的"文件夹"命令，就会新建一个文件夹，然后命名为 Pandas，如图 8.1 所示。

图 8.1 新建 Pandas 文件夹

第 8 章　Python 大数据分析的 Pandas 包

双击 Pandas 文件夹，然后单击"新建"按钮，在弹出的下拉菜单中单击 Python3，新建一个 Python3 文件，并命名为"空的系列"，然后输入以下代码：

```
#导入pandas包，并命名为pd
import pandas as pd
#创建一个空系列
s = pd.Series()
print(s)
```

单击工具栏中的 ▶ 运行 按钮，运行结果如图 8.2 所示。

图 8.2　空的系列示例的运行结果

8.2.2　从 ndarray 创建一个系列

如果数据是 ndarray，则传递的索引必须具有相同的长度。如果没有传递索引值，那么默认的索引将是范围(n)。其中 n 是数组长度，即[0,1,2,3…. range(len(array))-1]。

从 ndarray 创建一个系列示例如下。

成功登录聚宽 JoinQuant 量化交易平台后，在菜单栏中选择"我的策略"→"投资研究"命令，打开"投资研究"页面。然后单击"新建"按钮，在弹出的下拉菜单中单击 Python3，新建一个 Python3 文件，并命名为"从 ndarray 创建一个系列"，然后输入以下代码：

```
#导入 pandas 和 numpy 包
import pandas as pd
import numpy as np
#利用 ndarray 为系列赋值
data = np.array(['a','b','c','d'])
s = pd.Series(data)
print("显示系列中的索引和数据：")
print(s)
print()
data = np.array(['a','b','c','d'])
t = pd.Series(data,index=[100,101,102,103])
print("显示系列中的索引和数据：")
print(t)
```

这里没有传递任何索引，因此在默认情况下，它分配了从 0 到 len(data)-1 的索引，即 0~3。

如果传递了索引值，就可以在输出中看到自定义的索引值。

单击工具栏中的 ▶运行 按钮，运行结果如图 8.3 所示。

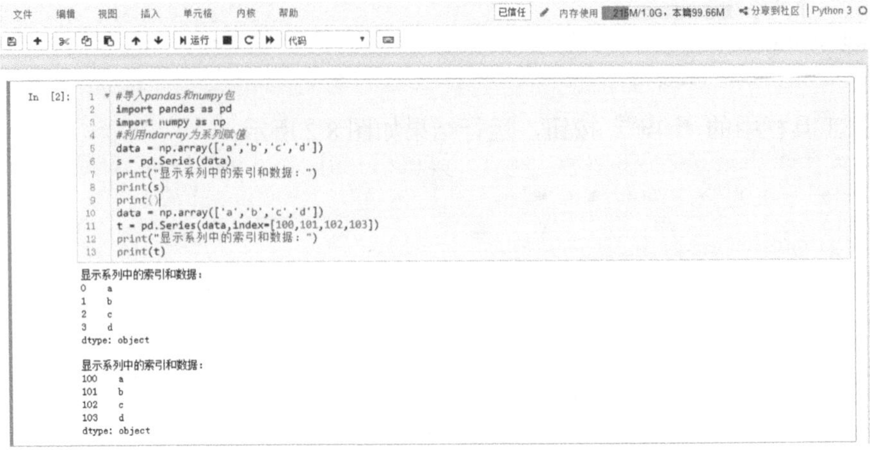

图 8.3　从 ndarray 创建一个系列示例的运行结果

8.2.3　从字典创建系列

字典（dict）可以作为输入传递，如果没有指定索引，则按排序顺序取得字典键以构造索引。如果传递了索引，索引中与标签对应的数据中的值将被拉出。

从字典创建系列示例如下。

成功登录聚宽 JoinQuant 量化交易平台后，在菜单栏中选择"我的策略"→"投资研究"命令，打开"投资研究"页面。然后单击"新建"按钮，在弹出的下拉菜单中单击 Python3，新建一个 Python3 文件，并命名为"从字典创建一个系列"，然后输入以下代码：

```
import pandas as pd
import numpy as np
data = {'a' : 0., 'b' : 1., 'c' : 2.}
s = pd.Series(data)
print(s)
```

注意，字典键用于构建索引。

单击工具栏中的 ▶运行 按钮，运行结果如图 8.4 所示。

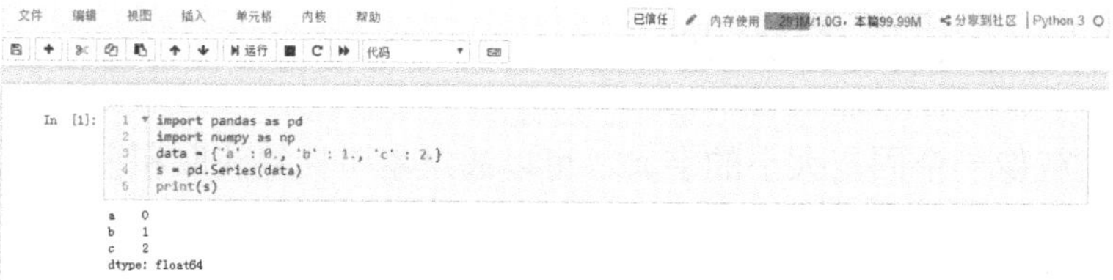

第 8 章　Python 大数据分析的 Pandas 包

图 8.4　从字典创建一个系列示例的运行结果

8.2.4　从有位置的系列中访问数据

系列中的数据可以使用类似于访问 ndarray 中的数据来访问。

从有位置的系列中访问数据示例如下。

成功登录聚宽 JoinQuant 量化交易平台后，在菜单栏中选择"我的策略"→"投资研究"命令，打开"投资研究"页面。然后单击"新建"按钮，在弹出的下拉菜单中单击 Python3，新建一个 Python3 文件，并命名为"从有位置的系列中访问数据"，然后输入以下代码：

```python
import pandas as pd
s = pd.Series([1,2,3,4,5],index = ['a','b','c','d','e'])
print("系列中的第一个数据：",s[0])
print("系列中的第三个数据：",s[2])
print()
print("系列中的前四个数据：")
print(s[:4])
print()
print("系列中的后四个数据：")
print(s[-4:])
```

单击工具栏中的 ▶运行 按钮，运行结果如图 8.5 所示。

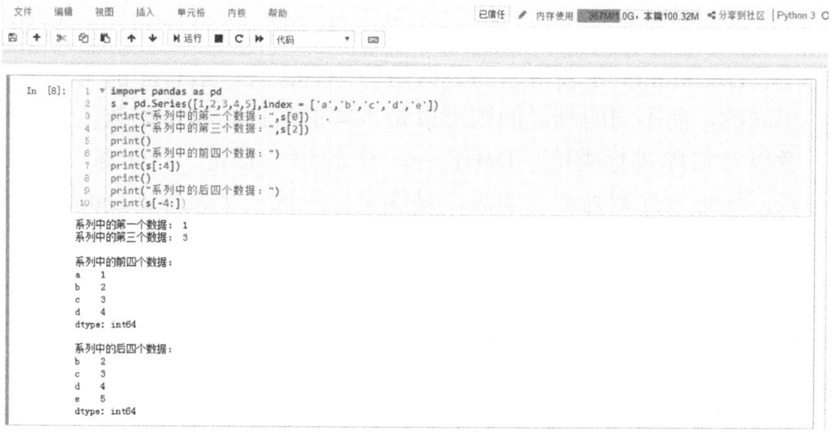

图 8.5　从有位置的系列中访问数据示例的运行结果

8.2.5 使用标签检索数据

一个系列就像一个固定大小的字典,可以通过索引标签获取和设置值。

使用标签检索数据示例如下。

成功登录聚宽 JoinQuant 量化交易平台后,在菜单栏中选择"我的策略"→"投资研究"命令,打开"投资研究"页面。然后单击"新建"按钮,在弹出的下拉菜单中单击 Python3,新建一个 Python3 文件,并命名为"使用标签检索数据",然后输入以下代码:

```
import pandas as pd
s = pd.Series([1,2,3,4,5],index = ['a','b','c','d','e'])
print(s['b'])
print()
print(s[['a','c','d']])
```

单击工具栏中的 ▶运行 按钮,运行结果如图 8.6 所示。

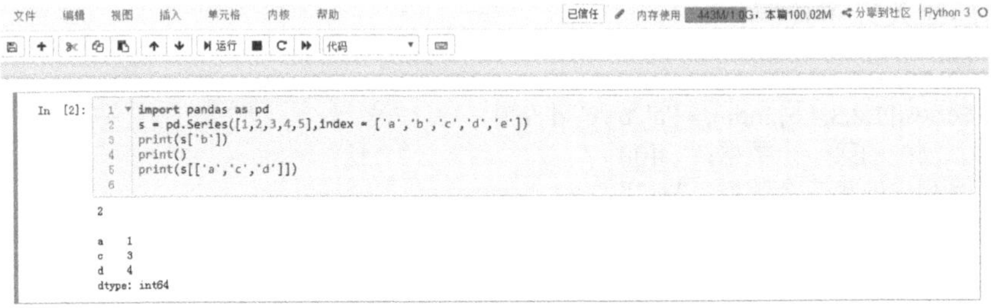

图 8.6 使用标签检索数据示例的运行结果

8.3 二维数组 DataFrame

DataFrame 是表格型的数据结构,它含有一组有序的列,每一列的数据结构都是相同的,而不同的列之间则可以是不同的数据结构(如数值、字符、布尔值等)。或者以数据库进行类比,DataFrame 中的每一行是一个记录,名称为 Index 的一个元素,而每一列则为一个字段,是这个记录的一个属性。DataFrame 既有行索引也有列索引,可以被看作由 Series 组成的字典(共用同一个索引)。

8.3.1 创建 DataFrame

二维数组 DataFrame 可以使用各种输入创建,如列表、字典、一维数组系列(Series)、Numpy ndarrays、另一个二维数组 DataFrame。

第 8 章　Python 大数据分析的 Pandas 包

创建 DataFrame 示例如下。

成功登录聚宽 JoinQuant 量化交易平台后，在菜单栏中选择"我的策略"→"投资研究"命令，打开"投资研究"页面。双击 Pandas 文件夹，然后单击"新建"按钮，在弹出的下拉菜单中单击 Python3，新建一个 Python3 文件，并命名为"创建 DataFrame"，然后输入以下代码：

```
import pandas as pd
data = {"name":["yahoo","google","facebook"], "marks":[200,400,800], "price":[9, 3, 7]}
dataframe1 = pd.DataFrame(data)
print("显示 dataframe1 中的数据：")
print(dataframe1)
```

单击工具栏中的 ▶运行 按钮，运行结果如图 8.7 所示。

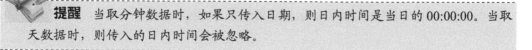

图 8.7　创建 DataFrame 示例的运行结果

8.3.2　数据的查看

下面利用 get_price()函数获得股票数据，得到的数据是 DataFrame 对象。
get_price()函数的语法格式如下：

```
get_price(security, start_date=None, end_date=None, frequency='daily', fields=None, skip_paused=False, fq='pre', count=None)
```

get_price()函数可以按天或者按分钟获取一只或者多只股票的行情数据，各项参数意义如下。

security：一只股票代码或者一只股票代码的 list。

start_date：开始时间，与参数 count 二选一，不可同时使用。需要注意的是，如果参数 count 和参数 start_date 都没有设置，则 start_date 生效值是 2015-01-01。如果取分钟数据时，时间可以精确到分钟，如传入 datetime.datetime(2015，1，1，10，0，0) 或者'2015-01-01 10:00:00'。

> **提醒**　当取分钟数据时，如果只传入日期，则日内时间是当日的 00:00:00。当取天数据时，则传入的日内时间会被忽略。

end_date：结束时间，默认是 2015-12-31，包含此日期。需要注意的是，当取分钟数据时，如果 end_date 只有日期，则日内时间等同于 00:00:00，所以返回的数据是不包括 end_date 这一天的。

frequency：单位时间长度，几天或者几分钟，默认为 daily，即表示 1 天。现在支持"Xd""Xm""daily"（表示 1 天）"minute"（表示 1 分钟），X 是一个正整数，分别表示 X 天和 X 分钟。需要注意的是，当 X > 1 时，fields 只支持["open""close""high""low""volume""money"]这几个标准字段。

Fields：字符串 list，选择要获取的行情数据字段，默认是 None（表示["open"、"close"、"high"、"low"、"volume"、"money"]这几个标准字段）。参数 Fields 支持 SecurityUnitData 里面的所有基本属性，包含：["open", "close", "low", "high", "volume", "money", "factor", "high_limit", "low_limit", "avg", "pre_close", "paused"]。

skip_paused：是否跳过不交易日期（包括停牌、未上市或者退市后的日期，如果不跳过，停牌时会使用停牌前的数据填充。上市前或者退市后数据都为 nan。需要注意的是，该参数默认为 False，即不跳过不交易日期。如果该参数是 True 时，只能取一只股票的信息。

fq：复权选项。参数值设为"pre"，表示前复权，为默认设置；参数值设为 None，表示不复权，返回实际价格；参数值设为"post"，表示后复权。

count：与 start_date 二选一，不可同时使用。参数 count 表示数量，返回的结果集的行数，即表示获取 end_date 之前几个 frequency 的数据。

查看数据示例如下。

成功登录聚宽 JoinQuant 量化交易平台后，在菜单栏中选择"我的策略"→"投资研究"命令，打开"投资研究"页面。双击 Pandas 文件夹，然后单击"新建"按钮，在弹出的下拉菜单中单击 Python3，新建一个 Python3 文件，并命名为"查看数据"，然后输入以下代码：

```
import pandas as pd
dataframe1 = get_price('000009.XSHE',start_date='2018-07-3', end_date='2018-09-10', frequency='daily')
dataframe1
```

利用 get_price()函数获得中国宝安（000009）每天的股票数据信息，开始时间是 2018 年 7 月 3 日，结束时间是 2018 年 9 月 10 日。默认情况下显示的数据信息是开盘价（open）、收盘价（close）、最低价（low）、最高价（high）、成交量（volume）、成交金额（money）。

单击工具栏中的 运行 按钮，运行结果如图 8.8 所示。

第 8 章 Python 大数据分析的 Pandas 包

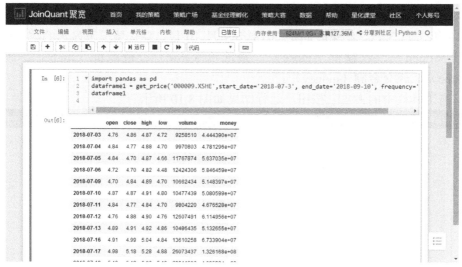

图 8.8　查看股票的数据

> **提醒**　上海证券交易所上市的股票、基金的代码后缀都为.XSHG；深圳证券交易所上市的股票、基金的代码后缀都为.XSHE；中金所上市的期货合约的代码后缀都为.CCFX；大商所上市的期货合约的代码后缀都为.XDCE；上期所上市的期货合约的代码后缀都为.XSGE；郑商所上市的期货合约的代码后缀都为.XZCE；上海国际能源期货交易所上市的期货合约的代码后缀都为.XINE。

利用 get_price()函数还可以获取基金数据信息。在新的单元格中输入以下代码：

```
dataframe2 = get_price('159922.XSHE',start_date='2018-07-3', end_date='2018-09-10', frequency='daily')
dataframe2
```

利用 get_price()函数获得 50ETF（159922）的每天的基金数据信息，开始时间是 2018 年 7 月 3 日，结束时间是 2018 年 9 月 10 日。默认情况下显示的数据信息是开盘价（open）、收盘价（close）、最低价（low）、最高价（high）、成交量（volume）、成交金额（money）。

单击工具栏中的 运行 按钮，运行结果如图 8.9 所示。

利用 get_price()函数还可以获取期货主力合约数据信息。在新的单元格中输入以下代码：

```
dataframe3=get_price('CU9999.XSGE',start_date='2018-07-3', end_date='2018-09-10', frequency='daily')
dataframe3
```

利用 get_price() 函数获得铜主力合约（CU9999）每天的期货数据信息，开始时间是 2018 年 7 月 3 日，结束时间是 2018 年 9 月 10 日。默认情况下显示的数据信息是开盘价（open）、收盘价（close）、最低价（low）、最高价（high）、成交量（volume）、成交金额（money）。

单击工具栏中的 ▶运行 按钮，运行结果如图 8.10 所示。

图 8.9　查看基金的数据

图 8.10　查看期货主力合约的数据

只显示前 5 条数据信息，可以利用 head() 函数，代码如下：

Dataframe3.head()

运行结果如图 8.11 所示。

第 8 章 Python 大数据分析的 Pandas 包

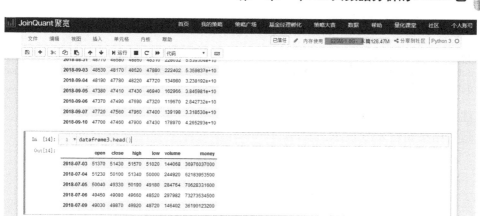

图 8.11 只显示前 5 条数据信息

只显示后 5 条数据信息，可以利用 tail()函数，代码如下：

dataframe3.tail()

运行结果如图 8.12 所示。

图 8.12 只显示后 5 条数据信息

8.3.3 数据的选择

成功登录聚宽 JoinQuant 量化交易平台后，在菜单栏中选择"我的策略"→"投资研究"命令，打开"投资研究"页面。双击 Pandas 文件夹，然后单击"新建"按钮，在弹出的下拉菜单中单击 Python3，新建一个 Python3 文件，并命名为"选择数据"。

只显示开盘价（open）的数据信息，代码如下：

```
import pandas as pd
dataframe1=get_price('000009.XSHE',start_date='2018-07-3',end_date='2018-09-10', frequency='daily')
dataframe1["open"]
```

注意：这里是中括号而不是小括号。

运行结果如图 8.13 所示。

图 8.13　只显示开盘价的数据信息

显示开盘价（open）、收盘价（close）和成交金额（money）的数据信息，代码如下：

```
dataframe1[["open","close","money"]]
```

运行结果如图 8.14 所示。

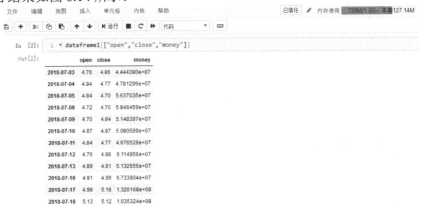

图 8.14　显示开盘价（open）、收盘价（close）和成交金额（money）的数据信息

显示第四条到第六条数据信息，代码如下：

```
dataframe1[3:6]
```

运行结果如图 8.15 所示。

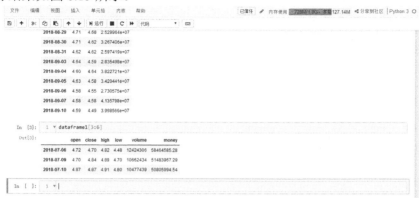

图 8.15　显示第四条到第六条数据信息

使用标签选取数据，语法格式如下：

dataframe1.loc[行标签,列标签]
dataframe1.loc['a':'b']　　#选取 a 行到 b 行数据
dataframe1.loc[:,'open']　　#选取 open 列的数据

dataframe1.loc 的第一个参数是行标签，第二个参数为列标签（可选参数，默认为所有列标签），两个参数既可以是列表也可以是单个字符，如果两个参数都为列表则返回的是 DataFrame；否则为 Series。

　提醒　loc 为 location 的缩写。

显示 2018 年 9 月 6 日的数据信息，代码如下：

dataframe1.loc["2018-09-6"]

运行结果如图 8.16 所示。

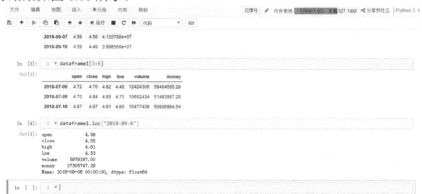

图 8.16　显示 2018 年 9 月 6 日的数据信息

显示 2018 年 9 月 6 日的收盘价，代码如下：

```
dataframe1.loc["2018-09-6","close"]
```

运行结果如图 8.17 所示。

图 8.17　显示 2018 年 9 月 6 日的收盘价

显示 2018 年 9 月 3 日到 2018 年 9 月 6 日的收盘价，代码如下：

```
dataframe1.loc["2018-09-13":"2018-09-6","close"]
```

运行结果如图 8.18 所示。

图 8.18　显示 2018 年 9 月 3 日到 2018 年 9 月 6 日的收盘价

显示所有的收盘价信息，代码如下：

```
dataframe1.loc[:,"close"]
```

运行结果如图 8.19 所示。

使用位置选取数据，语法格式如下：

```
df.iloc[行位置,列位置]
df.iloc[1,1] #选取第二行、第二列的值，返回的为单个值
df.iloc[[0,2],:] #选取第一行及第三行的数据
df.iloc[0:2,:] #选取第一行到第三行（不包含）的数据
df.iloc[:,1] #选取所有记录的第二列的值，返回的为一个 Series
df.iloc[1,:] #选取第一行数据，返回的为一个 Series
```

第 8 章 Python 大数据分析的 Pandas 包

显示第三行和第四列的值，代码如下：

df.iloc[2,3]

运行结果如图 8.20 所示。

图 8.19 显示所有的收盘价信息

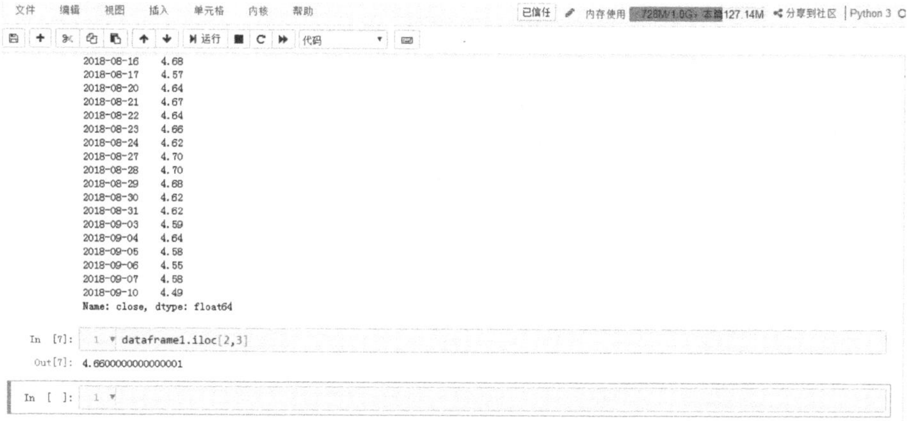

图 8.20 显示第三行和第四列的值

 提醒 iloc 为 integer 和 location 的缩写。

更广义的切片方式是使用 .ix，它自动根据给定的索引类型判断是使用位置还是标签进行切片，语法格式如下：

dataframe1.ix[1,1]
dataframe1.ix['a':'b']

显示第二行的开盘价,代码如下:

```
dataframe1.ix[1,'open']
```

运行结果如图 8.21 所示。

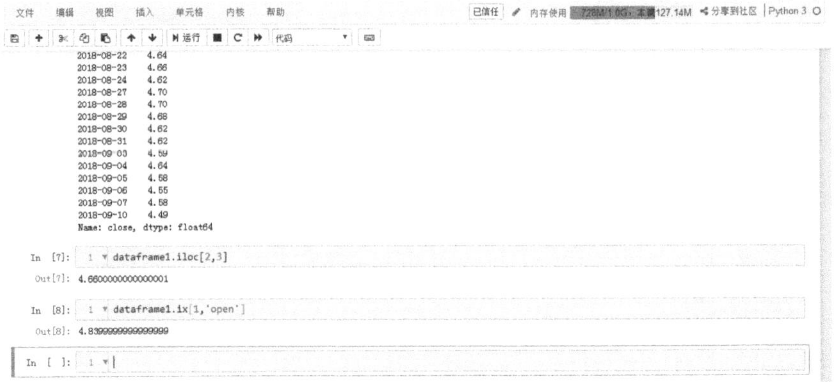

图 8.21 显示第二行的开盘价

通过逻辑指针进行数据切片,语法格式如下:

```
df[逻辑条件]
df[df.one >= 2] #单个逻辑条件
df[(df.one >=1 ) & (df.one < 3) ] #多个逻辑条件组合
```

显示收盘价大于 5.10 的数据信息,代码如下:

```
dataframe1[dataframe1.close>5.15]
```

运行结果如图 8.22 所示。

图 8.22 显示收盘价大于 5.10 的数据信息

显示收盘价大于 5.15 并且成交量大于 26000000 的数据信息,代码如下:

```
dataframe1[(dataframe1.close>5.15) & (dataframe1.volume>26000000)]
```

运行结果如图 8.23 所示。

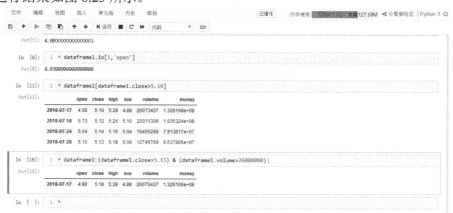

图 8.23　收盘价大于 5.15 并且成交量大于 26000000 的数据信息

使用条件来更改数据。例如，将大于 5.15 的数据都改为 0，具体代码如下：

```
dataframe1[dataframe1>5.15] = 0
dataframe1
```

运行结果如图 8.24 所示。

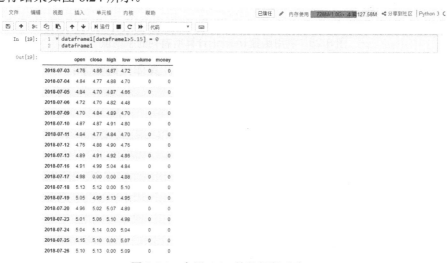

图 8.24　大于 5.15 的数据都改为 0

8.3.4　数据的处理

成功登录聚宽 JoinQuant 量化交易平台后，在菜单栏中选择"我的策略"→"投资研究"命令，打开"投资研究"页面。双击 Pandas 文件夹，然后单击"新建"按

钮,在弹出的下拉菜单中单击 Python3,新建一个 Python3 文件,并命名为"数据的处理",然后输入以下代码:

```
import pandas as pd
dataframe1 = get_price('000009.XSHE',start_date='2018-09-3', end_date='2018-09-10', frequency='daily')
print(dataframe1)
print()
print(dataframe1.mean())
```

利用函数 mean()计算所有列的平均值。

运行结果如图 8.25 所示。

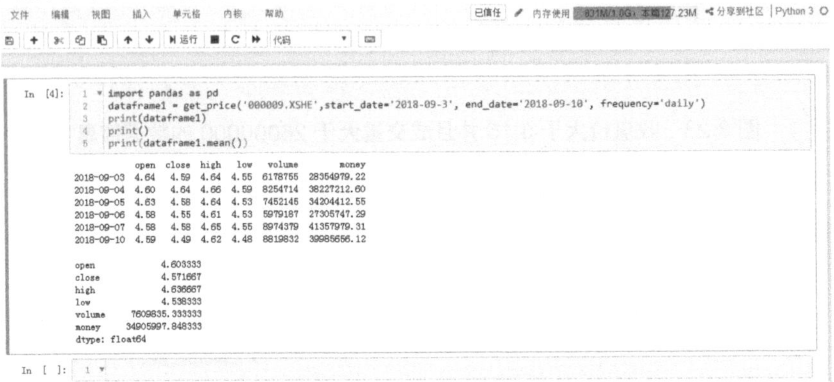

图 8.25　利用函数 mean()计算所有列的平均值

利用函数 mean()还可以计算出每一行的平均值,具体代码如下:

```
dataframe1.mean(1)
```

运行结果如图 8.26 所示。

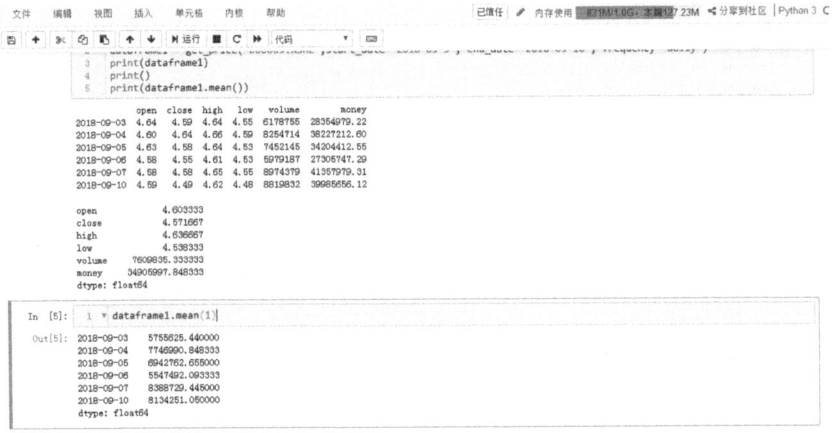

图 8.26　计算每一行的平均值

8.4 三维数组 Panel

获得股票数据 get_price()函数，如果获得的是多只股票的数据，则返回 Panel 对象。可通过 panel[列标,行标,股票代码]获取数据。

成功登录聚宽 JoinQuant 量化交易平台后，在菜单栏中选择"我的策略"→"投资研究"命令，打开"投资研究"页面。双击 Pandas 文件夹，然后单击"新建"按钮，在弹出的下拉菜单中单击 Python3，新建一个 Python3 文件，并命名为"三维数组 Panel"，然后输入以下代码：

```
import pandas as pd
panel1 = get_price(['000001.XSHE','000009.XSHE'],start_date='2018-09-3', end_date='2018-09-10', frequency='daily')
panel1
```

运行结果如图 8.27 所示。

图 8.27 三维数组 Panel

由输出的结果可以看出：
列标(Items axis: close to volume)
行标(Major_axis axis: 2018-09-03 00:00:00 to 2018-09-10 00:00:00)
股票代码(Minor_axis axis: 000001.XSHE to 000009.XSHE)
显示两只股票的开盘价信息，具体代码如下：

```
panel1['open',:,:]
```

单击工具栏中的 运行 按钮，运行结果如图 8.28 所示。
显示两只股票 2018 年 9 月 6 日的数据信息，具体代码如下：

```
panel1[:,'2018-09-6',:]
```

单击工具栏中的 运行 按钮，运行结果如图 8.29 所示。
显示平安银行（000001）的数据信息，具体代码如下：

```
panel1[:,:,"000001.XSHE"]
```

单击工具栏中的 运行 按钮，运行结果如图 8.30 所示。

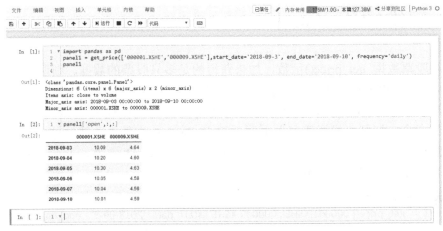

图 8.28 显示两只股票的开盘价信息

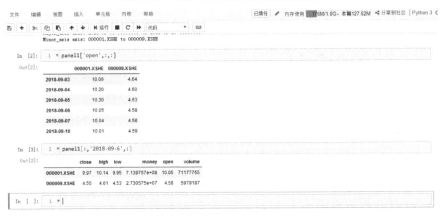

图 8.29 显示两只股票 2018 年 9 月 6 日的数据信息

图 8.30 显示平安银行（000001）的数据信息

第 9 章
Python 大数据可视化的 Matplotlib 包

Matplotlib 包是 Python 的绘图库,它可与 Numpy 包一起使用,提供了一种有效的 MatLab 开源替代方案。Matplotlib 包最初是由 John D. Hunter 编写的,自 2012 年以来,Michael Droettboom 是主要开发者。本章首先讲解 Matplotlib 包的优点;然后讲解 figure()函数、plot()函数、subplot()函数、legend()函数及 add_axes 方法的应用;接着讲解如何设置字体格式、线条的宽度和颜色、坐标轴网格;最后讲解柱状图、色图、等高线图、立体三维图形的绘制。

9.1 Matplotlib 包的优点

Matplotlib 是绘制 2D 和 3D 科学图像的软件库，其优点如下。
（1）容易学习和掌握。
（2）兼容 LaTeX 格式的标题和文档。
（3）可以控制图像中的每个元素，包括图像大小和扫描精度。
（4）对于很多格式都可以高质量地输出图像，包括 PNG、PDF、SVG、EPS 和 PGF。
（5）可以生成图形用户界面（GUI），做到交互式地获取图像以及无脑生成图像文件（通常用于批量作业）。

9.2 figure()函数的应用

figure()函数可以创建图形实例，其语法格式如下：

```
figure(num=None, figsize=None, dpi=None, facecolor=None, edgecolor=None, frameon=True)
```

9.2.1 figure()函数的各参数意义

num 参数：指定绘图对象的编号或名称，数字为编号，字符串为名称。
figsize 参数：指定绘图对象的宽和高，单位为英寸。
dpi 参数：指定绘图对象的分辨率，即每英寸多少个像素，默认值为 80。
facecolor 参数：指定绘图对象的背景颜色。
edgecolor 参数：指定绘图对象的边框颜色。
frameon 参数：指定绘图对象是否显示边框。

9.2.2 figure()函数的示例

要使用 figure()函数，首先要导入 matplotlib 中的 pyplot 模块。下面通过具体实例进行讲解。
默认的绘图对象示例如下。
成功登录聚宽 JoinQuant 量化交易平台后，在菜单栏中选择"我的策略"→"投资研究"命令，打开"投资研究"页面。单击"新建"按钮，弹出下拉菜单，然后单击"文件夹"命令，就会出现新建一个文件夹，然后命名为 matplotlib，如图 9.1 所示。

第 9 章 Python 大数据可视化的 Matplotlib 包

图 9.1 matplotlib 文件夹

双击 matplotlib 文件夹，然后单击"新建"按钮，在弹出的下拉菜单中单击 Python3，新建一个 Python3 文件，并命名为"默认的绘图对象"，然后输入以下代码：

```
import numpy as np
from matplotlib import pyplot as plt
x = np.arange(1,25)
y =  6 * x +  11
plt.figure()
plt.plot(x,y)
plt.show()
```

首先导入 numpy 包，并设置别名为 np；然后导入 matplotlib 中的 pyplot 模块，并设置别名为 plt。接着定义变量 x 为一个数组，变量 y 为变量 x 的一次方程。然后调用 figure()绘制对象，接着在对象中绘制图形，最后显示绘制对象。

单击工具栏中的 运行 按钮，运行结果如图 9.2 所示。

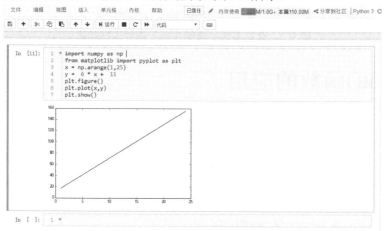

图 9.2 默认的绘图对象示例的运行结果

含有参数的绘图对象示例如下。

成功登录聚宽 JoinQuant 量化交易平台后，在菜单栏中选择"我的策略"→"投资研究"命令，打开"投资研究"页面。双击 matplotlib 文件夹，然后单击"新建"按钮，在弹出的下拉菜单中单击 Python3，新建一个 Python3 文件，并命名为"含有参数的绘图对象"，然后输入以下代码：

```python
import numpy as np
from matplotlib import pyplot as plt
x = np.arange(1,25)
y =  6 * x +  11
plt.figure(figsize=(12,3),dpi=120,facecolor='red')
plt.plot(x,y)
plt.show()
```

在这里，利用 figure()函数设置绘制对象的长为 12 英寸、宽为 3 英寸、分辨率为 120 像素、背景颜色为红色。

单击工具栏中的 运行 按钮，运行结果如图 9.3 所示。

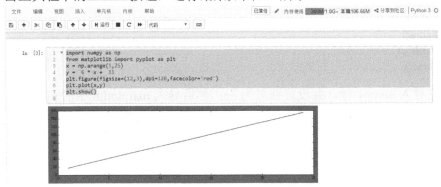

图 9.3　含有参数的绘图对象示例的运行结果

9.3　plot()函数的应用

plot()函数用来绘制线条或标记的轴，其语法格式如下：

```
plot(*args, **kwargs)
```

参数是一个可变长度参数，允许多个 x、y 对及可选的格式字符串。

9.3.1　plot()函数的各参数意义

*args 参数：用来设置绘制线条或标记的轴的变量，如 plot(x,y)。
**kwargs：用来设置绘制线条或标记的样式和颜色，如 plot(x,y,"ob")。
样式的字符与描述如表 9.1 所示。

第 9 章 Python 大数据可视化的 Matplotlib 包

表 9.1 样式的字符与描述

字　符	描　述
'-'	实线样式
'--'	短横线样式
'-.'	点画线样式
':'	虚线样式
'.'	点标记
','	像素标记
'o'	圆标记
'v'	倒三角标记
'^'	正三角标记
'<'	左三角标记
'>'	右三角标记
'1'	下箭头标记
'2'	上箭头标记
'3'	左箭头标记
'4'	右箭头标记
's'	正方形标记
'p'	五边形标记
'*'	星形标记
'h'	六边形标记 1
'H'	六边形标记 2
'+'	加号标记
'x'	X 标记
'D'	菱形标记
'd'	窄菱形标记
'|'	竖直线标记
'_'	水平线标记

颜色的字符与描述如表 9.2 所示。

表 9.2 颜色的字符与描述

字　符	颜　色
'b'	蓝色
'g'	绿色

续表

字 符	颜 色
'r'	红色
'c'	青色
'm'	品红色
'y'	黄色
'k'	黑色
'w'	白色

9.3.2 plot()函数的实例

要使用 plot()函数，首先要导入 matplotlib 中的 pyplot 模块。下面通过具体实例进行讲解。

绘制线条示例如下。

成功登录聚宽 JoinQuant 量化交易平台后，在菜单栏中选择"我的策略"→"投资研究"命令，打开"投资研究"页面。双击 matplotlib 文件夹，然后单击"新建"按钮，在弹出的下拉菜单中单击 Python3，新建一个 Python3 文件，并命名为"绘制线条"，然后输入以下代码：

```
import numpy as np
from matplotlib import pyplot as plt
x = np.arange(1,25)
y =  6 * x +  11
plt.figure()
plt.plot(x,y,"oy")
plt.show()
```

在这里，设置绘制线条的样式为"圆标记"，颜色为"黄色"。
单击工具栏中的 运行 按钮，运行结果如图 9.4 所示。

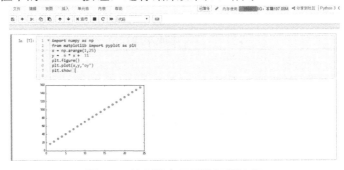

图 9.4 绘制线条示例的运行结果

第 9 章 Python 大数据可视化的 Matplotlib 包

绘制多个线条示例如下。

成功登录聚宽 JoinQuant 量化交易平台后，在菜单栏中选择"我的策略"→"投资研究"命令，打开"投资研究"页面。双击 matplotlib 文件夹，然后单击"新建"按钮，在弹出的下拉菜单中单击 Python3，新建一个 Python3 文件，并命名为"绘制多个线条"，然后输入以下代码：

```
import numpy as np
from matplotlib import pyplot as plt
x = np.arange(1,25)
y =  6 * x +  11
a = np.arange(1,8)
b = 3 * a - 6
plt.figure()
plt.plot(x,y,"oy",a,b,"*r")
plt.show()
```

在这里，设置绘制两个线条，第一个线条的样式为"圆标记"，颜色为"黄色"；第二个线条的样式为"星形标记"，颜色为"红色"。

单击工具栏中的 ▶ 运行 按钮，运行结果如图 9.5 所示。

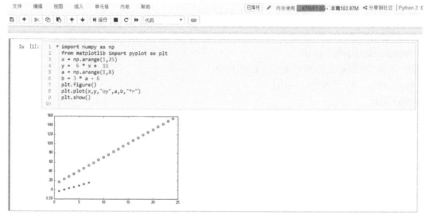

图 9.5　绘制多个线条示例的运行结果

9.4　subplot()函数的应用

利用 subplot()函数可以在同一图中绘制不同的图形，其语法格式如下：

subplot(nrows,ncols,plotNum)

注意：subplot()可以将 figure 划分为 n 个子图，但每条 subplot 命令只会创建一个子图。

9.4.1 subplot()的各参数意义

nrows 参数：subplot 的行数。
ncols 参数：subplot 的列数。
plotNum 参数：指定的区域。

subplot 将整个绘图区域等分为 nrows 行×ncols 列个子区域，然后按照从左到右、从上到下的顺序对每个子区域进行编号，左上的子区域的编号为 1。

如果 nrows、ncols 和 plotNum 这 3 个数都小于 10，则可以把它们缩写为一个整数，如 subplot(323)和 subplot(3,2,3)是相同的。

subplot 在 plotNum 指定的区域中创建一个轴对象。如果新创建的轴和之前创建的轴重叠，则之前的轴将被删除。

9.4.2 subplot()的示例

成功登录聚宽 JoinQuant 量化交易平台后，在菜单栏中选择"我的策略"→"投资研究"命令，打开"投资研究"页面。双击 matplotlib 文件夹，然后单击"新建"按钮，在弹出的下拉菜单中单击 Python3，新建一个 Python3 文件，并命名为"在同一图中绘制不同的图形"，然后输入以下代码：

```python
import numpy as np
import matplotlib.pyplot as plt
# 计算正弦和余弦曲线上的点 x 和 y 的坐标
x = np.arange(0, 3 * np.pi, 0.1)
y_sin = np.sin(x)
y_cos = np.cos(x)
y_tan = np.tan(x)
# 建立 subplot 网格，高为 2、宽为 2
# 激活第一个 subplot
plt.subplot(2, 2, 1)
# 绘制第一个图形
plt.plot(x, y_sin,'ob')
plt.title('正弦曲线')
# 将第二个 subplot 激活，并绘制第二个图形
plt.subplot(2, 2, 2)
plt.plot(x, y_cos,'*m')
plt.title('余弦曲线')
# 将第三个 subplot 激活，并绘制第三个图形
plt.subplot(223)
plt.plot(x, y_tan,':r')
plt.title('正切曲线')
# 展示图像
plt.show()
```

第 9 章 Python 大数据可视化的 Matplotlib 包

在这里，建立 subplot 网格，为 2 行 2 列，然后调用 plot()函数绘制图形。另外，这里还调用 title()函数为图形添加标题。

单击工具栏中的 ▶运行 按钮，运行结果如图 9.6 所示。

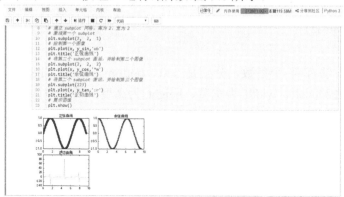

图 9.6 在同一图中绘制不同的图形

9.5 add_axes 方法的应用

add_axes 方法为新增子区域，该区域可以坐落在 figure 内任意位置，且该区域可任意设置大小。下面通过实例来讲解。

add_axes 方法的应用示例如下。

成功登录聚宽 JoinQuant 量化交易平台后，在菜单栏中选择"我的策略"→"投资研究"命令，打开"投资研究"页面。双击 matplotlib 文件夹，然后单击"新建"按钮，在弹出的下拉菜单中单击 Python3，新建一个 Python3 文件，并命名为"add_axes 方法的应用"，然后输入以下代码：

```
import numpy as np
import matplotlib.pyplot as plt
#新建 figure
fig = plt.figure()
# 定义数据
x = [1, 2, 3, 4, 5, 6, 7]
y = [1, 3, 4, 2, 5, 8, 6]
#新建区域 ax1
#figure 的百分比,从 figure 10%的位置开始绘制, 宽高是 figure 的 80%
left, bottom, width, height = 0.1, 0.1, 0.8, 0.8
# 获得绘制的句柄
ax1 = fig.add_axes([left, bottom, width, height])
ax1.plot(x, y, 'r')
ax1.set_title('area1')
```

— 197 —

```
#新增区域 ax2,嵌套在 ax1 内
left, bottom, width, height = 0.2, 0.6, 0.25, 0.25
# 获得绘制的句柄
ax2 = fig.add_axes([left, bottom, width, height])
ax2.plot(x,y, 'b')
ax2.set_title('area2')
plt.show()
```

add_axes 方法有 4 个参数，分别是 left、bottom、width、height。left 为左侧间距、bottom 为底部间距、width 为宽度、height 为高度。需要注意的是，这 4 个参数的大小都在 0~1 之间。

单击工具栏中的 运行 按钮，运行结果如图 9.7 所示。

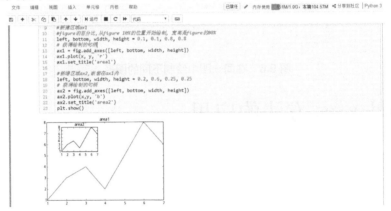

图 9.7　add_axes 方法的应用示例的运行结果

9.6　legend()函数的应用

legend()函数是用来为图像添加图题的，其语法格式如下：

legend(*args, **kwargs)

参数是一个可变长度参数，其中最常用、最重要的可选参数是 loc 参数。loc 参数的字符与描述如表 9.3 所示。

表 9.3　loc 参数的字符与描述

字　　符	描　　述
0	由 matplotlib 确定最优位置
1	右上角
2	左上角
3	左下角

第 9 章 Python 大数据可视化的 Matplotlib 包

续表

字 符	描 述
4	右下角
5	右侧
6	左中间
7	右中间
8	下中间
9	上中间
10	中间

为图像添加图题示例如下。

成功登录聚宽 JoinQuant 量化交易平台后,在菜单栏中选择"我的策略"→"投资研究"命令,打开"投资研究"页面。双击 matplotlib 文件夹,然后单击"新建"按钮,在弹出的下拉菜单中单击 Python3,新建一个 Python3 文件,并命名为"为图像添加图题",然后输入以下代码:

```
import numpy as np
import matplotlib.pyplot as plt
x = np.arange(1,25)
y = 6 * x + 11
fig, ax = plt.subplots()
ax.plot(x, x**2, label="y = x**2")
ax.plot(x, x**2.5, label="y = x**2.5")
ax.legend(loc=2); # 左上角
ax.set_xlabel('x 轴')
ax.set_ylabel('y 轴')
ax.set_title('为两个图形添加图题')
```

这里用到了 subplots() 函数,把图形实例 figure 分成两部分,分别绘制两个图形,具体布局由变量 fig 来完成。

利用 legend() 函数为图形添加图题,并放在左上角;最后为图形实例 figure 添加 x 轴、y 轴及标题标签。

单击工具栏中的 运行 按钮,运行结果如图 9.8 所示。

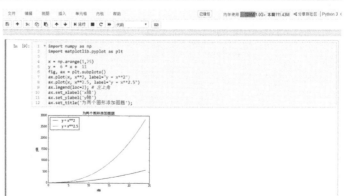

图 9.8 为图像添加图题示例的运行结果

9.7 设置字体格式

在上述例子中，我们会发现 x 轴、y 轴及标题标签都比较小，下面就来讲解如何利用代码实现字体格式的设置。

设置字体格式示例如下。

成功登录聚宽 JoinQuant 量化交易平台后，在菜单栏中选择"我的策略"→"投资研究"命令，打开"投资研究"页面。双击 matplotlib 文件夹，然后单击"新建"按钮，在弹出的下拉菜单中单击 Python3，新建一个 Python3 文件，并命名为"设置字体格式"，然后输入以下代码：

```python
import numpy as np
import matplotlib.pyplot as plt
# 更新 matplotlib 的布局参数
matplotlib.rcParams.update({'font.size': 18, 'font.family': 'serif'})
x = np.arange(1,25)
y =   6 * x +   11
fig, ax = plt.subplots()
ax.plot(x, x**2, label=r"$y = \alpha^2$")
ax.plot(x, x**3, label=r"$y = \alpha^3$")
ax.legend(loc=2) #  左上角
ax.set_xlabel(r'$\alpha$')
ax.set_ylabel(r'$y$')
ax.set_title('设置字体格式')
```

在这里，利用 matplotlib.rcParams.update() 更新了字体的大小及字体类型。

在 LaTeX 中经常用反斜杠符号，如用\alpha 来产生符号 α。但是反斜杠在 Python 中已经有别的含义（转义码字符）。为了避免 Python 和 LaTeX 代码混淆，采用"原始"字符串。原始字符串带有前缀"r"，如 r"\alpha"或者 r'\alpha' 而不是 "\alpha"或'\alpha'。

单击工具栏中的 ▶运行 按钮，运行结果如图 9.9 所示。

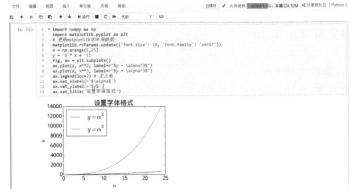

图 9.9 设置字体格式示例的运行结果

第 9 章 Python 大数据可视化的 Matplotlib 包

9.8 设置线条的宽度和颜色

前面讲解了线条的样式和颜色设置,但还可以用颜色的英文名称来定义,或者 RGB 十六进制码,或者用 color 和 alpha 关键字参数来选择性提供 α 值。

另外,还可以用 linewidth 或者 lw 关键字参数来调整线宽度,线条样式则可以在 linestyle 或者 ls 关键字参数中选择。

设置线条的宽度和颜色示例如下。

成功登录聚宽 JoinQuant 量化交易平台后,在菜单栏中选择"我的策略"→"投资研究"命令,打开"投资研究"页面。双击 matplotlib 文件夹,然后单击"新建"按钮,在弹出的下拉菜单中单击 Python3,新建一个 Python3 文件,并命名为"设置线条的宽度和颜色",然后输入以下代码:

```
import numpy as np
import matplotlib.pyplot as plt
# 更新 matplotlib 的布局参数
matplotlib.rcParams.update({'font.size': 16, 'font.family': 'serif'})
x = np.arange(1,25)
y =   6 * x +  11
fig, ax = plt.subplots(figsize=(12,6))
ax.plot(x, x+1, color="blue", linewidth=0.25)
ax.plot(x, x+2, color="blue", linewidth=0.50)
ax.plot(x, x+3, color="blue", linewidth=1.00)
ax.plot(x, x+4, color="blue", linewidth=2.00)
# 线条样式选择
ax.plot(x, x+5, color="red", lw=2, linestyle='-',alpha=0.5)   #半透明红色
ax.plot(x, x+6, color="#1155dd", lw=2, ls='-.')          # 浅蓝色的 RGB 十六进制码
ax.plot(x, x+7, color="#15cc55", lw=2, ls=':')           # 浅绿色的 RGB 十六进制码
# 自定义设置
line, = ax.plot(x, x+8, color="black", lw=1.50)
line.set_dashes([5, 10, 15, 10]) # 格式:线长, 间距, ...
# 标记符号
ax.plot(x, x+ 9, color="green", lw=2, ls='--', marker='+')
ax.plot(x, x+10, color="green", lw=2, ls='--', marker='o')
ax.plot(x, x+11, color="green", lw=2, ls='--', marker='s')
ax.plot(x, x+12, color="green", lw=2, ls='--', marker='1')
# 标记大小和颜色
ax.plot(x, x+13, color="purple", lw=1, ls='-', marker='o', markersize=2)
ax.plot(x, x+14, color="purple", lw=1, ls='-', marker='o', markersize=4)
ax.plot(x, x+15, color="purple", lw=1, ls='-', marker='o', markersize=8, markerfacecolor="red")
ax.plot(x, x+16, color="purple", lw=1, ls='-', marker='s', markersize=8,
        markerfacecolor="yellow", markeredgewidth=2, markeredgecolor="blue")
```

单击工具栏中的 运行 按钮,运行结果如图 9.10 所示。

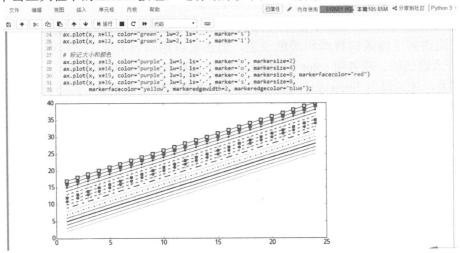

图 9.10 设置线条的宽度和颜色示例的运行结果

9.9 坐标轴网格

用坐标轴对象中的 grid 可以使用和取消网格线;也可以用 plot 函数中同样的关键字参数来定制网格样式。

坐标轴网格示例如下。

成功登录聚宽 JoinQuant 量化交易平台后,在菜单栏中选择"我的策略"→"投资研究"命令,打开"投资研究"页面。双击 matplotlib 文件夹,然后单击"新建"按钮,在弹出的下拉菜单中单击 Python3,新建一个 Python3 文件,并命名为"坐标轴网格",然后输入以下代码:

```
import matplotlib.pyplot as plt
x = np.arange(1,25)
fig, axes = plt.subplots(1, 2, figsize=(10,3))
# 默认网格外观
axes[0].plot(x, x**1.2, x, x**2, lw=2)
axes[0].grid(True)
# 用户定义的网格外观
axes[1].plot(x, x**2, x, x**2.3, lw=3)
axes[1].grid(color='b', alpha=0.5, linestyle='dashed', linewidth=0.5)
```

单击工具栏中的 运行 按钮,运行结果如图 9.11 所示。

第 9 章　Python 大数据可视化的 Matplotlib 包

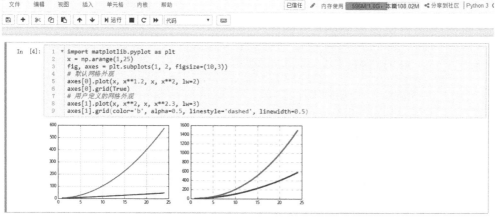

图 9.11　坐标轴网格示例的运行结果

9.10　绘制柱状图

使用 hist() 函数可以绘制柱状图，下面举例讲解。

成功登录聚宽 JoinQuant 量化交易平台后，在菜单栏中选择"我的策略"→"投资研究"命令，打开"投资研究"页面。双击 matplotlib 文件夹，然后单击"新建"按钮，在弹出的下拉菜单中单击 Python3，新建一个 Python3 文件，并命名为"绘制柱状图"，然后输入以下代码：

```
import matplotlib.pyplot as plt
matplotlib.rcParams.update({'font.size': 12, 'font.family': 'serif'})
n = np.random.randn(100000)
fig, axes = plt.subplots(1, 2, figsize=(12,4))
axes[0].hist(n)
axes[0].set_title("柱状图")
axes[0].set_xlim((min(n), max(n)))
axes[1].hist(n, cumulative=True, bins=50)
axes[1].set_title("累积详细柱状图")
axes[1].set_xlim((min(n), max(n)))
```

hist() 函数参数中，参数 n 表示柱子的值；参数 cumulative 表示是否累积，如果参数值为 True，则累积，否则不累积；参数 bins 表示柱子的宽度。

单击工具栏中的 运行 按钮，运行结果如图 9.12 所示。

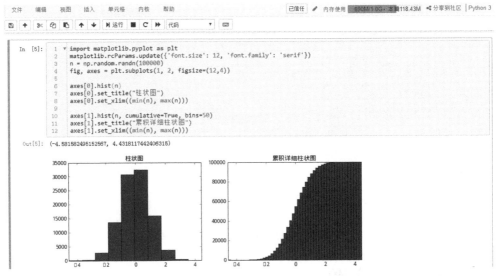

图9.12 绘制柱状图示例的运行结果

9.11 绘制色图和等高线图

色图和等高线图对于两个变量的绘图函数非常有用。在大多数函数中，采用色图编码一个维度的数据。

绘制色图示例如下。

成功登录聚宽 JoinQuant 量化交易平台后，在菜单栏中选择"我的策略"→"投资研究"命令，打开"投资研究"页面。双击 matplotlib 文件夹，然后单击"新建"按钮，在弹出的下拉菜单中单击 Python3，新建一个 Python3 文件，并命名为"色图"，然后输入以下代码：

```python
import numpy as np                          #导入数据包
import matplotlib.pyplot as plt
alpha = 0.5                                  #定义全局变量
phi_ext = 2 * np.pi * 0.5
                                             #自定义函数
def flux_qubit_potential(phi_m, phi_p):
    return 2 + alpha - 2 * np.cos(phi_p) * np.cos(phi_m) - alpha * np.cos(phi_ext - 2*phi_p)

phi_m = np.linspace(0, 2*np.pi, 100)          #numpy 的均分函数 linspace，把数据均分 100 份
phi_p = np.linspace(0, 2*np.pi, 100)
X,Y = np.meshgrid(phi_p, phi_m)               #numpy 的 meshgrid 函数，实现从坐标向量返回坐标矩阵
Z = flux_qubit_potential(X, Y).T              #调用自定义函数
fig, ax = plt.subplots()
```

```
                           #调用 pcolor 函数,x 和 y 是网格,z 是(x,y)坐标处的颜色值
p = ax.pcolor(X/(2*np.pi), Y/(2*np.pi), Z)
cb = fig.colorbar(p, ax=ax)
```

单击工具栏中的 运行 按钮，运行结果如图 9.13 所示。

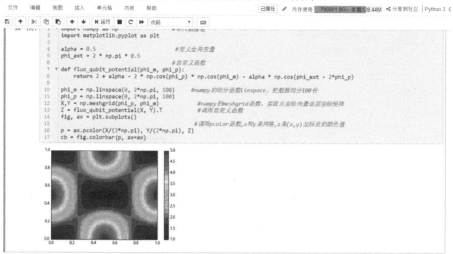

图 9.13　绘制色图示例的运行结果

绘制等高线图示例如下。

成功登录聚宽 JoinQuant 量化交易平台后，在菜单栏中选择"我的策略"→"投资研究"命令，打开"投资研究"页面。双击 matplotlib 文件夹，然后单击"新建"按钮，在弹出的下拉菜单中单击 Python3，新建一个 Python3 文件，并命名为"等高线图"，然后输入以下代码：

```
import numpy as np                        #导入数据包
import matplotlib.pyplot as plt
alpha = 0.5                               #定义全局变量
phi_ext = 2 * np.pi * 0.5
                                          #自定义函数
def flux_qubit_potential(phi_m, phi_p):
    return 2 + alpha - 2 * np.cos(phi_p) * np.cos(phi_m) - alpha * np.cos(phi_ext - 2*phi_p)
phi_m = np.linspace(0, 2*np.pi, 100)      #numpy 的均分函数 linspace, 把数据均分 100 份
phi_p = np.linspace(0, 2*np.pi, 100)
X,Y = np.meshgrid(phi_p, phi_m)           #numpy 的 meshgrid 函数，实现从坐标向量返回坐标矩阵
Z = flux_qubit_potential(X, Y).T          #调用自定义函数
fig, ax = plt.subplots()
cnt = ax.contour(Z)        #调用 contour 函数
```

单击工具栏中的 运行 按钮，运行结果如图 9.14 所示。

图 9.14 绘制等高线图示例的运行结果

9.12 绘制立体三维图形

在使用 matplotlib 中的 3D 图像之前,首先需要创建 Axes3D 类。3D 坐标轴和 2D 坐标轴创建的方法一样;或者更方便的方法是,在 add_axes 或者 add_subplot 中采用 projection='3d'关键字参数。

绘制曲面图示例如下。

成功登录聚宽 JoinQuant 量化交易平台后,在菜单栏中选择"我的策略"→"投资研究"命令,打开"投资研究"页面。双击 matplotlib 文件夹,然后单击"新建"按钮,在弹出的下拉菜单中单击 Python3,新建一个 Python3 文件,并命名为"曲面图",然后输入以下代码:

```
import numpy as np                              #导入数据包
import matplotlib.pyplot as plt
from mpl_toolkits.mplot3d.axes3d import Axes3D
alpha = 0.5                                     #定义全局变量
phi_ext = 2 * np.pi * 0.5
                                                #自定义函数
def flux_qubit_potential(phi_m, phi_p):
    return 2 + alpha - 2 * np.cos(phi_p) * np.cos(phi_m) - alpha * np.cos(phi_ext - 2*phi_p)
phi_m = np.linspace(0, 2*np.pi, 100)            #numpy 的均分函数 linspace,把数据均分 100 份
phi_p = np.linspace(0, 2*np.pi, 100)
X,Y = np.meshgrid(phi_p, phi_m)                 #numpy 的 meshgrid 函数,实现从坐标向量返回坐标矩阵
Z = flux_qubit_potential(X, Y).T                #调用自定义函数
```

第 9 章　Python 大数据可视化的 Matplotlib 包

```
fig = plt.figure(figsize=(14,6))
# ax 是一个 3D 坐标轴,由于添加了 projection='3d'关键字参数于 add_subplot
ax = fig.add_subplot(1, 2, 1, projection='3d')
p = ax.plot_surface(X, Y, Z, rstride=4, cstride=4, linewidth=0)
# 带有颜色梯度和颜色条的曲面图
ax = fig.add_subplot(1, 2, 2, projection='3d')
p = ax.plot_surface(X, Y, Z, rstride=1, cstride=1, cmap=matplotlib.cm.coolwarm, linewidth=0, antialiased=False)
cb = fig.colorbar(p, shrink=0.5)
```

单击工具栏中的 运行 按钮,运行结果如图 9.15 所示。

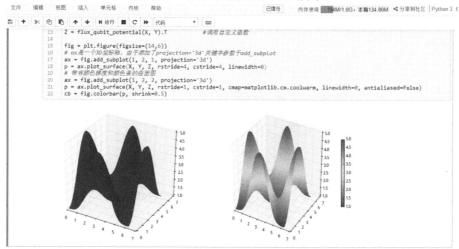

图 9.15　绘制曲面图示例的运行结果

绘制三维线框图示例如下。

成功登录聚宽 JoinQuant 量化交易平台后,在菜单栏中选择"我的策略"→"投资研究"命令,打开"投资研究"页面。双击 matplotlib 文件夹,然后单击"新建"按钮,在弹出的下拉菜单中单击 Python3,新建一个 Python3 文件,并命名为"三维线框图",然后输入以下代码:

```
import numpy as np                          #导入数据包
import matplotlib.pyplot as plt
from mpl_toolkits.mplot3d.axes3d import Axes3D
alpha = 0.5                                 #定义全局变量
phi_ext = 2 * np.pi * 0.5
                                            #自定义函数
def flux_qubit_potential(phi_m, phi_p):
    return 2 + alpha - 2 * np.cos(phi_p) * np.cos(phi_m) - alpha * np.cos(phi_ext - 2*phi_p)
phi_m = np.linspace(0, 2*np.pi, 100)        #numpy 的均分函数 linspace,把数据均分 100 份
phi_p = np.linspace(0, 2*np.pi, 100)
```

```
    X,Y = np.meshgrid(phi_p, phi_m)          #numpy 的 meshgrid 函数,实现从坐标向量返回
坐标矩阵
    Z = flux_qubit_potential(X, Y).T         #调用自定义函数
    fig = plt.figure(figsize=(12,6))
    ax = fig.add_subplot(1, 1, 1, projection='3d')
    p = ax.plot_wireframe(X, Y, Z, rstride=4, cstride=4)
```

单击工具栏中的 运行 按钮,运行结果如图 9.16 所示。

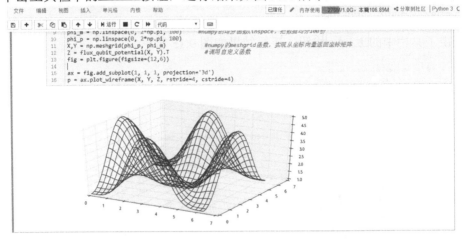

图 9.16 绘制三维线框图示例的运行结果

第 10 章
Python 量化交易策略的编写

具有 Python 编程基础之后,就可以利用 Python 编写量化交易策略了。量化交易策略是一系列量化规则的集合,包括量化进场和量化出场的条件、量化的资金管理和风险控制等。本章首先讲解股票量化交易策略的基本组成,即初始化函数、开盘前运行函数、开盘时运行函数、收盘后运行函数;然后讲解量化交易策略中用到的设置函数、定时函数、下单函数;最后讲解日志 Log 和常用对象。

10.1 股票量化交易策略的组成

在浏览器的地址栏中输入 https://www.joinquant.com，然后按 Enter 键，就进入聚宽 JoinQuant 量化交易平台的首页页面。在菜单栏中选择"我的策略"→"我的策略"命令，然后单击"新建策略"按钮，弹出下拉菜单，如图 10.1 所示。

图 10.1 "新建策略"下拉菜单

在下拉菜单中，选择"股票策略"命令，进入编辑股票策略页面，如图 10.2 所示。

图 10.2 编辑股票策略页面

第 10 章　Python 量化交易策略的编写

在编辑股票策略页面,可以看到股票策略的 Python 代码。一个股票量化交易策略首先是导入聚宽函数库,具体代码如下:

```
import jqdata
```

接下来就是编写 4 个 Python 函数,分别是初始化函数(initialize)、开盘前运行函数(before_market_open)、开盘时运行函数(market_open)、收盘后运行函数(after_market_close)。

10.1.1　初始化函数

初始化函数(initialize)的代码如下:

```
def initialize(context):
    # 设定沪深 300 作为基准
    set_benchmark('000300.XSHG')
    # 开启动态复权模式(真实价格)
    set_option('use_real_price', True)
    # 输出内容到日志 log.info()
    log.info('初始函数开始运行且全局只运行一次')
    ### 股票相关设定 ###
    # 股票类每笔交易时的手续费是:买入时佣金万分之三,卖出时佣金万分之三加千分之一印花税,每笔交易佣金最低扣 5 块钱
    set_order_cost(OrderCost(close_tax=0.001, open_commission=0.0003, close_commission=0.0003, min_commission=5), type='stock')
    ## 运行函数(reference_security 为运行时间的参考标的;传入的标的只做种类区分,因此传入'000300.XSHG'或'510300.XSHG'是一样的)
        # 开盘前运行
    run_daily(before_market_open, time='before_open', reference_security='000300.XSHG')
        # 开盘时运行
    run_daily(market_open, time='open', reference_security='000300.XSHG')
        # 收盘后运行
    run_daily(after_market_close, time='after_close', reference_security='000300.XSHG')
```

initialize(context),即初始化函数,在整个回测模拟或实盘中最开始执行一次,用于初始化全局变量。参数 context 是 Context 对象,用来存放有当前账户或股票的持仓信息。

set_benchmark('000300.XSHG'),是指设定沪深 300 作为基准。

set_option('use_real_price', True),是指开启动态复权模式(真实价格)。复权就是对股价和成交量进行权息修复,股票的实际价值没有变,只是数量与价格变化了而已。例如,原来 20 元的股票,十送十之后为 10 元,但实际还是相当于 20 元。从 K 线图上看这个价位似乎很低,但很可能就是一个历史高位。复权的作用是为了让股价连续,消除价格、指标的走势畸变。

log.info('初始函数开始运行且全局只运行一次'),是指输出内容到日志 log.info(),这样便于事后分析、整理。

接下来就是关于股票的相关设定了。

set_order_cost(OrderCost(close_tax=0.001, open_commission=0.0003, close_commission=0.0003, min_commission=5), type='stock'),是指每笔交易时的手续费是：买入时佣金万分之三，卖出时佣金万分之三加千分之一印花税，每笔交易佣金最低扣 5 块钱。

接下来是运行 3 个定时函数，即开盘前运行定时函数、开盘时运行定时函数、收盘后运行定时函数，其中 reference_security 为运行时间的参考标的。

10.1.2　开盘前运行函数

开盘前运行函数（before_market_open）的代码如下：

```
def before_market_open(context):
    # 输出运行时间
    log.info('函数运行时间(before_market_open)：'+str(context.current_dt.time()))
    # 给微信发送消息（添加模拟交易，并绑定微信生效）
    send_message('美好的一天~')
    # 要操作的股票：平安银行（g.为全局变量）
    g.security = '000001.XSHE'
```

首先输出运行时间到日志 log.info()，然后给绑定手机的微信发送消息。这里可以看到要操作的股票是平安银行，代码是 000001。

10.1.3　开盘时运行函数

开盘时运行函数（market_open）的代码如下：

```
def market_open(context):
    log.info('函数运行时间(market_open):'+str(context.current_dt.time()))
    security = g.security
    # 获取股票的收盘价
    close_data = attribute_history(security, 5, '1d', ['close'])
    # 取得过去 5 天的平均价格
    MA5 = close_data['close'].mean()
    # 取得上一时间的点价格
    current_price = close_data['close'][-1]
    # 取得当前的现金
    cash = context.portfolio.available_cash
    # 如果上一时间点价格高出 5 天平均价 1%，则全仓买入
    if current_price > 1.01*MA5:
```

第 10 章　Python 量化交易策略的编写

```
        # 记录这次买入
        log.info("价格高于均价 1%%，买入 %s" % (security))
        # 用所有 cash 买入股票
        order_value(security，cash)
    # 如果上一时间点价格低于 5 天平均价，则全部卖出
    elif current_price < MA5 and context.portfolio.positions[security].closeable_amount > 0:
        # 记录这次卖出
        log.info("价格低于均价，卖出 %s" % (security))
        # 卖出所有股票，使这只股票的最终持有量为 0
        order_target(security, 0)
```

开盘时运行函数，即在股票交易的所有时间内一直在运行的函数，是实现买卖股票的函数。

首先输出运行时间到日志 log.info()，然后利用 security 获取要操作的股票，即平安银行（000001）。接着获取平安银行的收盘价、5 日均线的价格、上一时间点的价格、当前账户的资金，如果上一时间点的价格高出 5 日均线的价格 1%，就会全仓买入，而上一时间点的价格低于 5 日均线的价格，就会卖出股票的所有持仓筹码。

10.1.4　收盘后运行函数

收盘后运行函数（after_market_close）的代码如下：

```
def after_market_close(context):
    log.info(str('函数运行时间(after_market_close):'+str(context.current_dt.time())))
    #得到当天所有成交记录
    trades = get_trades()
    for _trade in trades.values():
        log.info('成交记录：'+str(_trade))
    log.info('一天结束')
    log.info('##############################################################')
```

首先输出运行时间到日志 log.info()，然后利用 trades 获得当天所有成交记录，再利用 for 循环语句把所有成交记录的值写入日志 log.info()中。

10.2　设置函数

在股票量化交易策略的初始化函数中，要进行一些初始化设置，如设置基准、设置佣金/印花税、设置成交量比例等，就会用到设置函数。下面具体讲解各种设置函数。

10.2.1 设置基准函数

设置基准函数的语法格式如下:

```
set_benchmark(security)
```

在默认情况下,选定了沪深 300 指数的每日价格作为判断股票量化交易策略好坏和一系列风险值计算的基准。当然也可以使用 set_benchmark 指定其他股票、指数、ETF 的价格作为基准。需要注意的是,这个函数只能在初始化函数(initialize)中调用。

参数 security,是指股票、指数或 ETF 的代码。设置基准函数的返回值为 None。例如,设定 50ETF 基金指数(510050)为基准,其代码如下:

```
set_benchmark("510050.XSHG")
```

再例如,设定深证成指(399001)为基准,其代码如下:

```
set_benchmark("399001.XSHG")
```

还可以设置具体某一只股票,如设定招商银行(600036)为基准,其代码如下:

```
set_benchmark("600036.XSHG")
```

10.2.2 设置佣金/印花税函数

设置佣金/印花税函数的语法格式如下:

```
set_order_cost(cost, type, ref=None)
```

设置佣金/印花税函数,用来设定每笔交易要收取的手续费,系统会根据用户指定的费率计算每笔交易的手续费。该函数有 3 个参数,各个参数意义如下。

参数 cost 是 OrderCost 对象,各项子参数意义如下。

- open_tax,买入时印花税 (只股票类标的收取,基金与期货不收)。
- close_tax,卖出时印花税 (只股票类标的收取,基金与期货不收)。
- open_commission,买入时佣金,申购场外基金的手续费。
- close_commission,卖出时佣金,赎回场外基金的手续费。
- close_today_commission,平今仓佣金。
- min_commission,最低佣金,不包含印花税。

type:指股票(stock)、基金(fund)、金融期货(index_futures)、期货(futures)、债券基金(bond_fund)、股票基金(stock_fund)、QDII 基金(QDII_fund)、货币基金(money_market_fund)、混合基金(mixture_fund)。

ref:参考代码,支持股票代码、基金代码、期货合约代码及期货的品种,如 000001.XSHE、510180.XSHG、IF1809。

第 10 章 Python 量化交易策略的编写

设置佣金/印花税函数的实例代码如下:

```
# 股票类每笔交易时的手续费是：买入时佣金万分之三，卖出时佣金万分之三加千分之一印花
税，每笔交易佣金最低扣 5 块钱
set_order_cost(OrderCost(open_tax=0 , close_tax=0.001 , open_commission=0.0003 ,
close_commission=0.0003, close_today_commission=0, min_commission=5), type='stock')
# 期货类每笔交易时的手续费是：买入时万分之 0.23,卖出时万分之 0.23,平今仓为万分之 23
set_order_cost(OrderCost(open_tax=0 , close_tax=0 , open_commission=0.000023 ,
close_commission=0.000023 , close_today_commission=0.0023 , min_commission=0) ,
type='index_futures')
# 单独设置 000300.XSHG 的费用
set_order_cost(OrderCost(open_tax=0 , close_tax=0.001 , open_commission=0.0003 ,
close_commission=0.0003 , close_today_commission=0 , min_commission=5) , type='stock',
ref='000300.XSHG')
# 设置所有期货（包括金融指数期货）的费用
set_order_cost(OrderCost(open_tax=0 , close_tax=0.001 , open_commission=0.0003 ,
close_commission=0.0003, close_today_commission=0, min_commission=5), type='futures')
# 对股指期货的 IF、IH、IC 第 3 个品种有效
set_order_cost(OrderCost(open_tax=0 , close_tax=0.001 , open_commission=0.0003 ,
close_commission=0.0003, close_today_commission=0, min_commission=5), type='index_futures')
# 单独设置黄金期货（AU）品种的费用
set_order_cost(OrderCost(open_tax=0 , close_tax=0.001 , open_commission=0.0003 ,
close_commission=0.0003, close_today_commission=0, min_commission=5), type='futures', ref='AU')
# 单独设置黄金期货 AU1809 合约的费用
set_order_cost(OrderCost(open_tax=0 , close_tax=0.001 , open_commission=0.0003 ,
close_commission=0.0003 , close_today_commission=0 , min_commission=5) , type='futures',
ref='AU1709')
```

10.2.3 设置滑点函数

设置滑点函数的语法格式如下:

```
set_slippage(object)
```

设定滑点，回测或模拟时有效。当投资者下单后，真实的成交价格与下单时预期的价格总会有一定偏差，因此投资者加入了滑点模式可以更好地模拟真实市场的表现。需要注意的是，当前只支持固定滑点。

当投资者使用固定滑点时，投资者下单的多少并不会影响最后的成交价格，只需要指定一个价差。当投资者下达一个买单指令时，成交的价格等于当时（执行 order 函数所在的单位时间）的平均价格加上价差的一半；当投资者下达一个卖出指令时，卖出的价格等于当时的平均价格减去价差的一半。价差可以设定为一个固定值或者按照百分比设定。

固定值：是指这个价差可以是一个固定的值(如 0.02 元，交易时加减 0.01 元)，设定方式为：FixedSlippage(0.02)。

百分比：是指这个价差可以是当时价格的一个百分比(如 0.2%，交易时加减当时价格的 0.1%)，设定方式为：PriceRelatedSlippage(0.002)。

设置滑点函数的实例代码如下：

```
# 设定滑点为固定值
set_slippage(FixedSlippage(0.02))
# 设定滑点为百分比
set_slippage(PriceRelatedSlippage(0.002))
```

提醒 如果没有调用 set_slippage 函数，系统默认的滑点是 PriceRelatedSlippage(0.00246)。

10.2.4 设置动态复权(真实价格)模式函数

设置动态复权(真实价格)模式函数的语法格式如下：

```
set_option('use_real_price', value)
```

注意：该函数只能在初始化函数（initialize）中调用。

参数 value 的值，是 True 或 False。

设置动态复权(真实价格)模式函数的实例代码如下：

```
# 开启动态复权模式
set_option('use_real_price', True)
# 关闭动态复权模式
set_option('use_real_price',False)
```

提醒 为了更好地模拟，建议设置动态复权(真实价格)模式为 True。在对接实盘交易时，此选项会强制设成 True。

10.2.5 设置成交量比例函数

设置成交量比例函数的语法格式如下：

```
set_option('order_volume_ratio', value)
```

参数 value 是一个 float 值，根据实际行情限制每个订单的成交量。对于每一笔订单，如果是市价单，成交量不超过：每日成交量×value；如果是限价单，限价单撮合时设定分价表中每一个价格的成交量的比例。

设置成交量比例函数的实例代码如下:

```
# 设定成交量比例
set_option('order_volume_ratio', 0.25)    # 成交量不超过总成交量的 1/4
```

10.2.6 设置是否开启盘口撮合模式函数

设置是否开启盘口撮合模式函数的语法格式如下:

```
set_option('match_with_order_book', value)
```

设置是否开启盘口撮合模式只对模拟盘生效,默认开启,即 value 的值为 True。如果 value 的值为 False,关闭盘口撮合模式,使用 Bar 进行撮合。

设置是否开启盘口撮合模式函数代码如下:

```
#盘口撮合模式
set_option('match_with_order_book', True)
#盘口使用 Bar 进行撮合
set_option('match_with_order_book', False)
```

10.2.7 设置要操作的股票池函数

设置要操作的股票池函数的语法格式如下:

```
set_universe(security_list)
```

该函数只用于设定 history 函数的默认值 security_list,此外并无其他用处。参数 security_list 是指股票列表。

设置要操作的股票池函数代码如下:

```
set_universe(['000001.XSHE', '600000.XSHG'])
```

10.3 定时函数

在股票量化交易策略的初始化函数中,进行一些初始化设置后,最后运行了 3 个定时函数。下面就来具体讲解定时函数。

10.3.1 定时函数的定义及分类

定时函数是指在回测和模拟交易中指定每月、每周或者每天要运行的函数。定时函数可以在具体每月或每周的第几个交易日(或者倒数第几天)的某一分钟执行。

定时函数可以分为 3 种，分别是每日定时函数（run_daily）、每周定时函数（run_weekly）、每月定时函数（run_monthly）。

定时函数的语法格式如下：

```
# 按月运行
run_monthly(func, monthday, time='open', reference_security)
# 按周运行
run_weekly(func, weekday, time='open', reference_security)
# 每天内何时运行
run_daily(func, time='open', reference_security)
```

需要注意的是，定时函数在日级模拟中使用时，如果设置 time="open" 或 time="9:30"，那么股票量化交易策略的实际运行时间在 9:27—9:30 之间。股票量化交易策略类获取到的逻辑时间(context.current_dt)仍然是 9:30。

10.3.2 定时函数各项参数的意义

func：是一个函数，并且该函数必须接受 context 参数。

monthday：用来指定每月的第几个交易日，可以是负数，表示倒数第几个交易日。如果超出每月总交易日个数，则取临近的交易日执行。

weekday：用来指定每周的第几个交易日，可以是负数，表示倒数第几个交易日。如果超出每周总交易日个数，则取临近的交易日执行。

time：一个字符串，可以是具体执行时间，支持 time 表达式。比如"10:00"，"01:00"或者"every_bar""open""before_open""after_close""close""morning" 和 "night"。

（1）every_bar：只能在 run_daily 中调用；按天会在每天的开盘时调用一次，按分钟会在每天的每分钟运行。

（2）open：开盘时运行（等同于"9:30"）。

（3）before_open：早上 9:00 运行。

（4）after_close：下午 15:30 运行。

（5）close：下午 15:00 运行。

（6）morning：早上 8:00 运行。

（7）night：晚上 20:00 运行。

reference_security：表示时间的参照标的。如果参照 000001.XSHG，交易时间为 9:30—15:00；如果参照 IF1812.CCFX，2016-01-01 之后的交易时间为 9:30—15:00，在此之前为 9:15—15:15；如果参照 A99910.XDCE，因为有夜盘，因此开始时间为 21:00，结束时间为 15:00。

> **提醒** 由于量化交易策略可以应用于股票、股指期货、商品期货,并且商品期货有一些品种有夜盘,这样交易开始时间和结束时间就不一致,所以参数 time 和参数 reference_security 要根据具体交易品种来定。

10.3.3 定时函数的注意事项

定时函数的注意事项有 5 项,具体如下。

(1)参数 func 必须是一个全局的函数,不能是类的成员函数,实例代码如下:

```
def on_week_start(context):        #定义一个全局函数
    pass
class MyObject(object):            #定义一个类
    def on_week_start2(self, context):      #在类中定义一个成员函数
        pass
def initialize(context):           #量化交易策略的初始化函数
    run_weekly(on_week_start, 1)   #正常运行
    # 错误,下面的语句会报错
    run_weekly(MyObject().on_week_start2, 1)
```

(2)定时函数通过 history 或 attribute_history 获得每天数据时,是不包括当天的数据的。想要获得当天数据,只能按分钟来获取。

(3)定时函数可以重复调用,即初始化函数中可以有两个或多个同名定时函数,实例代码如下:

```
def on_week_start(context):
    pass
def on_week_end(context):
    pass
def initialize(context):      #初始化函数中有两个 run_weekly 定时函数
    #在每周的第一个交易日和最后一个交易日分别调用两个函数
    run_weekly(on_week_start, 1)
    run_weekly(on_week_end, -1)
```

(4)每次调用这些定时函数都会产生一个新的定时任务。如果想修改或者删除旧的定时任务,就要调用 unschedule_all(取消所有定时运行)来删除所有定时任务,然后再添加新的。

> **提醒** 取消所有定时运行的代码是 unschedule_all()。

(5)如果定时函数在一月或一周交易日数不够,则 monthday 或 weekday 就无法满足。这时,可以找这周内最近的一个日期来执行。

10.3.4 定时函数的实例

首先定义 3 个全局函数,分别是 weekly()、monthly()、daily(),接着定义初始化函数,实现一次调用 monthly()、两次调用 weekly()、4 次调用 daily(),具体代码如下:

```
def weekly(context):
    print 'weekly %s %s' % (context.current_dt, context.current_dt.isoweekday())
def monthly(context):
    print 'monthly %s %s' % (context.current_dt, context.current_dt.month)
def daily(context):
    print 'daily %s' % context.current_dt
def initialize(context):
    # 指定每月第一个交易日,在开盘后 10 分钟执行,即 9:40
    run_monthly(monthly, 1, 'open+10m')
    # 指定每周倒数第一个交易日,在开盘前执行,即 9:00
    run_weekly(weekly, -1, 'before_open')
    # 指定每天收盘前 10 分钟运行,即 14:50
    run_weekly(daily, 'close - 10m')
    # 指定每天收盘后执行,即 15:30
    run_daily(daily, 'after_close')
    # 指定在每天的 10:00 运行
    run_daily(daily, '10:00')
    # 指定在每天的 01:00 运行
    run_daily(daily, '01:00')
    # 参照股指期货的时间每分钟运行一次,必须选择分钟回测;否则每天执行
    run_daily(daily, 'every_bar', reference_security='IF1512.CCFX')
```

10.4 下单函数

在股票量化交易策略开盘时运行函数中用到了下单函数。下面就来具体讲解各种下单函数。

10.4.1 按股数下单函数

按股数下单函数的语法格式如下:

```
order(security, amount, style=None, side='long', pindex=0)
```

各项参数意义如下。

security:标的代码。

amount：交易数量，正数表示买入，负数表示卖出。

style：下单类型有两种，分别是市价单（MarketOrder）和限价单（LimitOrder）。市价单是指不管什么价格均接下单，直到交易全部完成。限价单是指定一个价格，买入时不能高于它，卖出时不能低于它，如果不满足，则等待满足后再交易。该参数的默认值为市价单（MarketOrder），即 None 代表 MarketOrder。

side：用来指定开多单还是空单。其中 long 代表开多单，short 代表开空单。默认为 long，即开多单。需要注意的是，股票和基金暂不支持开空单。

pindex：在使用 set_subportfolios 创建多个仓位时，指定 subportfolio 的序号，从 0 开始。例如，0 指定第一个 subportfolio，1 指定第二个 subportfolio，默认为 0。

按股数下单函数，如果创建订单成功，则返回 Order 对象，若失败则返回 None。按股数下单函数的实例代码如下：

```
#买入平安银行股票 100 股
order('000001.XSHE', 100) # 下一个市价单
order('000001.XSHE', 100, MarketOrderStyle()) #下一个市价单，功能同上
order('000001.XSHE', 100, LimitOrderStyle(10.0)) # 以 10 元价格下一个限价单
```

10.4.2　目标股数下单函数

目标股数下单函数的语法格式如下：

```
order_target(security, amount, style=None, side='long', pindex=0)
```

目标股数下单函数与按股数下单函数的参数几乎一样，只有第二个参数不一样。第二个参数 amount 表示期望的最终数量。

目标股数下单函数，如果创建订单成功，则返回 Order 对象，若失败则返回 None。目标股数下单函数的实例代码如下：

```
# 卖出平安银行所有股票，即最终持有平安银行的股数为 0
order_target('000001.XSHE', 0)
# 买入平安银行所有股票到 100 股，即最终持有平安银行的股数为 100 股
order_target('000001.XSHE', 100)
```

10.4.3　按价值下单函数

按价值下单函数的语法格式如下：

```
order_value(security, value, style=None, side='long', pindex=0)
```

按价值下单函数与按股数下单函数的参数几乎一样，只有第二个参数不一样。第二个参数 value 表示股票价值。

按价值下单函数，如果创建订单成功，则返回 Order 对象，若失败则返回 None。按价值下单函数的实例代码如下：

```
#卖出价值为 10000 元的平安银行股票
order_value('000001.XSHE', -10000)
#买入价值为 10000 元的平安银行股票
order_value('000001.XSHE', 10000)
```

10.4.4 目标价值下单函数

目标价值下单函数的语法格式如下：

```
order_target_value(security, value, style=None, side='long', pindex=0)
```

目标价值下单函数与按股数下单函数的参数几乎一样，只有第二个参数不一样。第二个参数 value 表示期望的股票最终价值。

目标价值下单函数，如果创建订单成功，则返回 Order 对象，若失败则返回 None。目标价值下单函数的实例代码如下：

```
#卖出平安银行所有股票
order_target_value('000001.XSHE', 0)
#调整平安银行股票仓位到 10000 元价值
order_target_value('000001.XSHE', 10000)
```

10.4.5 撤单函数

撤单函数的语法格式如下：

```
cancel_order(order)
```

参数 order 是指 Order 对象或者 order_id。撤单函数，如果取消委托成功，则返回 Order 对象，委托不存在则返回 None。撤单函数的实例代码如下：

```
#自定义每个交易日结束运行函数
def after_trading_end(context):
    # 得到当前未完成订单
    orders = get_open_orders()
    # 利用 for 循环撤销订单
    for _order in orders.values():
        cancel_order(_order)
```

10.4.6 获取未完成订单函数

获取未完成订单函数的语法格式如下：

```
get_open_orders()
```

该函数可以获得当天所有未完成的订单。获取未完成订单函数的实例代码如下:

```
#自定义每个交易日结束运行函数
def after_trading_end(context):
    #得到当前未完成订单
    orders = get_open_orders()
    for _order in orders.values():
        log.info(_order.order_id)
```

10.4.7　获取订单信息函数

获取订单信息函数的语法格式如下:

```
get_orders(order_id=None，security=None，status=None)
```

该函数可以获取当天的所有订单。
各项参数意义如下。
order_id：订单 id。
security：标的代码，可以用来查询指定标的的所有订单。
status：表示订单状态，可以查询特定订单状态的所有订单。
获取订单信息函数的实例代码如下:

```
#自定义每个交易日结束运行函数
def after_trading_end(context):
    #得到当天所有订单
    orders = get_orders()
    for _order in orders.values():
        log.info(_order.order_id)
    # 根据订单 id 查询订单
    get_orders(order_id='1517627499')
    # 查询所有标的为 000002.XSHE 的订单
    get_orders(security='000002.XSHE')
    # 查询订单状态为 OrderStatus.held 的所有订单
    get_orders(status=OrderStatus.held)
    # 查询标的为 000002.XSHE 且状态为 OrderStatus.held 的所有订单
    get_orders(security='000002.XSHE', status=OrderStatus.held)
```

10.4.8　获取成交信息函数

获取成交信息函数的语法格式如下:

get_trades()

该函数获取当天的所有成交记录。需要注意的是，一个订单可能分多次成交。获取成交信息函数的实例代码如下：

```python
#自定义每个交易日结束运行函数
def after_trading_end(context):
    #得到当天所有成交记录
    trades = get_trades()
    for _trade in trades.values():
        log.info(_trade.trade_id)
```

10.5 日志 log

日志可以用来记录应用程序的状态、错误和信息消息，也经常作为调试程序的工具。下面讲解如何设定 log 级别及最常用的 log.info。

10.5.1 设定 log 的级别

设定 log 级别语法格式如下：

```
log.set_level(name, level)
```

设置不同种类的 log 的级别，低于这个级别的 log 不会输出。所有 log 的默认级别是 debug。

各项参数意义如下。

name：字符串，但 log 种类只有 3 种，分别是 order、history、strategy。order 表示调用 order 系列 API 产生的 log；history 表示调用 history 系列 API 产生的 log；strategy 表示程序员自己在策略代码中输入的 log。

level：字符串，必须是 debug、info、warning、error 中的一个。级别顺序是 debug < info < warning < error。各级别的语法格式如下：

```
log.error(content)
log.warn(content)
log.info(content)
log.debug(content)
```

设定 log 级别的实例代码如下：

```python
# 过滤掉 order 系列 API 产生的比 error 级别低的 log
log.set_level('order', 'error')
```

10.5.2 log.info

日志 log 最常用的方法是 info，该方法的语法格式如下：

```
log.info(content)
```

log.info 等同于 print 输出的结果。

参数 content，可以是字符串、对象等。

log.info 的实例代码如下：

```
log.info(history(10)) # 打印出 history(10)返回的结果
log.info("Selling %s, amount=%s", security, amount) # 打印出一个格式化后的字符串
print history(10), data, context.portfolio
```

10.6 常用对象

在股票量化交易策略中还会用到一些常用的对象，如 Order 对象、全局对象 g、Trade 对象等。下面详细讲解常用对象。

10.6.1 Order 对象

Order 对象的常用属性如下。

amount：下单数量，不管是买还是卖，都是正数。

filled：已经成交的股票数量，正数。

security：股票代码。

order_id：订单 ID。

price：平均成交价格，已经成交的股票平均价格（一个订单可能分多次成交）。

avg_cost：卖出时表示下卖单前的此股票的持仓成本，用来计算此次卖出的收益。买入时表示此次买入的均价（等同于 price）。

side：用来指定开多单还是空单。如果其值是 long，代表开多单；如果其值是 short，代表开空单。

action：用来指定是开仓还是平仓。如果其值是 open，代表开仓；如果其值是 close，代表平仓。

add_time：订单添加时间。

10.6.2 全局对象 g

全局对象 g 用来存储用户的各类可被 pickle.dumps 函数序列化的全局数据。

在模拟盘中，如果中途进程中断，会使用 pickle.dumps 序列化所有的 g 下面的变量内容，保存到磁盘中，再启动时模拟盘就不会有任何数据影响。如果没有用 g 声明，会出现模拟盘重启后，变量数据丢失的问题。

如果不想 g 中的某个变量被序列化，可以让变量以 "__" 开头，这样这个变量在序列化时就会被忽略。

全局对象 g 的示例代码如下：

```
def initialize(context):
    g.security = "000001.XSHE"
    g.count = 1
    g.flag = 0
def process_initialize(context):
    # 保存不能被序列化的对象，进程每次重启都初始化
    g.__q = query(valuation)
def handle_data(context, data):
    log.info(g.security)
    log.info(g.count)
    log.info(g.flag)
```

10.6.3　Trade 对象

Trade 对象用于记录订单的一次交易。但需要注意的是，一个订单可能分多次交易。Trade 对象的常用属性如下。

time：交易时间。
amount：交易数量。
price：交易价格。
trade_id：交易记录 id。
order_id：对应的订单 id。

10.6.4　tick 对象

tick 中的信息是在 tick 事件发生时盘面的一个快照。tick 对象的常用属性如下。
code：标的的代码。
datetime： tick 发生的时间。
current：最新价。
high：最高价。
low：最低价。
volume：截至当前时刻的成交量。

amount：截至当前时刻的成交额。
position：截至当前时刻的持仓量，只适用于期货 tick 对象。
a1_v ~ a5_v：卖一量到卖五量，对于期货，只有卖一量。
a1_p ~ a5_p：卖一价到卖五价，对于期货，只有卖一量。
b1_v ~ b5_v：买一量到买五量，对于期货，只有买一量。
b1_p ~ b5_p：买一价到买五价，对于期货，只有买一价。

10.6.5 Context 对象

Context 对象，即量化交易策略回测对象，其常用属性如下。
subportfolios：当前单个操作仓位的资金和标的信息。
portfolio：账户信息，即 subportfolios 的汇总信息。
current_dt：当前单位时间的开始时间。如果是按天回测，那么开始时间是 hour = 9，minute = 30，second = microsecond = 0；如果是按分钟回测，那么开始时间是 second = microsecond = 0。
previous_date：前一个交易日。
universe：查询 set_universe()设定的股票池，如["000001.XSHE"、"600000.XSHG"]。
run_params：表示此次运行的参数，有以下属性。
start_date：回测/模拟开始日期。
end_date：回测/模拟结束日期。
type：运行方式。如果其值是 simple_backtest，表示回测是通过单击"编译运行"按钮运行；如果其值是 full_backtest，表示回测是通过单击"运行回测"按钮运行；如果其值是 sim_trade，表示模拟交易。
frequency：运行频率，只能是 day、minute 或 tick。
为了让从其他平台迁移过来的程序员更顺手地使用系统，对此对象也做了和 g 一样的处理。
（1）可以添加自己的变量，每次进程关闭时持久保存，进程重启时恢复。
（2）以"__"开头的变量不会被持久保存。
（3）如果添加的变量与系统冲突，将覆盖系统变量，如果想恢复系统变量，就要删除自己的变量，示例代码如下：

```
def handle_data(context, data):
    # 执行下面的语句之后，context.portfolio 的整数 1
    context.portfolio = 1
    log.info(context.portfolio)
    # 要恢复系统的变量，只需要使用下面的语句即可
```

```
    del context.portfolio
    # 此时，context.portfolio 将变成账户信息。
    log.info(context.portfolio.portfolio_value)
```

（4）以后可能会往 context 添加新的变量来支持更多功能，为了减少不必要的误解，还是建议大家使用 g。

Context 对象的示例代码如下：

```
def handle_data(context, data):
    #获得当前回测相关时间
    year = context.current_dt.year
    month = context.current_dt.month
    day = context.current_dt.day
    hour = context.current_dt.hour
    minute = context.current_dt.minute
    second = context.current_dt.second
    #得到"年-月-日"格式
    date = context.current_dt.strftime("%Y-%m-%d")
    #得到周几
    weekday = context.current_dt.isoweekday()
    # 获取账户的持仓价值
    positions_value = context.portfolio.positions_value
    # 获取仓位 subportfolios[0]的可用资金
    available_cash = context.subportfolios[0].available_cash
    # 获取 subportfolios[0]中多头仓位的 security 的持仓成本
    hold_cost = context.subportfolios[0].long_positions[security].hold_cost
```

10.6.6　Position 对象

Position 对象是持有的某个标的的信息，其常用属性如下。

security：标的代码。

price：最新行情价格。

avg_cost：开仓均价，买入标的的加权平均价。

hold_cost：持仓成本，针对期货有效。

init_time：建仓时间，格式为 datetime.datetime。

transact_time：最后交易时间，格式为 datetime.datetime。

total_amount：：总仓位，但不包括挂单冻结仓位。

closeable_amount：可卖出的仓位。

today_amount：今天开的仓位。

locked_amount：挂单冻结仓位。

value：标的价值，计算方法是：price * total_amount * multiplier，其中股票、基金的 multiplier 为 1，期货为相应的合约乘数。

side：用来指定开多单还是空单。如果其值是 long，代表开多单；如果其值是 short，代表开空单。

pindex：仓位索引。

10.6.7　SubPortfolio 对象

SubPortfolio 对象是某个仓位的资金和标的信息，其常用属性如下。

inout_cash：累计出入金。例如，初始资金 1000 元，后来转移出去 100 元，则这个值是 1000 – 100=900 元。

available_cash：可用资金，可用来购买证券的资金。

transferable_cash：可取资金，即可以提现的资金，不包括今日卖出证券所得资金。

locked_cash：挂单锁住资金。

type：账户所属类型。

long_positions：多单的仓位。

short_positions：空单的仓位。

positions_value：持仓价值，只有股票基金才有持仓价值，期货为 0。

total_value：总资产，包括现金、保证金、仓位的总价值，可用来计算收益。

total_liability：总负债，等于融资负债、融券负债、利息总负债的总和。

net_value：净资产，等于总资产减去总负债。

cash_liability：融资负债。

sec_liability：融券负债。

interest：利息总负债。

maintenance_margin_rate：维持担保比例。

available_margin：融资融券可用保证金。

margin：保证金，股票、基金保证金都为 100%；融资融券保证金为 0；期货保证金会实时更新，总是等于当前期货价值×保证金比例，当保证金不足时，强制平仓。平仓原则是：亏损多的（相对于开仓均价）先平仓。

10.6.8　Portfolio 对象

Portfolio 对象是所有标的操作仓位的信息汇总，其常用属性如下。

inout_cash：累计出入金。例如，初始资金 1000 元，后来转移出去 100 元，则这个值是 1000 – 100=900 元。

available_cash：可用资金，可用来购买证券的资金。

transferable_cash：可取资金，即可以提现的资金，不包括今日卖出证券所得资金。

locked_cash：挂单锁住资金。

margin：保证金，股票、基金保证金都为 100%。

positions：等同于 long_positions。

long_positions：多单的仓位。

short_positions：空单的仓位。

total_value：总的权益，包括现金、保证金、仓位的总价值，可用来计算收益。

returns：总权益的累计收益。

starting_cash：初始资金。

positions_value：持仓价值，只有股票基金才有持仓价值，期货为 0。

locked_cash_by_purchase：基金申购未完成所冻结的金额。

locked_cash_by_redeem：基金赎回未到账的金额。

locked_amount_by_redeem：基金赎回时冻结的份额。

10.6.9　SecurityUnitData 对象

SecurityUnitData 对象是一个单位时间内的股票数据，其常用属性如下。

security：股票代码。如 000001.XSHE。

returns：股票在这个单位时间的相对收益比例。

open：时间段开始时价格。

close：时间段结束时价格。

low：最低价。

high：最高价。

volume：成交的股票数量。

money：成交的金额。

factor：前复权因子。利用前复权因子可以计算出原始价格，方法是价格除以 factor，即原始价格=close÷factor。

high_limit：涨停价。

low_limit：跌停价。

avg：这段时间的平均价。

第 11 章 Python 量化交易策略的获取数据函数

要编写股票量化交易策略，就必须获取股票的数据（如收盘价、5 日均价、上一时间的点价格），还要选出操作的股票，这些都需要用到获取数据函数。本章共讲解 12 个获取数据函数，分别是 history()函数、attribute_history ()函数、get_fundamentals ()函数、get_fundamentals_continuously ()函数、get_current_data ()函数、get_index_stocks ()函数、get_industry_stocks()函数、get_concept_stocks ()函数、get_all_securities()函数、get_security_info ()函数、get_billboard_list ()函数和 get_locked_shares ()函数。

11.1 获取股票数据的 history() 函数

history() 函数可以查看一只股票或多只股票历史行情数据，其语法格式如下：

`history(count, unit='1d', field='avg', security_list=None, df=True, skip_paused=False, fq='pre')`

需要注意的是，在获取天数据时，不包括当天的数据，即使是在收盘后。

关于停牌：因为获取了多只股票的数据，可能有的股票停牌有的没有，为了保持时间轴的一致性，默认没有跳过停牌的日期，停牌时使用停牌前的数据填充。

11.1.1 各项参数的意义

history() 函数共有 7 项，各项参数意义如下。

1. count

参数 count 表示数量，即返回结果集的行数。

2. unit

参数 unit 表示单位时间长度，几天或者几分钟，即只支持 Xd 和 Xm，其中 X 是一个正整数。

"Xd" 表示具体几天，如 10d，表示单位时间长度为 10 天。

"Xm" 表示具体几分钟，如 10m，表示单位时间长度为 10 分钟。

需要注意的是，当 X > 1 时，fields 只支持["open"、"close"、"high"、"low"、"volume"、"money"]这几个标准字段。

其中：open 表示时间段股票的开始时价格。
　　　close 表示时间段股票的结束时价格。
　　　high 表示时间段股票的最高价格。
　　　low 表示时间段股票的最低价格。
　　　volume 表示时间段股票的成交量。
　　　money 表示时间段股票的成交金额。

3. field

参数 field，表示获取的数据类型，支持 SecurityUnitData 里面的所有基本属性，包括["open"、"close"、"low"、"high"、"volume"、"money"、"factor"、"high_limit"、"low_limit"、"avg"、"pre_close"、"paused"]。

前面 6 个字段的意义同参数 unit，这里不再多说。下面看一下其他字段的意义。

factor：前复权因子。

high_limit：涨停价。

第 11 章 Python 量化交易策略的获取数据函数

low_limit：跌停价。

avg：这段时间的平均价，等于 money/volume。

pre_close：前一个单位时间结束时的价格，按天则是前一天的收盘价，按分钟则是前一分钟的结束价。

paused：布尔值，用来判断股票是否停牌。需要注意的是，停牌时 open/close/low/high/pre_close 依然有值，都等于停牌前的收盘价；而 volume=money=0。

4. security_list

参数 security_list 用来获取数据的股票列表。如果其值为 None，表示查询 context.universe 中所有股票的数据。context.universe 需要使用 set_universe 进行设定，形如：set_universe(['000001.XSHE', '600000.XSHG'])。

5. df

参数 df 的值若是 True，则返回 pandas.DataFrame；否则返回一个 dict。参数 df 的默认值为 True。

6. skip_paused

参数 skip_paused 用来设置是否跳过不交易日期（包括停牌、未上市或者退市后的日期）。如果不跳过，停牌时会使用停牌前的数据填充。上市前或者退市后数据都为 nan。需要注意的是，该参数的默认值为 False，即不跳过不交易日期。

7. fq

参数 fq 是复权选项。参数值设为"pre"，表示前复权，为默认设置；参数值设为 None，表示不复权，返回实际价格；参数值设为"pos"，表示后复权。

11.1.2 history()函数的应用实例

下面利用 history()函数显示中国宝安（000009）最后 5 个交易日每天的收盘价信息，代码如下：

```
import pandas as pd
dataframe1 = history(5, unit='1d', field='close', security_list='000009.XSHE', df=True, skip_paused=False,
            fq='pre')
dataframe1
```

单击工具栏中的 运行 按钮，运行结果如图 11.1 所示。

下面来同时显示多只股票每天的收盘价信息，代码如下：

```
import pandas as pd
dataframe1 = history(10, unit='1d', field='close', security_list=['000001.XSHE', '000002.XSHE','000009.
            XSHE'], df=True, skip_paused=False, fq='pre')
dataframe1
```

— 233 —

单击工具栏中的 运行 按钮，运行结果如图 11.2 所示。

图 11.1 显示中国宝安（000009）最后 5 个交易日每天的收盘价信息

图 11.2 同时显示多只股票每天的收盘价信息

下面利用 Print 函数显示平安银行(000001)过去 3 天中每天的开盘价格，代码如下：

```
import pandas as pd
dataframe1 = history(10, unit='1d', field='open', security_list=['000001.XSHE', '000002.XSHE','000009.
        XSHE'], df=True, skip_paused=False, fq='pre')
print("显示平安银行(000001)过去 3 天中每天的开盘价格:")
print(dataframe1['000001.XSHE'])
```

再利用 Print 函数显示昨天平安银行(000001)的开盘价格，代码如下：

```
print("昨天平安银行(000001)的开盘价格:",dataframe1['000001.XSHE'][-1])
```

然后显示 3 只股票昨日的开盘价格，代码如下：

```
print("三只股票昨日的开盘价格:")
print(dataframe1.iloc[-1])
```

最后显示每只股票过去 3 天的平均价格，代码如下：

```
print("每只股票过去 3 天的平均价格:")
print(dataframe1.mean())
```

单击工具栏中的 运行 按钮，运行结果如图 11.3 所示。

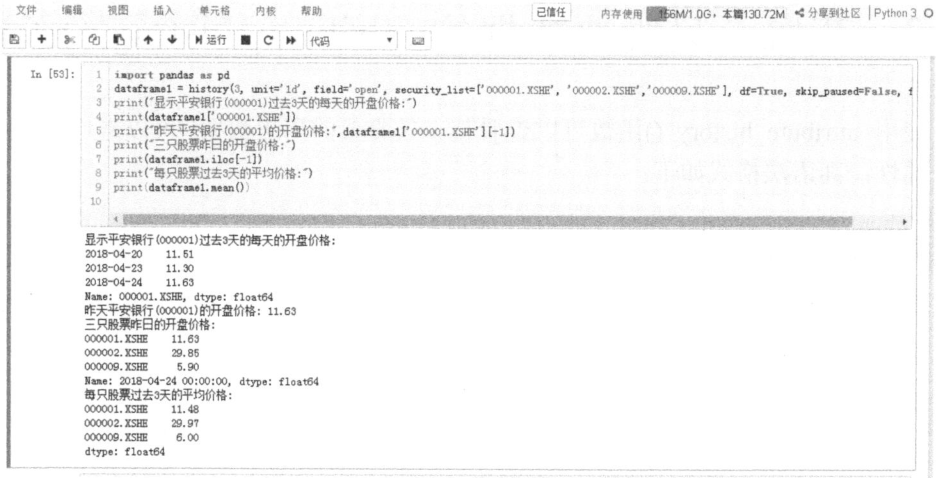

第 11 章 Python 量化交易策略的获取数据函数

图 11.3 利用 Print 显示获得的数据信息

前面的实例都是把 df 设置为 True，返回的是 pandas.DataFrame。下面把 df 设置为 False，返回一个 dict 对象。dict 对象的值是一个 numpy 数组 numpy.ndarray。

创建一个 Python3 文件，然后输入以下代码：

```
import pandas as pd
dataframe1 = history(3, unit='1d', field='high', security_list=['000001.XSHE','000009.XSHE',], df=False)
print("两只股票近三日的最高价信息:",dataframe1)
print("平安银行(000001)的后三条最高价信息:",dataframe1['000001.XSHE'])
print("平安银行(000001)最新的最高价信息:",dataframe1['000001.XSHE'][0])
print("平安银行(000001)近三日的最高价的和:",dataframe1['000001.XSHE'].sum())
print("平安银行(000001)近三日的最高价的平均价:",dataframe1['000001.XSHE'].mean())
```

需要注意的是，dataframe1 本身是一个 dict 对象，panda.DataFrame 的特性将不可用，如 dataframe1.illoc[-1]。

单击工具栏中的 运行 按钮，运行结果如图 11.4 所示。

图 11.4 df 设置为 False 返回一个 dict 对象

11.2 获取一只股票数据的 attribute_history ()函数

使用 attribute_history ()函数可以查看某一只股票的历史数据,可以选这只股票的多个属性,其语法格式如下:

attribute_history(security, count, unit='1d', fields=['open', 'close', 'high', 'low', 'volume', 'money'], skip_paused=True, df=True, fq='pre')

需要注意的是,在获取天数据时,不包括当天的数据,即使是在收盘后。还需要注意,默认跳过停牌日。

> **提醒** history ()函数可以获得多只股票的信息,但只能是一个字段的信息;而 attribute_history ()函数只能获得一只股票的信息,但可以是这只股票的多个属性。

attribute_history ()函数也有 7 项参数,其中 count、unit、fields、skip_paused、df、fq 参数与 history ()函数相同,这里不再多说。而参数 security 用来设置股票代码。下面来看一下 attribute_history ()函数的应用实例。

创建一个 Python3 文件,然后输入以下代码:

```
import pandas as pd
dataframe1 = attribute_history('000009.XSHE',5, '1d', ('open', 'close', 'high', 'low', 'avg', 'low_limit','factor'),True,True,'pre')
dataframe1
```

单击工具栏中的 ▶运行 按钮,运行结果如图 11.5 所示。

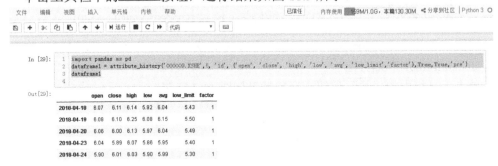

图 11.5 attribute_history ()函数

不管 df 等于 True 还是 False,即返回对象无论是 Dataframe 还是 Dick,下列用法都是可以的:

```
dataframe1['open']          #过去5天每天的开盘价
dataframe1['close'][-1]     #昨天的收盘价
dataframe1['open'].mean()   #过去5天每天的开盘价的平均价
```

第 11 章 Python 量化交易策略的获取数据函数

下面的 pandas.DataFrame 的特性，即 df=False 时将不可用。

```
# 行的索引可以是整数，也可以是日期的各种形式
dataframe1['open']['2018-04-19']
dataframe1['open'][datetime.date(2018, 4,23)]
dataframe1['open'][datetime.datetime(2018, 4, 20)]
# 按行取数据
dataframe1.iloc[-1]            #昨天的数据信息
dataframe1.iloc[-1]['open']    #昨天的开盘价
dataframe1.loc['2018-04-19']['open']
# 高级运算
dataframe1 = dataframe1[dataframe1['avg'] > 6]    #显示平均价大于 6 的数据
dataframe1['open'] = dataframe1['open']/dataframe1['factor']    #让 open 列都跟 factor 列相除，把开
        盘价格都转化成原始价格
dataframe1['close'] = dataframe1['close']/ dataframe1['factor']   #让 close 列都跟 factor 列相除，把收
        盘价格都转化成原始价格
```

11.3 查询一个交易日股票财务数据的 get_fundamentals()函数

get_fundamentals ()函数可以查询一只股票或多只股票的财务数据，其语法格式如下：

`get_fundamentals(query_object, date=None, statDate=None)`

11.3.1 各项参数的意义

get_fundamentals ()函数共有 3 项，各项参数意义如下。

1. query_object

参数 query_object 是一个 sqlalchemy.orm.query.Query 对象，可以通过全局的 query 函数获取 Query 对象。

2. date

参数 date 是查询日期，可以是一个字符串(格式类似"2018-4-24")或者 datetime.date/datetime.datetime 对象。可以是 None，使用默认日期，这个默认日期在回测和研究模块上有点差别。

回测模块：默认值会随着回测日期变化而变化，等于 context.current_dt 的前一天（实际生活中只能看到前一天的财报和市值数据，所以要用前一天)。

研究模块：使用平台财务数据的最新日期，一般是昨天。

需要注意的是，如果传入的 date 不是交易日，则使用这个日期之前的最近一个交易日。

3. statDate

参数 statDate 是一个字符串，表示财报统计的季度或者年份，有两种格式，具体如下。

季度：格式是年 + "q" + 季度序号，如"2018q1"、"2017q4"。

年份：格式就是年份的数字，如"2017"、"2018"。

> **提醒** date 和 statDate 参数只能传入一个。传入 date 时，查询指定日期 date 收盘后所能看到的最近的数据；传入 statDate 时，查询 statDate 指定的季度或者年份的财务数据。当两个参数都没有传入时，相当于使用 date 参数，即使用默认日期。

get_fundamentals ()函数的返回值是一个 pandas.DataFrame，每一行对应数据库返回的每一行，列索引是你查询的所有字段。

需要注意的是，为了防止返回数据量过大，每次最多返回 10000 行。另外，当相关股票上市前、退市后，财务数据返回各字段为空。

11.3.2 get_fundamentals ()函数的应用实例

下面显示平安银行（000001）2018 年 4 月 12 日的财务数据信息。创建一个 Python3 文件，然后输入以下代码：

```
import pandas as pd
myq = query( valuation).filter( valuation.code == '000001.XSHE')
dataframe1 = get_fundamentals(myq, '2018-4-12')
dataframe1
```

首先导入 pandas 库，然后调用全局的 query 函数设置查询的股票是平安银行，然后调用 get_fundamentals ()函数获取平安银行 2018 年 4 月 12 日的财务数据信息。

单击工具栏中的 运行 按钮，运行结果如图 11.6 所示。

图 11.6　显示平安银行（000001）2018 年 4 月 12 日的财务数据信息

下面来解释一下图 11.6 中财务数据字段的意义。

id：每行数据的索引，不能重复。

第 11 章 Python 量化交易策略的获取数据函数

code：股票的代码。

pe_ratio：股票的市盈率（PE, TTM），即动态市盈率。动态市盈率是指每股市价为每股收益的倍数，反映投资人对每元净利润所愿支付的价格，用来估计股票的投资报酬和风险。

turnover_ratio：股票的换手率。换手率是指在一定时间内市场中股票转手买卖的频率，是反映股票流通性强弱的指标之一。

pb_ratio：股票的市净率(PB)。市净率是指每股股价与每股净资产的比例。

ps_ratio：股票的市销率。市销率是指股票价格与每股销售收入之比，市销率越小，通常被认为投资价值越高。

pcf_ratio：股票的市现率。市现率是指每股市价为每股现金净流量的倍数。

capitalization：是股票的总股本(万股)。总股本是指上市公司已发行的普通股股份总数（包含 A 股、B 股和 H 股的总股本）。

market_cap：股票的总市值(亿元)。总市值是指在某特定的时间内，交易所挂牌交易全部证券（以总股本计）按当时价格计算的证券总值。

circulating_cap：股票的流通股本(万股)。流通股本是指上市公司已发行的境内上市流通、以人民币兑换的股份总数（A 股市场的流通股本）。

circulating_market_cap：股票的流通市值(亿元)。流通市值是指在某特定时间内当时可交易的流通股股数乘以当时股价得出的流通股票总价值。

day：指查询股票财务数据的具体日期。

pe_ratio_lyr：股票的市盈率(PE)。以上一年度每股盈利计算的静态市盈率。

除了利用表格显示财务数据信息外，还可以利用 Print 函数输出指定的财务数据字段信息。创建一个 Python3 文件，然后输入代码如下：

```
import pandas as pd
myq = query( valuation).filter( valuation.code == '000001.XSHE')
dataframe1 = get_fundamentals(myq, '2018-4-12')
print("平安银行（000001）2018年4月12日的动态市盈率：",dataframe1['pe_ratio'][0])
print("平安银行（000001）2018年4月12日的换手率：",dataframe1['turnover_ratio'][0])
print("平安银行（000001）2018年4月12日的市销率：",dataframe1['ps_ratio'][0])
```

单击工具栏中的 ▶ 运行 按钮，运行结果如图 11.7 所示。

图 11.7 利用 Print 函数输出指定的财务数据字段信息

前面显示的是一只股票的财务数据信息，如何显示两只股票或多只股票的财务数据信息呢？下面举例说明。

创建一个 Python3 文件，然后输入以下代码：

```
import pandas as pd
myq = query( valuation).filter(valuation.code.in_(['000001.XSHE', '600000.XSHG','000009.XSHE']))
dataframe1 = get_fundamentals(myq, '2018-4-12')
dataframe1
```

注意：这里不能使用 in 操作，要使用 in_()函数。

单击工具栏中的 运行 按钮，运行结果如图 11.8 所示。

图 11.8　显示两只股票或多只股票的财务数据信息

还可以设置用不同的财务数据条件，然后把满足条件的股票信息显示出来。创建一个 Python3 文件，然后输入以下代码：

```
import pandas as pd
dataframe1 = get_fundamentals(query(
        valuation
    ).filter(
        valuation.market_cap > 1000,
        valuation.pe_ratio < 10,
    ).order_by(
        # 按市值降序排列
        valuation.market_cap.desc()
    ).limit(
        # 最多返回 100 个
        100
    ), date='2018-4-12')
dataframe1
```

这里设置的条件是总市值大于 1000 亿元并且市盈率小于 10，选出数据后按总市值降序排列。另外，选出的股票最多显示 100 只，即如果满足条件的股票大于 100 只，也只显示前 100 只股票的财务信息。

第 11 章 Python 量化交易策略的获取数据函数

单击工具栏中的 ▶运行 按钮，运行结果如图 11.9 所示。

图 11.9　显示总市值大于 1000 亿元并且市盈率小于 10 的股票财务数据信息

下面显示平安银行 2016 年 4 个季度的季报，并放到数组中显示。创建一个 Python3 文件，然后输入以下代码：

```
q = query(
        income.statDate,
        income.code,
        income.basic_eps,
        balance.cash_equivalents,
        cash_flow.goods_sale_and_service_render_cash
).filter(
        income.code == '000001.XSHE',
)
rets = [get_fundamentals(q, statDate='2016q'+str(i))
for i in range(1, 5)]
        rets
```

单击工具栏中的 ▶运行 按钮，运行结果如图 11.10 所示。

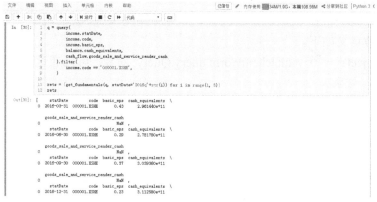

图 11.10　显示平安银行 2016 年 4 个季度的季报

— 241 —

下面解释一下各财务数据的意义。

statDate：表示财报统计的季度的最后一天，如 2016-03-31、2016-06-30。

code：股票代码。

basic_eps：基本每股收益（元）。基本每股收益的理论算法：归属于普通股股东的当期净利润/(当期实际发行在外的普通股加权平均数=Σ(发行在外普通股股数×发行在外月份数) / 12)。

cash_equivalents：货币资金（元）。货币资金是指在企业生产经营过程中处于货币形态的那部分资金，按其形态和用途不同，可分为库存现金、银行存款和其他货币资金。它是企业中最活跃的资金，流动性强，是企业的重要支付手段和流通手段，因而是流动资产的审查重点。货币资金又称为货币资产，是指在企业生产经营过程中处于货币形态的资产，是指可以立即投入流通，用以购买商品或劳务或用以偿还债务的交换媒介物。

goods_sale_and_service_render_cash：销售商品、提供劳务收到的现金（元）。反映企业本期销售商品、提供劳务收到的现金，以及前期销售商品、提供劳务本期收到的现金（包括销售收入和应向购买者收取的增值税销项税额）和本期预收的款项，减去本期销售本期退回的商品和前期销售本期退回的商品支付的现金。企业销售材料和代购代销业务收到的现金，也在本项目反映。

> **提醒** income 表示利润数据；balance 表示资产负债数据；cash_flow 表示现金流数据。

11.4 查询股票财务数据的 get_fundamentals_continuously ()函数

get_fundamentals ()函数只能查询某一交易日的股票财务数据信息，如果要查询多个交易日的股票财务数据信息，就要使用 get_fundamentals_continuously ()函数，其语法格式如下：

```
get_fundamentals_continuously(query_object,end_date=None,count=None)
```

各项参数意义如下。

query_object：一个 sqlalchemy.orm.query.Query 对象，可以通过全局的 query 函数获取 Query 对象。

end_date：与 get_fundamentals ()函数中 date 意义相同，即查询日期。

count：获取 end_date 前 count 个日期的数据。

get_fundamentals_continuously ()函数的返回值是 pandas.Panel。

> **提醒** 出于性能方面考虑，返回总条数不超过 10000 条的限制。也就是说，查询的股票数量 count 要小于 10000；否则，返回的数据会不完整。

第 11 章　Python 量化交易策略的获取数据函数

下面举例说明 get_fundamentals_continuously ()函数的应用。创建一个 Python3 文件，然后输入以下代码：

```
import pandas as pd
q = query(valuation).filter(valuation.code.in_(['000001.XSHE', '600000.XSHG']))
panel = get_fundamentals_continuously(q, end_date='2018-01-01', count=5)
panel.minor_xs('600000.XSHG')
```

利用 query 函数调用平安银行（000001）和浦发银行（600000）的财务数据信息，然后再利用 get_fundamentals_continuously 函数获取结束日期为 2018 年 1 月 1 日的最近 5 个交易日的数据信息，最后利用 panel 对象输出。

单击工具栏中的 运行 按钮，运行结果如图 11.11 所示。

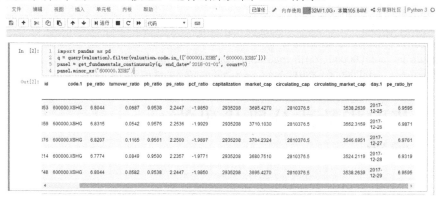

图 11.11　查询多个交易日的股票财务数据信息

11.5　获取股票特别数据的 get_current_data ()函数

回测时有些数据在一个单位时间（天/分钟）是知道的，如涨跌停价、是否停牌、当天开盘价等，这些数据可以通过 get_current_data ()函数获得。该函数的语法格式如下：

```
get_current_data(security_list=None)
```

参数 security_list 用来设置股票代码列表，默认是 None，代表当前 universe 中的股票。

该函数的返回值是一个 dict 对象，dict 对象的 key（索引）是股票代码，dict 对象的 value（数据）具体如下：

```
high_limit    # 涨停价
low_limit     # 跌停价
paused        # 是否停止或者暂停了交易，当停牌、未上市或者退市后返回 True
```

```
is_st           # 是否是 ST(包括 ST, *ST)
day_open        # 当天开盘价，分钟回测时可用，天回测时，由于是在集合竞价下单，并不知道开盘
                  价，所以不能使用
name            # 股票现在的名称
industry_code   # 股票现在所属行业代码
```

需要注意的是，为了加速，返回的 dict 里面的数据是按需获取的，dict 初始是空的。当使用 current_data[security]时，该 security 的数据才会被获取。另外，返回的结果只在当天有效，不能存起来到隔天再用。

attribute_history ()函数的实例代码如下：

```
set_universe(['000001.XSHE'])
def handle_data(context, data):
    current_data = get_current_data()
    print(current_data)
    print (current_data['000001.XSHE'])
    print(current_data['000001.XSHE'].paused)#查询股票当天是否停牌
    print (current_data['000001.XSHE'].high_limit) #获取当天的涨停价
```

11.6 获取指数成分股代码的 get_index_stocks () 函数

get_index_stocks ()函数可以获取一个指数给定日期在平台可交易的成分股列表，其语法格式如下：

```
get_index_stocks(index_symbol, date=None)
```

11.6.1 各项参数的意义

get_index_stocks ()函数有两个参数，分别是 date 和 index_symbol。

1. date

参数 date 是一个字符串（如"2015-10-15"）或者 datetime.date/datetime.datetime 对象。可以是 None，使用默认日期，这个默认日期在回测和研究模块上有点儿差别，具体如下。

回测模块：默认值会随着回测日期变化而变化，等于 context.current_dt。

研究模块：默认是今天。

2. index_symbol

参数 index_symbol 是指指数代码。这里支持 600 种股票指数数据，包括指数的行情数据以及成分股数据。

常用指数代码及意义如下。
000001.XSHG：上证指数。
000002.XSHG：A 股指数。
000003.XSHG：B 股指数。
000004.XSHG：工业指数。
000005.XSHG：商业指数。
000006.XSHG：地产指数。
000007.XSHG：公用指数。
000008.XSHG：综合指数。
000011.XSHG：基金指数。
000016.XSHG：上证 50。
000042.XSHG：上证央企。
000043.XSHG：超大盘。
000044.XSHG：上证中盘。
000045.XSHG：上证小盘。
000132.XSHG：上证 100。
000133.XSHG：上证 150。
000134.XSHG：上证银行。
000300.XSHG：沪深 300。
000805.XSHG：A 股资源。
000806.XSHG：消费服务。
000807.XSHG：食品饮料。
000808.XSHG：医药生物。
get_index_stocks ()函数的返回值是股票代码的 list 列表。

11.6.2 get_index_stocks ()函数的应用示例

创建一个 Python3 文件，然后输入以下代码：

```
stocks = get_index_stocks('000300.XSHG')
stocks
```

这里获得的是沪深 300 指数的所有股票代码，然后显示。单击工具栏中的 运行 按钮，运行结果如图 11.12 所示。

图 11.12 显示沪深 300 指数的所有股票代码

11.7 获取行业成分股代码的 get_industry_stocks() 函数

get_industry_stocks ()函数可以获取在给定日期一个行业的所有股票代码,其语法格式如下:

`get_industry_stocks(industry_code, date=None)`

参数 date 和返回值,都与 get_index_stocks ()函数相同,这里不再多说。

参数 industry_code 是指行业代码。行业代码也有很多,常用行业代码及意义如下。

A01:农业。

A02:林业。

A03:畜牧业。

A04:渔业。

A05:农、林、牧、渔服务业。

B06:煤炭开采和洗选业。

B07:石油和天然气开采业。

B08:黑色金属矿采选业。

B09:有色金属矿采选业。

C13:农副食品加工业。

C14:食品制造业。

C15:酒、饮料和精制茶制造业。
C16:烟草制品业。
C27:医药制造业。
C28:化学纤维制造业。
C33:金属制品业。
C34:通用设备制造业。
C35:专用设备制造业。
C36:汽车制造业。

下面举例讲解 get_industry_stocks()函数的应用。创建一个 Python3 文件,然后输入以下代码:

```
stocks = get_industry_stocks('C36')
stocks
```

这里获得的是汽车制造业指数的所有股票代码,然后显示。单击工具栏中的 运行 按钮,运行结果如图 11.13 所示。

图 11.13　显示汽车制造业指数的所有股票代码

11.8　获取概念成本股代码的 get_concept_stocks () 函数

get_concept_stocks ()函数可以获取在给定日期一个概念板块的所有股票,其语法格式如下:

```
get_concept_stocks(concept_code, date=None)
```

参数 date 和返回值,都与 get_index_stocks ()函数相同,这里不再多说。

参数 concept_code 是指概念板块代码。概念板块代码也有很多，常用概念板块代码及意义如下。

GN028：智能电网。
GN030：物联网。
GN031：重组。
GN032：迪士尼。
GN034：环保概念。
GN035：新能源。
GN050：海南旅游岛。
GN057：新材料。
GN069：移动支付。
GN076：新能源汽车。
GN087：卫星导航。
GN091：云计算。
GN092：高端装备制造。
GN099：移动互联网。
GN107：黄金珠宝。
GN109：石墨烯。
GN110：安防监控。
GN133：网络安全。
GN134：智能穿戴。
GN172：无人机。
GN173：赛马。
GN181：一带一路。
GN182：智慧农业。
GN183：生物识别。
GN191：跨境电商。

下面举例讲解 get_concept_stocks ()函数的应用。创建一个 Python3 文件，然后输入以下代码：

```
stocks = get_concept_stocks('GN181')
stocks
```

这里获得的是一带一路概念板块的所有股票代码，然后显示。单击工具栏中的 运行 按钮，运行结果如图 11.14 所示。

第 11 章　Python 量化交易策略的获取数据函数

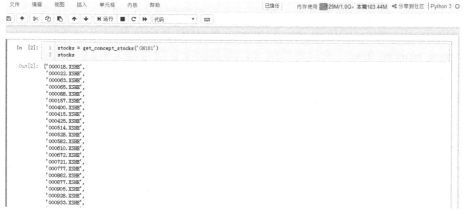

图 11.14　显示一带一路概念板块的所有股票代码

11.9　获取所有数据信息的 get_all_securities()函数

get_all_securities()函数可以获取平台支持的所有股票、基金、指数、期货信息，其语法格式如下：

get_all_securities(types=[], date=None)

11.9.1　各项参数的意义

get_all_securities()函数有两个参数，分别是 types 和 date。

1. 参数 types

参数 types 是列表类型，用来过滤 securities 的类型，列表元素及意义如下。
stock：表示股票类型，即显示所有股票信息。
fund：表示基金类型，即显示所有基金信息。
index：表示指数类型，即显示所有指数信息。
futures：表示期货类型，即显示所有期货合约信息。
etf：表示 ETF 基金，即显示所有 ETF 基金信息。
lof：表示 LOF 基金，即显示所有 LOF 基金信息。
fja：表示分级 A，即显示所有分级基金 A 的信息。
fjb：表示分级 B，即显示所有分级基金 B 的信息。
open_fund：表示开放式基金，即显示所有开放式基金信息。
bond_fund：表示债券基金，即显示所有债券基金信息。

stock_fund：表示股票型基金，即显示所有股票型基金信息。
QDII_fund：表示 QDII 基金，即显示所有 QDII 基金信息。
money_market_fund：表示货币基金，即显示所有货币基金信息。
mixture_fund：表示混合型基金，即显示所有混合型基金信息。

需要注意的是，types 为空时返回所有股票信息，不包括基金、指数和期货信息。

2. 参数 date

参数 date 是日期类型，一个字符串或者 datetime.datetime/datetime.date 对象，用于获取某日期还在上市的股票信息，默认值为 None，表示获取所有日期的股票信息。

get_all_securities()函数的返回值是 pandas.DataFrame 类型。

11.9.2 get_all_securities()函数的应用实例

创建一个 Python3 文件，然后输入以下代码：

```
import pandas as pd
dataframe1 = get_all_securities(['stock'])
dataframe1
```

在获取平台支持的所有股票信息时，可以利用代码 get_all_securities(['stock'])，也可以利用代码 get_all_securities()。

单击工具栏中的 ▶运行 按钮，运行结果如图 11.15 所示。

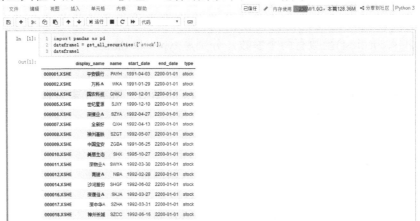

图 11.15 显示获取平台支持的所有股票信息

各字段意义如下。

display_name：上市公司的股票名称。
name：上市公司股票名称的缩写简称。

第 11 章 Python 量化交易策略的获取数据函数

start_date：上市公司的上市日期。
end_date：上市公司的退市日期。
type：类型

下面显示所有分级基金 A 和分级基金 B 的信息，代码如下：

```
import pandas as pd
dataframe1 = get_all_securities(['fja','fjb'])
dataframe1
```

单击工具栏中的 运行 按钮，运行结果如图 11.16 所示。

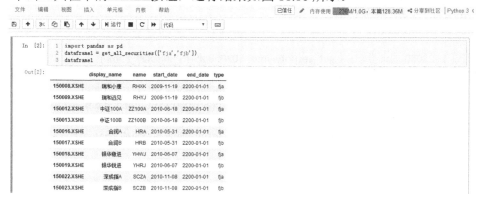

图 11.16 显示所有分级基金 A 和分级基金 B 的信息

下面显示 2017 年 10 月 10 日还在上市的 ETF 和 LOF 基金信息，代码如下：

```
import pandas as pd
dataframe1 = get_all_securities(['etf','lof'],'2017-10-10')
dataframe1
```

单击工具栏中的 运行 按钮，运行结果如图 11.17 所示。

图 11.17 显示 2017 年 10 月 10 日还在上市的 ETF 和 LOF 基金信息

11.10 获取一只股票信息的 get_security_info () 函数

get_security_info ()函数可以获取一只股票（基金或指数）的信息，其语法格式如下：

```
get_security_info(code)
```

参数 code 是指证券代码。返回值是 pandas.DataFrame 类型，返回值的属性与 get_all_securities()函数基本上是一样的。但需要注意的是，返回值多了 parent 属性，是指分级基金的母基金代码。

创建一个 Python3 文件，然后输入以下代码：

```
print("代码 502050 的证券名：",get_security_info('502050.XSHG').display_name)
print("代码 502050 的证券缩写简称：",get_security_info('502050.XSHG').name)
print("代码 502050 的证券上市日期：",get_security_info('502050.XSHG').start_date)
print("代码 502050 的证券退市日期：",get_security_info('502050.XSHG').end_date)
print("代码 502050 的证券类型：",get_security_info('502050.XSHG').type)
print("代码 502050 的分级基金的母基金：",get_security_info('502050.XSHG').parent)
```

单击工具栏中的 运行 按钮，运行结果如图 11.18 所示。

图 11.18　获取一只股票（基金或指数）的信息

11.11 获取龙虎榜数据的 get_billboard_list ()函数

get_billboard_list()函数可以获取指定日期区间内的龙虎榜数据，其语法格式如下：

```
get_billboard_list(stock_list, start_date, end_date, count)
```

11.11.1 各项参数的意义

get_billboard_list ()函数有 4 个参数，具体如下。

stock_list：指一个股票代码的 list。当值为 None 时，返回指定日期的所有股票。

第 11 章 Python 量化交易策略的获取数据函数

start_date：开始日期。

end_date：结束日期。

count：交易日数量，可以与 end_date 同时使用，表示获取 end_date 前 count 个交易日的数据。

get_billboard_list()函数的返回值是 pandas.DataFrame 对象，各字段的具体含义如下。

code：股票代码。

day：日期。

direction：All 表示"汇总"，Sell 表示"卖"，Buy 表示"买"。

abnormal_code：异常波动类型。

abnormal_name：异常波动名称。

sales_depart_name：营业部名称。

rank：0 表示汇总，1~5 表示买一到买 5，6~10 表示卖一到卖五。

buy_value：买入金额。

buy_rate：买入金额占比（买入金额/市场总成交额）。

sell_valu：卖出金额。

sell_rate：卖出金额占比（卖出金额/市场总成交额）。

net_value：净额（买入金额-卖出金额）。

amount：市场总成交额。

11.11.2 get_billboard_list()函数的应用实例

创建一个 Python3 文件，然后输入以下代码：

```
import pandas as pd
dataframe1 = get_billboard_list(stock_list=None,end_date = '2018-04-19',count =1)
dataframe1
```

单击工具栏中的 运行 按钮，运行结果如图 11.19 所示。

图 11.19　2018 年 4 月 19 日的股票龙虎榜数据

11.12 获取限售解禁数据的 get_locked_shares () 函数

get_locked_shares ()函数可以获取指定日期区间内的限售解禁数据,其语法格式如下:

`get_locked_shares(stock_list, start_date, end_date, forward_count)`

get_locked_shares ()函数的各项参数与 get_billboard_list ()函数基本相同,这里不再多说。返回值是 pandas.DataFrame 对象,各字段的具体含义如下。

day:解禁日期。
code:股票代码。
num:解禁股数。
rate1:解禁股数/总股本。
rate2:解禁股数/总流通股本。

创建一个 Python3 文件,然后输入以下代码:

```
import pandas as pd
dataframe1 = get_locked_shares(stock_list=['000001.XSHE', '000002.XSHE','000009.XSHE'], start_date='2016-4-16', forward_count=1200)
dataframe1
```

单击工具栏中的 ▶运行 按钮,运行结果如图 11.20 所示。

图 11.20 2016 年 4 月 16 日的股票限售解禁数据

第 12 章
Python 基本面量化选股

选股是股市投资的第一步，是最基础的一步，也是最重要的一步。精心地选出一只好股可以使后面的操作得心应手，没有这个前提，想在股市赚钱是异想天开。本章首先讲解量化选投的定义及分类；然后讲解成长类因子选股、规模类因子选股、价值类因子选股、质量类因子选股的方法与技巧；最后讲解基本面多因子量化选股的注意事项。

12.1　初识量化选股

量化选股是利用数量化的方法选择股票组合，期望该股票组合能够获得超越基准收益率的投资行为。量化选股总的来说可分为两类，分别是基本面选股和技术面选股。

但在实际股票投资中，往往是利用基本面选出要操作的股票，放入自选股中，然后根据技术面来确定交易的时机，即根据技术判断来确定何时买入、何时加仓、何时减仓、何时全部卖出。

基本面选股，又称为财务因子选股。基本面选股可以进一步分为 4 类，分别是成长类因子选股、规模类因子选股、价值类因子选股和质量类因子选股，如图 12.1 所示。

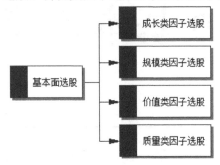

图 12.1　基本面选股

12.2　成长类因子选股

在 Python 量化选股中，成长类因子有 7 个，分别是营业收入同比增长率、营业收入环比增长率、净利润同比增长率、净利润环比增长率、营业利润率、销售净利率和销售毛利率。

12.2.1　营业收入同比增长率选股

营业收入是指在一定时期内，企业销售商品或提供劳务所获得的货币收入，如商业企业的商品销售收入、生产加工企业的产品销售收入、饮食业的饮食品销售收入、服务业的服务收入、仓储企业的仓储收入、运输企业的运费收入、代办运输收入等。营业收入的计算公式如下：

$$营业收入=主营业务收入+其他业务收入$$

或

$$营业收入=产品销售量（或服务量）\times 产品单价（或服务单价）$$

第 12 章　Python 基本面量化选股

主副产品（或不同等级产品）的销售收入应全部计入营业收入；所提供的不同类型服务收入也应计入营业收入。

营业收入同比增长率是指企业在一定期间内取得的营业收入与其上年同期营业收入增长的百分比，以反映企业在此期间内营业收入的增长或下降等情况。营业收入同比增长率计算公式如下：

营业收入同比增长率=（当期营业收入-上期营业收入）÷上期营业收入×100%

当期营业收入按使用者的需要可以是月度、季度或年度，也可以是会计年度起始日至会计报表截止日期，如 2017 年 1 月 1 日至 2017 年 9 月 30 日等，另外，也可以是分析者采用的年化数据，如 2017 年 10 月 1 日至 2018 年 9 月 30 日。

上期营业收入是指与当期营业收入相对应的上一个年度此期间的营业收入。

营业收入同比增长率越大，说明企业当期获得的营业收入相对去年同期增长越大，对企业盈利有正面影响；而营业收入同比增长率为负时，则表明企业营业收入出现下降，应引起企业管理者或投资者的注意。

连续地观察营业收入同比增长率的历史趋势，可以反映出企业的营业收入在不同的会计期间其增长变化的情况，给后期的预测带来一定的帮助。

> **提醒**　由于很多企业处于不同的行业，其业务的经营带有很强的季节性。因此，简单按月或季度去比较营业收入并不客观，而营业收入同比增长率有效地剔除了这种季节性比较明显的企业按月或按季对比带来的偏颇，给企业营业收入的分析带来客观性。

营业收入同比增长率选股示例如下。

成功登录聚宽 JoinQuant 量化交易平台后，在菜单栏中选择"我的策略"→"投资研究"命令，打开"投资研究"页面。单击"新建"按钮，弹出下拉菜单，然后单击"文件夹"命令，就会新建一个文件夹，命名为"量化选股"。

再单击"新建"按钮，在弹出的下拉菜单中单击 Python3，新建一个 Python3 文件，并命名为"营业收入同比增长率选股"，然后输入以下代码：

```
import pandas as pd
dataframe1 = get_fundamentals( query(indicator).filter(indicator.inc_revenue_year_on_year > 800), date='2018-08-01')
dataframe1
```

首先导入 pandas 包，并设置别名为 pd，然后调用 get_fundamentals() 函数获取财务指标数据，返回值为 dataframe。indicator 为财务指标数据表名，查询条件是营业收入同比增长率大于 800，即 indicator.inc_revenue_year_on_year > 800，时间为 2018 年 8 月 1 日。

单击工具栏中的 运行 按钮，运行结果如图 12.2 所示。

图 12.2　营业收入同比增长率选股示例的运行结果

12.2.2　营业收入环比增长率选股

营业收入环比增长率=（本期的营业收入的值-上一期营业收入的值）÷上一期营业收入的值×100%。

需要注意的是，环比增长率是相对于上一期的，而同比增长率是相对于上一年度同一期的。

营业收入环比增长率选股示例如下。

成功登录聚宽 JoinQuant 量化交易平台后，在菜单栏中选择"我的策略"→"投资研究"命令，打开"投资研究"页面。双击"量化选股"文件夹，然后单击"新建"按钮，在弹出的下拉菜单中单击 Python3 命令，新建一个 Python3 文件，并命名为"营业收入环比增长率选股"，然后输入以下代码：

```
import pandas as pd
dataframe1 = get_fundamentals( query(indicator).filter(indicator.inc_revenue_annual > 900), date='2018-08-01')
dataframe1['code']
```

indicator 为财务指标数据表名，查询条件是营业收入环比增长率大于 900，即 indicator.inc_revenue_annual > 900，时间为 2018 年 8 月 1 日。需要注意的是，这里只显示了选出股票的代码。

单击工具栏中的 运行 按钮，运行结果如图 12.3 所示。

图 12.3　营业收入环比增长率选股示例的运行结果

12.2.3 净利润同比增长率选股

净利润是指企业当期利润总额减去所得税后的金额,即企业的税后利润。净利润是一个企业经营的最终成果,净利润多,企业的经营效益就好;净利润少,企业的经营效益就差,它是衡量一个企业经营效益的主要指标。

净利润同比增长率的计算公式如下:

净利润同比增长率=(当期净利润-上期净利润)÷上期净利润的绝对值×100%

净利润同比增长率选股示例如下。

成功登录聚宽 JoinQuant 量化交易平台后,在菜单栏中选择"我的策略"→"投资研究"命令,打开"投资研究"页面。双击"量化选股"文件夹,然后单击"新建"按钮,在弹出的下拉菜单中单击 Python3 命令,新建一个 Python3 文件,并命名为"净利润同比增长率选股",然后输入以下代码:

```
import pandas as pd
dataframe1 = get_fundamentals( query(indicator).filter(
indicator.inc_net_profit_year_on_year > 800,
indicator.inc_revenue_year_on_year > 900,
indicator.inc_revenue_annual > 500,
                                )
                                , date='2018-08-01')
dataframe1['code']
```

indicator 为财务指标数据表名,查询条件是 3 个,分别是净利润同比增长率大于 800,营业收入同比增长率大于 900,营业收入环比增长率大于 500。时间为 2018 年 8 月 1 日。需要注意的是,这里只显示了选出股票的代码。

单击工具栏中的 运行 按钮,运行结果如图 12.4 所示。

可以看到,满足上述条件的股票只有两只。

图 12.4 净利润同比增长率选股示例的运行结果

12.2.4 净利润环比增长率选股

净利润环比增长率的计算公式如下:

净利润环比增长率=(本期的净利润的值-上一期净利润的值)÷上一期净利润的

值的绝对值×100%

净利润环比增长率选股示例如下。

成功登录聚宽 JoinQuant 量化交易平台后，在菜单栏中选择"我的策略"→"投资研究"命令，打开"投资研究"页面。双击"量化选股"文件夹，然后单击"新建"按钮，在弹出的下拉菜单中单击 Python3 命令，新建一个 Python3 文件，并命名为"净利润环比增长率选股"，然后输入以下代码：

```python
import pandas as pd
dataframe1 = get_fundamentals( query(indicator).filter(
indicator.inc_net_profit_annual > 300,
indicator.inc_revenue_annual > 400,
                                    )
                                    , date='2018-08-01')
dataframe1['code']
```

indicator 为财务指标数据表名，查询条件是两个，分别是净利润环比增长率大于 300，营业收入环比增长率大于 400。时间为 2018 年 8 月 1 日。

单击工具栏中的 运行 按钮，运行结果如图 12.5 所示。

图 12.5　净利润环比增长率选股示例的运行结果

12.2.5　营业利润率选股

营业利润率是指经营所得的营业利润占销货净额的百分比，或占投入资本额的百分比，其计算公式如下：

营业利润率=营业利润÷全部业务收入×100%

营业利润率越高，说明企业商品销售额提供的营业利润越多，企业的盈利能力越强；反之，此比率越低，说明企业盈利能力越弱。

营业利润率选股示例如下。

成功登录聚宽 JoinQuant 量化交易平台后，在菜单栏中选择"我的策略"→"投

第 12 章 Python 基本面量化选股

资研究"命令,打开"投资研究"页面。双击"量化选股"文件夹,然后单击"新建"按钮,在弹出的下拉菜单中单击 Python3 命令,新建一个 Python3 文件,并命名为"营业利润率选股",然后输入以下代码:

```
import pandas as pd
dataframe1 = get_fundamentals( query(indicator).filter(
indicator.operation_profit_to_total_revenue > 160,
                              )
                              , date='2018-08-01')
dataframe1['code']
```

indicator 为财务指标数据表名,查询条件是营业利润率大于 160。时间为 2018 年 8 月 1 日。

单击工具栏中的 运行 按钮,运行结果如图 12.6 所示。

图 12.6 营业利润率选股示例的运行结果

12.2.6 销售净利率选股

销售净利率是指企业实现净利润与销售收入的对比关系,用以衡量企业在一定时期的销售收入获取的能力,其计算公式如下:

$$销售净利率=净利润 \div 销售收入 \times 100\%$$

销售净利率反映每一元销售收入带来的净利润的多少,表示销售收入的收益水平。

销售净利率与净利润成正比关系,与销售收入成反比关系,企业在增加销售收入额的同时,必须相应地获得更多的净利润,才能使销售净利率保持不变或有所提高。

销售净利率选股示例如下。

成功登录聚宽 JoinQuant 量化交易平台后,在菜单栏中选择"我的策略"→"投资研究"命令,打开"投资研究"页面。双击"量化选股"文件夹,然后单击"新建"按钮,在弹出的下拉菜单中单击 Python3 命令,新建一个 Python3 文件,并命名为"销售净利率选股",然后输入以下代码:

— 261 —

```
import pandas as pd
dataframe1 = get_fundamentals( query(indicator).filter(
indicator.net_profit_margin > 180,
indicator.operation_profit_to_total_revenue > 140,
                                )
                                , date='2018-08-01')

dataframe1['code']
```

indicator 为财务指标数据表名,查询条件是两个,分别是销售净利率大于 180,营业利润率大于 140。时间为 2018 年 8 月 1 日。

单击工具栏中的 运行 按钮,运行结果如图 12.7 所示。

图 12.7 销售净利率选股示例的运行结果

12.2.7 销售毛利率选股

销售毛利率是毛利占销售净值的百分比,通常称为毛利率。毛利是销售净收入与产品成本的差,其计算公式如下:

$$销售毛利率=(销售净收入-产品成本)÷销售净收入×100\%$$

销售毛利率是上市公司的重要经营指标,能反映公司产品的竞争力和获利潜力。它反映了企业产品销售的初始获利能力,是企业净利润的起点,没有足够高的毛利率便不能形成较大的盈利。

与同行业比较,如果公司的毛利率显著高于同业水平,说明公司产品附加值高,产品定价高,或与同行比较公司存在成本上的优势,有竞争力。

与历史比较,如果公司的毛利率显著提高,则可能是公司所在行业处于复苏时期,产品价格大幅上升。在这种情况下,投资者需考虑这种价格的上升是否能持续,公司将来的盈利能力是否有保证;相反,如果公司毛利率显著降低,则可能是公司所在行业竞争激烈,毛利率下降往往伴随着价格战的爆发或成本的失控,这种情况预示产品盈利能力的下降。

第 12 章 Python 基本面量化选股

销售毛利率选股示例如下。

成功登录聚宽 JoinQuant 量化交易平台后，在菜单栏中选择"我的策略"→"投资研究"命令，打开"投资研究"页面。双击"量化选股"文件夹，然后单击"新建"按钮，在弹出的下拉菜单中单击 Python3 命令，新建一个 Python3 文件，并命名为"销售毛利率选股"，然后输入以下代码：

```
import pandas as pd
dataframe1 = get_fundamentals( query(indicator).filter(
indicator.gross_profit_margin > 80,
indicator.operation_profit_to_total_revenue > 90,
                            )
                            , date='2018-08-01')
dataframe1['code']
```

indicator 为财务指标数据表名，查询条件是两个，分别是销售毛利率大于 80，营业利润率大于 90。时间为 2018 年 8 月 1 日。

单击工具栏中的 ▶运行 按钮，运行结果如图 12.8 所示。

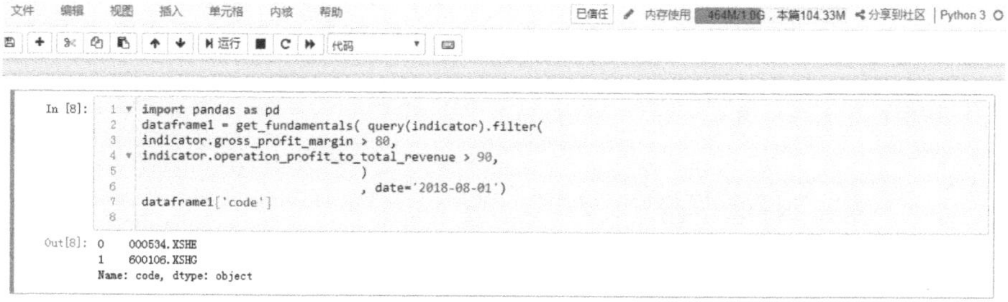

图 12.8 销售毛利率选股示例的运行结果

12.3 规模类因子选股

在 Python 量化选股中，规模类因子有 4 个，分别是总市值、流通市值、总股本、流通股本。

12.3.1 总市值选股

总市值是指在某特定时间内总股本数乘以当时股价得出的股票总价值。沪市所有股票的市值就是沪市总市值。深市所有股票的市值就是深市总市值。

总市值用来表示个股权重大小或大盘的规模大小，对股票买卖没有什么直接作用。但是很多时候走强的却大多是市值大的个股，由于市值越大在指数中占的比例越高,庄家往往通过控制这些高市值的股票达到控制大盘的目的。这时对股票买卖好像又起作用。

总市值选股示例如下。

成功登录聚宽 JoinQuant 量化交易平台后,在菜单栏中选择"我的策略"→"投资研究"命令,打开"投资研究"页面。双击"量化选股"文件夹,然后单击"新建"按钮,在弹出的下拉菜单中单击 Python3 命令,新建一个 Python3 文件,并命名为"总市值选股",然后输入以下代码:

```
import pandas as pd
dataframe1 = get_fundamentals( query(valuation).filter(
valuation.market_cap > 15000
                                )
                                , date='2018-08-01')
dataframe1['code']
```

valuation 为市值数据表名,查询条件是总市值大于 15000 亿元,时间为 2018 年 8 月 1 日。

单击工具栏中的 运行 按钮,运行结果如图 12.9 所示。

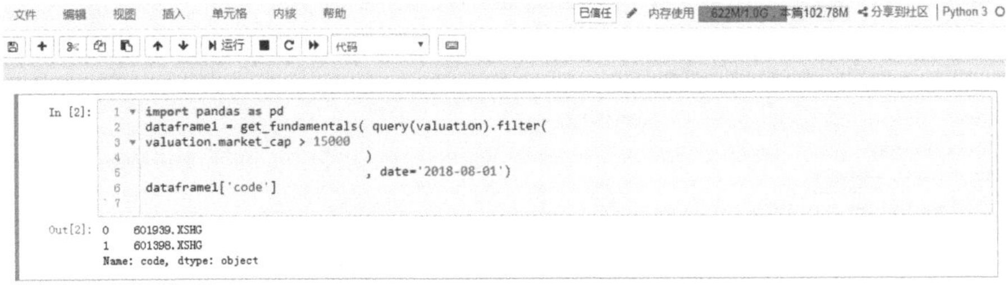

图 12.9 总市值选股示例的运行结果

12.3.2 流通市值选股

流通市值是指在某特定时间内当时可交易的流通股股数乘以当时股价得出的流通股票总价值。在中国,上市公司的股份结构中分国有股、法人股、个人股等。

目前只有个人股可以上市流通交易。这部分流通的股份总数乘以股票市场价格,就是流通市值。

流通市值选股示例如下。

成功登录聚宽 JoinQuant 量化交易平台后,选择在菜单栏中选择"我的策略"→"投资研究"命令,打开"投资研究"页面。双击"量化选股"文件夹,然后单击"新建"按钮,在弹出的下拉菜单中单击 Python3 命令,新建一个 Python3 文件,并命名为"流通市值选股",然后输入以下代码:

第 12 章 Python 基本面量化选股

```
import pandas as pd
dataframe1 = get_fundamentals( query(valuation).filter(
valuation.circulating_market_cap > 15000
                                    )
                                    , date='2018-08-01')
dataframe1['code']
```

valuation 为市值数据表名，查询条件是流通市值大于 15000 亿元，时间为 2018 年 8 月 1 日。

单击工具栏中的 ▶运行 按钮，运行结果如图 12.10 所示。

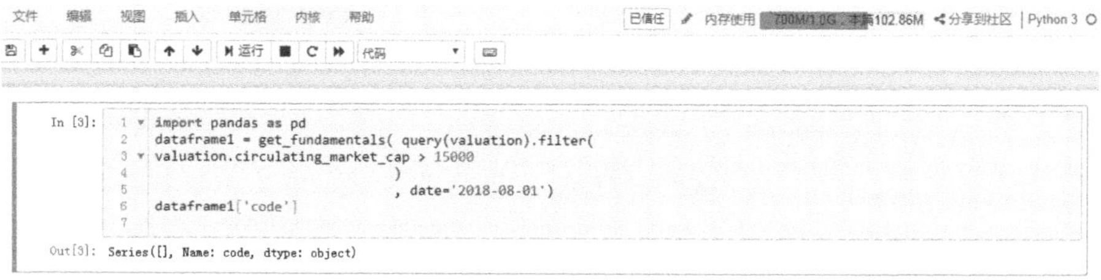

图 12.10 总市值选股示例的运行结果

在这里发现，没有一只股票的流通市值大于 15000 亿元。如果把查询条件改为流通市值大于 12000 亿元，就会查到两只股票，如图 12.11 所示。

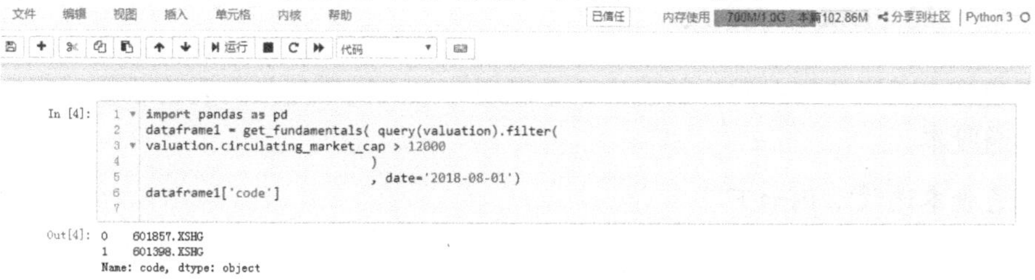

图 12.11 流通市值大于 12000 亿元的股票

12.3.3 总股本选股

总股本是指公司已发行的普通股股份总数（包含 A 股、B 股和 H 股的总股本）。

总股本选股示例如下。

成功登录聚宽 JoinQuant 量化交易平台后，在菜单栏中选择"我的策略"→"投资研究"命令，打开"投资研究"页面。双击"量化选股"文件夹，然后单击"新建"按钮，在弹出的下拉菜单中单击 Python3 命令，新建一个 Python3 文件，并命名为"总股本选股"，然后输入以下代码：

```
import pandas as pd
dataframe1 = get_fundamentals( query(valuation).filter(
valuation.capitalization > 20000000
                                )
                                , date='2018-08-01')
dataframe1['code']
```

valuation 为市值数据表名,查询条件是总股本大于 20000000 万股,时间为 2018 年 8 月 1 日。

单击工具栏中的 运行 按钮,运行结果如图 12.12 所示。

图 12.12　总股本选股示例的运行结果

12.3.4　流通股本选股

流通股本是指公司已发行的境内上市流通、以人民币兑换的股份总数,即 A 股市场的流通股本。

流通股本选股示例如下。

成功登录聚宽 JoinQuant 量化交易平台后,在菜单栏中选择"我的策略"→"投资研究"命令,打开"投资研究"页面。双击"量化选股"文件夹,然后单击"新建"按钮,在弹出的下拉菜单中单击 Python3 命令,新建一个 Python3 文件,并命名为"流通股本选股",然后输入以下代码:

```
import pandas as pd
dataframe1 = get_fundamentals( query(valuation).filter(
valuation.circulating_cap > 10000000 ,
valuation.circulating_market_cap > 6000
                                )
                                , date='2018-08-01')
dataframe1['code']
```

valuation 为市值数据表名,查询条件是两个,分别是流通股本大于 10000000 万股,流通市值大于 6000 亿元。时间为 2018 年 8 月 1 日。

单击工具栏中的 运行 按钮,运行结果如图 12.13 所示。

第 12 章 Python 基本面量化选股

```
In [5]: 1 ▼ import pandas as pd
        2   dataframe1 = get_fundamentals( query(valuation).filter(
        3     valuation.circulating_cap > 10000000 ,
        4     valuation.circulating_market_cap > 6000
        5                                  )
        6                                  , date='2018-08-01')
        7   dataframe1['code']
        8

Out[5]: 0   601988.XSHG
        1   601288.XSHG
        2   601857.XSHG
        3   601398.XSHG
        Name: code, dtype: object
```

图 12.13 流通股本选股示例的运行结果

12.4 价值类因子选股

在 Python 量化选股中，价值类因子有 5 个，分别是市净率、市销率、市现率、动态市盈率、静态市盈率。

12.4.1 市净率选股

市净率是指每股股价与每股净资产的比率，其计算公式如下：

$$市净率 = 每股市价 \div 每股净资产$$

市净率可用于股票投资分析，一般来说，市净率较低的股票，投资价值较高；相反，则投资价值较低。但在判断投资价值时还要考虑当时的市场环境以及公司经营情况、盈利能力等因素。

市净率选股示例如下。

成功登录聚宽 JoinQuant 量化交易平台后，在菜单栏中选择"我的策略"→"投资研究"命令，打开"投资研究"页面。双击"量化选股"文件夹，然后单击"新建"按钮，在弹出的下拉菜单中单击 Python3 命令，新建一个 Python3 文件，并命名为"市净率选股"，然后输入以下代码：

```
import pandas as pd
dataframe1 = get_fundamentals( query(valuation).filter(
valuation.pb_ratio  <  1.2 ,
valuation.market_cap > 5000
                              )
                              , date='2018-08-01')
dataframe1['code']
```

valuation 为市值数据表名，查询条件是两个，分别是市净率小于 1.2、总市值大于 5000 亿元。时间为 2018 年 8 月 1 日。

单击工具栏中的 ▶运行 按钮，运行结果如图 12.14 所示。

图 12.14 市净率选股示例的运行结果

12.4.2 市销率选股

市销率为股票价格与每股销售收入之比，市销率越小，通常被认为投资价值越高。市销率的计算公式如下：

市销率=股价÷每股销售额

在基本分析的诸多工具中，市销率是最常用的参考指标之一。可以认为，对于成熟期的企业，通常使用市盈率（PE）来估值，而对于尚未盈利的高成长性企业，则使用市销率（PS）来估值更为可靠。

市销率选股示例如下。

成功登录聚宽 JoinQuant 量化交易平台后，在菜单栏中选择"我的策略"→"投资研究"命令，打开"投资研究"页面。双击"量化选股"文件夹，然后单击"新建"按钮，在弹出的下拉菜单中单击 Python3 命令，新建一个 Python3 文件，并命名为"市销率选股"，然后输入以下代码：

```
import pandas as pd
dataframe1 = get_fundamentals( query(valuation).filter(
valuation.ps_ratio   <   0.4,
valuation.pb_ratio   <   0.8
                           )
                           , date='2018-08-01')
dataframe1['code']
```

valuation 为市值数据表名，查询条件是两个，分别是市销率小于 0.4、市净率小于 0.8。时间为 2018 年 8 月 1 日。

单击工具栏中的 ▶运行 按钮，运行结果如图 12.15 所示。

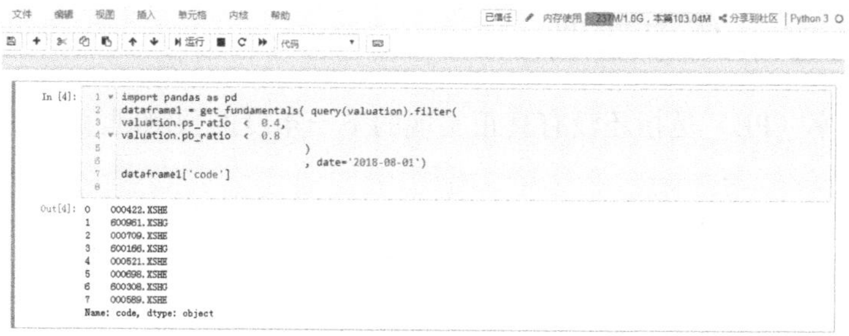

第 12 章 Python 基本面量化选股

图 12.15 市销率选股示例的运行结果

12.4.3 市现率选股

市现率是股票价格与每股现金流量的比例。市现率可用于评价股票的价格水平和风险水平。市现率越小，表明上市公司的每股现金增加额越多，经营压力越小。对于参与资本运作的投资机构，市现率还意味着其运作资本的增加效率。

市现率选股示例如下。

成功登录聚宽 JoinQuant 量化交易平台后，在菜单栏中选择"我的策略"→"投资研究"命令，打开"投资研究"页面。双击"量化选股"文件夹，然后单击"新建"按钮，在弹出的下拉菜单中单击 Python3 命令，新建一个 Python3 文件，并命名为"市现率选股"，然后输入以下代码：

```
import pandas as pd
dataframe1 = get_fundamentals( query(valuation).filter(
valuation.pcf_ratio    < 0.6 ,
valuation.pb_ratio    <   0.5
                               )
                               , date='2018-08-01')
dataframe1['code']
```

valuation 为市值数据表名，查询条件是两个，分别是市现率小于 0.6、市净率小于 0.5。时间为 2018 年 8 月 1 日。

单击工具栏中的 ▶运行 按钮，运行结果如图 12.16 所示。

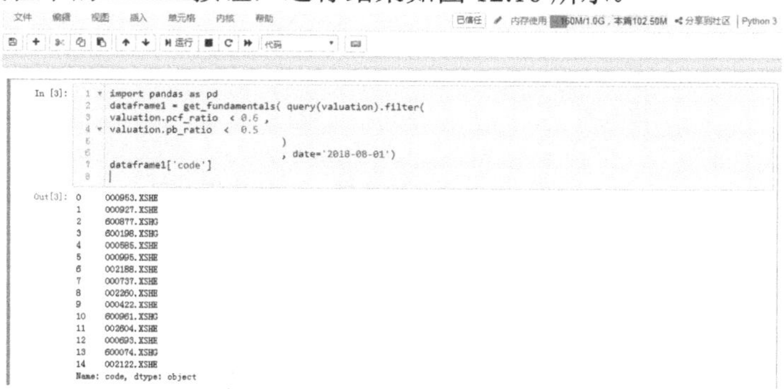

图 12.16 市现率选股示例的运行结果

12.4.4 动态市盈率选股

动态市盈率（PE）是指还没有真正实现的下一年度的预测利润的市盈率，其计算公式如下：

$$动态市盈率 = 股票现价 \div 未来每股收益的预测值$$

动态市盈率和市盈率是全球资本市场通用的投资参考指标，用以衡量某一阶段资本市场的投资价值和风险程度，也是资本市场之间用来相互参考与借鉴的重要依据。

动态市盈率选股示例如下。

成功登录聚宽 JoinQuant 量化交易平台后，在菜单栏中选择"我的策略"→"投资研究"命令，打开"投资研究"页面。双击"量化选股"文件夹，然后单击"新建"按钮，在弹出的下拉菜单中单击 Python3 命令，新建一个 Python3 文件，并命名为"动态市盈率选股"，然后输入以下代码：

```
import pandas as pd
dataframe1 = get_fundamentals( query(valuation).filter(
valuation.pe_ratio    <   6,
valuation.pcf_ratio   < 0.5 ,
valuation.ps_ratio    <   0.4
                  )
                  , date='2018-08-01')
dataframe1['code']
```

valuation 为市值数据表名，查询条件是 3 个，分别是动态市盈率小于 6、市现率小于 0.5、市销率小于 0.4。时间为 2018 年 8 月 1 日。

单击工具栏中的 运行 按钮，运行结果如图 12.17 所示。

图 12.17　动态市盈率选股示例的运行结果

12.4.5 静态市盈率选股

静态市盈率即市场广泛谈及的市盈率，是用当前每股市场价格除以该公司的每股税后利润，其计算公式如下：

第 12 章 Python 基本面量化选股

市盈率=股票每股市价÷每股税后利润,即市盈率=股价÷每股收益

一般来说,市盈率表示该公司需要累积多少年的盈利才能达到如今的市价水平,所以市盈率指标数值越小越好,越小说明投资回收期越短,风险越小,投资价值一般就越高;倍数大则意味着翻本期长、风险大。

静态市盈率选股示例如下。

成功登录聚宽 JoinQuant 量化交易平台后,在菜单栏中选择"我的策略"→"投资研究"命令,打开"投资研究"页面。双击"量化选股"文件夹,然后单击"新建"按钮,在弹出的下拉菜单中单击 Python3 命令,新建一个 Python3 文件,并命名为"静态市盈率选股",然后输入以下代码:

```
import pandas as pd
dataframe1 = get_fundamentals( query(valuation).filter(
valuation.pe_ratio  >  4  ,
valuation.pe_ratio  <  5  ,
                                )
                                , date='2018-08-01')
dataframe1['code']
```

valuation 为市值数据表名,查询条件是静态市盈率大于 4 而小于 5,即在 4~5 之间。时间为 2018 年 8 月 1 日。

单击工具栏中的 运行 按钮,运行结果如图 12.18 所示。

图 12.18 静态市盈率选股示例的运行结果

12.5 质量类因子选股

在 Python 量化选股中,质量类因子有两个:分别是净资产收益率、总资产净利率。

12.5.1 净资产收益率选股

净资产是指企业的资产总额减去负债以后的净额。它由两大部分组成:一部分是

企业开办当初投入的资本，包括溢价部分；另一部分是企业在经营中创造的，也包括接受捐赠的资产，属于所有者权益。净资产的计算公式如下：

$$净资产=资产-负债$$

净资产收益率是企业税后利润除以净资产得到的百分比率，该指标反映股东权益的收益水平，用以衡量企业运用自有资本的效率。指标值越高，说明投资带来的收益越高。该指标体现了自有资本获得净收益的能力。净资产收益率的计算公式如下：

$$净资产收益率=税后利润 \div 所有者权益 \times 100\%$$

净资产收益率选股示例如下。

成功登录聚宽 JoinQuant 量化交易平台后，在菜单栏中选择"我的策略"→"投资研究"命令，打开"投资研究"页面。双击"量化选股"文件夹，然后单击"新建"按钮，在弹出的下拉菜单中单击 Python3 命令，新建一个 Python3 文件，并命名为"净资产收益率选股"，然后输入以下代码：

```
import pandas as pd
dataframe1 = get_fundamentals( query(indicator).filter(
indicator.roe >20
                              )
                         , date='2018-08-01')
dataframe1['code']
```

indicator 为财务指标数据表名，查询条件是净资产收益率大于 20，时间为 2018 年 8 月 1 日。

单击工具栏中的 ▶运行 按钮，运行结果如图 12.19 所示。

图 12.19 净资产收益率选股示例的运行结果

12.5.2 总资产净利率选股

总资产是指某一经济实体拥有或控制的、能够带来经济利益的全部资产。一般可以认为，某一会计主体的总资产金额等于其资产负债表的"资产总计"金额。

第 12 章 Python 基本面量化选股

总资产净利率是指公司净利润与平均资产总额的百分比，其计算公式如下：

$$总资产净利率 = 净利润 \div 平均资产总额 \times 100\%$$

其中，

$$平均资产总额 = （期初资产总额 + 期末资产总额）\div 2$$

总资产净利率反映的是公司运用全部资产所获得利润的水平，即公司每占用 1 元的资产平均能获得多少元的利润。总资产净利率越高，表明公司投入产出水平越高，资产运营越有效，成本费用的控制水平越高。

总资产净利率选股示例如下。

成功登录聚宽 JoinQuant 量化交易平台后，在菜单栏中选择"我的策略"→"投资研究"命令，打开"投资研究"页面。双击"量化选股"文件夹，然后单击"新建"按钮，在弹出的下拉菜单中单击 Python3 命令，新建一个 Python3 文件，并命名为"总资产净利率选股"，然后输入以下代码：

```
import pandas as pd
dataframe1 = get_fundamentals( query(indicator).filter(
indicator.roe > 15,
indicator.roa > 8
                               )
                               , date='2018-08-01')
dataframe1['code']
```

indicator 为财务指标数据表名，查询条件有两个，分别是净资产收益率大于 15 和总资产净利率大于 8。时间为 2018 年 8 月 1 日。

单击工具栏中的 运行 按钮，运行结果如图 12.20 所示。

图 12.20 总资产净利率选股示例的运行结果

12.6 基本面多因子量化选股的注意事项

前面讲解了成长类因子、规模类因子、价值类因子和质量类因子的选股方法与技巧，但这都是从一个表中提出数据，并且选股条件的多个因子也来源于一张表。如果来源于多张表，该如何操作呢？下面具体讲解。

基本面因子存在于多张表中，如前面实例中的财务指标数据表（indicator）、市值数据表（valuation），还有资产负债数据表（balance）、现金流数据表（cash_flow）、利润数据表（income）。

假如仍是选出符合条件的股票代码，条件是换手率（该字段在 valuation 表中）大于 15、流动资产合计大于流动负债合计（这两个字段在 balance 中）、经营活动现金流入小计大于经营活动现金流出小计（这两个字段在 cash_flow 中）、营业净利润（该字段在 income 表中）大于 10000 万元、销售毛利率（该字段在 indicator 表中）大于 20。

来源于多张表的基本面多因子选股示例如下。

成功登录聚宽 JoinQuant 量化交易平台后，在菜单栏中单击"我的策略"→"投资研究"命令，打开"投资研究"页面。双击"量化选股"文件夹，然后单击"新建"按钮，在弹出的下拉菜单中单击 Python3 命令，新建一个 Python3 文件，并命名为"来源于多张表的基本面多因子选股"，然后输入以下代码：

```python
import pandas as pd
dataframe1 = get_fundamentals( query(indicator).filter(
valuation.turnover_ratio > 15    ,
balance.total_current_assets > balance.total_current_liability    ,
cash_flow.subtotal_operate_cash_inflow > cash_flow.subtotal_operate_cash_outflow ,
income.net_profit > 10000    ,
indicator.gross_profit_margin > 20


                              )
                                       , date='2018-08-01')
dataframe1['code']
```

在这里可以看到，查询的表是财务指标数据表（indicator），是一张表，但查询条件来源于 5 张表，写法是"表名.字段名"即可。查询时间是 2018 年 8 月 1 日。

单击工具栏中的 ▶运行 按钮，运行结果如图 12.21 所示。

图 12.21　来源于多张表的基本面多因子选股示例的运行结果

第 13 章 Python 量化择时的技术指标函数

技术指标通过对原始数据（开盘价、收盘价、最低价、最高价、成交量、成交金额、成交笔数）的处理，来反映出市场的某一方面深层的内涵，这些内涵是很难通过原始数据直接看出来的。技术指标能客观地反映某些既成过去的事实，将某些市场的数据形象化、直观化，将某些分析理论数量化和精细化。正因为技术指标可以提供具体量化条件，所以可以实现量化买卖，这也是在量化交易中技术指标应用最为广泛的原因。本章首先讲解量化择时的基础知识；然后讲解趋向指标函数、反趋向指标函数、压力支撑指标函数、量价指标函数的应用。

13.1　初识量化择时

量化择时是指利用数量化的方法，通过各种技术分析的量化分析，找到自选股中股票的买点和卖点。在各种技术分析中，技术指标是非常重要的量化分析手段，也是最常用的量化分析工具。

目前，应用于股市的技术指标有几百种，按照不同的计算原理和反映状况，可大致分为4类，分别是趋向指标、反趋向指标、压力支撑指标、量价指标，如图13.1所示。

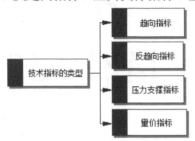

图 13.1　技术指标的类型

1. 趋向指标

趋向指标是识别和追踪有趋势的图形类指标，其特点是不试图猜顶和测底，如均线指标、MACD 指标等。

2. 反趋向指标

反趋向指标又称振荡指标，是识别和追踪趋势运行转折点的图形类指标，其特点是具有强烈的捕顶和捉底的意图，对市场转折点较敏感，如随机指标 KDJ、强弱指标 RSI 等。

3. 压力支撑指标

压力支撑指标又称通道指标，是通过顶部轨道线和底部轨道线，试图捕捉行情的顶部和底部的图形类指标，其特点是具有明显的压力线，也有明显的支撑线，如 BOLL 指标、XS 指标。

4. 量价指标

量价指标就是通过成交量变动来分析捕捉价格未来走势的图形类指标，其特点是以"成交量是市场元气"为依据，揭示成交量与价格涨跌关系，如 OBV 指标、VOL 指标等。

13.2　趋向指标函数

趋向指标是投资者最容易在市场中获利的方法，也是股票、期货、外汇市场中最为著名的格言"让利润充分增长，限制损失"的真实反映。

13.2.1 MACD 指标函数

MACD 指标,即平滑异同平均线。在 Python 量化交易策略中,平滑异同平均线 MACD 的语法格式如下:

```
MACD(security_list, check_date, SHORT = 12, LONG = 26, MID = 9)
```

各参数意义如下。

security_list:股票列表,可以是一只股票,也可是多只股票。

check_date:要查询数据的日期。

SHORT:统计的天数 SHORT。

LONG:统计的天数 LONG。

MID:统计的天数 MID。

返回 DIF、DEA 和 MACD 的值,返回类型为字典(dict):键(key)为股票代码,值(value)为数据。

平滑异同平均线 MACD 用法具体如下。

(1) DIFF、DEA 均为正,DIFF 向上突破 DEA,买入信号。

(2) DIFF、DEA 均为负,DIFF 向下跌破 DEA,卖出信号。

(3) DEA 线与 K 线发生背离,是行情反转信号。

(4) 分析 MACD 柱状线,由红变绿(正变负),卖出信号;由绿变红,买入信号。

> **提醒** DIFF 线是指收盘价短期、长期指数平滑移动平均线间的差;DEA 线是指 DIFF 线的 M 日指数平滑移动平均线;MACD 线是指 DIFF 线与 DEA 线的差,用彩色柱状线表示。

MACD 指标函数示例如下。

成功登录聚宽 JoinQuant 量化交易平台后,在菜单栏中选择"我的策略"→"投资研究"命令,打开"投资研究"页面。单击"新建"按钮,弹出下拉菜单,然后单击"文件夹"命令,就会新建一个文件夹,然后命名为"量化择时"。

再单击"新建"按钮,在弹出的下拉菜单中单击 Python3 命令,新建一个 Python3 文件,并命名为"MACD 指标函数",然后输入以下代码:

```
#导入 technical_analysis 库
from jqlib.technical_analysis import *
# 定义股票池列表
security_list1 = '002797.XSHE'
# 计算并输出 security_list1 的 MACD 值
macd_diff, macd_dea, macd_macd = MACD(security_list1,check_date='2018-08-01', SHORT = 12, LONG =
    26, MID = 9)
```

```
print("第一创业的 MACD 指标的 DIFF 值: ",macd_diff[security_list1])
print("第一创业的 MACD 指标的 DEA 值: ",macd_dea[security_list1])
print("第一创业的 MACD 指标的 MACD 值: ",macd_macd[security_list1])
```

首先导入 technical_analysis 库,这样才可以使用函数 MACD()。在这里定义计算的股票为第一创业(002797),接着就调用函数 MACD(),获得 DIF、DEA 和 MACD 的值,最后利用 print()函数显示。

单击工具栏中的 ▶运行 按钮,运行结果如图 13.2 所示。

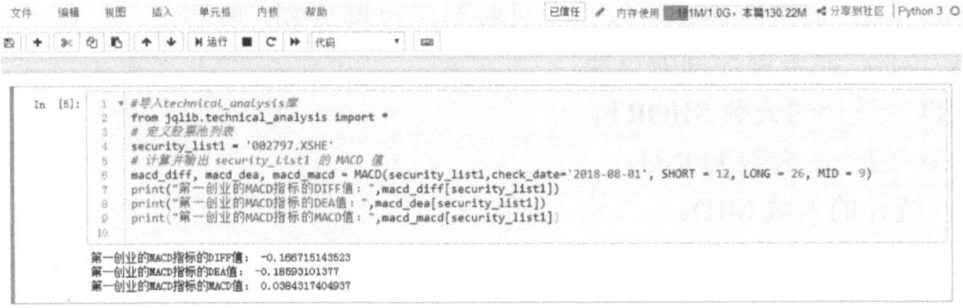

图 13.2 MACD 指标函数示例的运行结果

利用函数 MACD()获得 DIF、DEA 和 MACD 的值后,就可以量化择时,进行股票的买卖操作了。

例如,DIFF、DEA 均为正,DIFF 向上突破 DEA,买入信号,转为 Python 代码如下:

```
macd_diff  >  0
macd_dea   >  0
macd_diff  >  macd_dea
```

DIFF、DEA 均为负,DIFF 向下跌破 DEA,卖出信号,转为 Python 代码如下:

```
macd_diff  <  0
macd_dea   <  0
macd_diff  <  macd_dea
```

13.2.2 EMV 指标函数

EMV 指标,即简易波动指标。在 Python 量化交易策略中,简易波动指标 EMV 的语法格式如下:

```
EMV(security_list, check_date, N = 14, M = 9)
```

其中,security_list 和 check_date 参数与 MACD 指标相同,这里不再多说。
参数 N 和 M 表示统计的天数 N 和统计的天数 M。
返回 EMV 和 MAEMV 的值,返回类型也与 MACD 指标相同,这里不再多说。

简易波动指标 EMV 用法具体如下。

（1）EMV 由下往上穿越 0 轴时，视为中期买进信号。

（2）EMV 由上往下穿越 0 轴时，视为中期卖出信号。

（3）EMV 的平均线穿越 0 轴，产生假信号的机会较少。

需要注意的是，需长期使用 EMV 指标才能获得最佳利润。

EMV 指标函数示例如下。

双击"量化择时"文件夹，单击"新建"按钮，在弹出的下拉菜单中选择 Python3 命令，新建一个 Python3 文件，并命名为"EMV 指标函数"，然后输入以下代码：

```
#导入 technical_analysis 库
from jqlib.technical_analysis import *
# 定义股票池列表
security_list1 = ['000001.XSHE','000002.XSHE','601211.XSHG','603177.XSHG']
# 计算并输出 security_list1 的 EMV 值
EMV1,MAEMV1 = EMV(security_list1,check_date='2018-08-01', N = 14, M = 9)
for stock in security_list1:
    print(EMV1[stock])
    print(MAEMV1[stock])
```

注意，这里是显示多只股票的 EMV 指标的参数值，要使用 for 循环语句显示。

单击工具栏中的 运行 按钮，运行结果如图 13.3 所示。

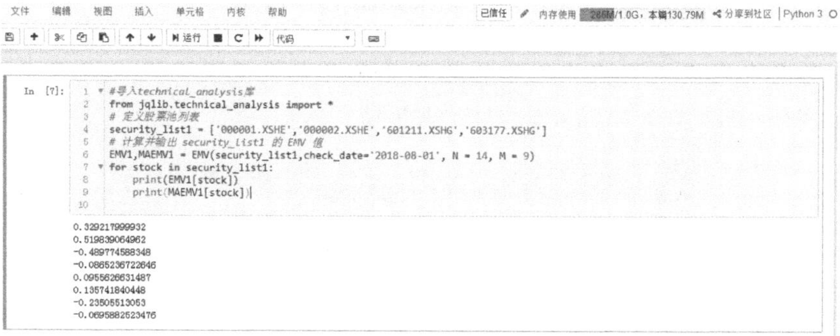

图 13.3　EMV 指标函数示例的运行结果

13.2.3　UOS 指标函数

UOS 指标即终极指标。终极指标 UOS 的语法格式如下：

`UOS(security_list, check_date, N1 = 7, N2 = 14, N3 = 28, M = 6)`

其中，security_list 和 check_date 参数与 MACD 指标相同，这里不再多说。

参数 N1、N2、N3 和 M 表示统计的天数 N1、N2、N3 和统计的天数 M。

返回终极指标和 MAUOS 的值，返回类型也与 MACD 指标相同，这里不再多说。

终极指标 UOS 用法具体如下。

（1）UOS 上升至 50～70 的间，而后向下跌破其 N 形曲线低点时，为短线卖点。

（2）UOS 上升超过 70 以上，而后向下跌破 70 时，为中线卖点。

（3）UOS 下跌至 45 以下，而后向上突破其 N 形曲线高点时，为短线买点。

（4）UOS 下跌至 35 以下，产生一底比一底高的背离现象时，为底部特征。

需要注意的是，以上各项数据会因个股不同而略有不同，请投资者利用参考线自行修正。

UOS 指标函数示例如下。

双击"量化择时"文件夹，单击"新建"按钮，在弹出的下拉菜单中选择 Python3 命令，新建一个 Python3 文件，并命名为"UOS 指标函数"，然后输入以下代码：

```
#导入 technical_analysis 库
from jqlib.technical_analysis import *
# 定义股票池列表
security_list1 = '000001.XSHE'
# 计算并输出 security_list1 的 UOS 值
uos_ultiInc, uos_mauos = UOS(security_list1,check_date='2018-08-01', N1 = 7, N2 = 14, N3 = 28, M = 6)
print("平安银行的终极指标 UOS 的终极指标值：",uos_ultiInc[security_list1])
print("平安银行的终极指标 UOS 的 MAUOS 的值：",uos_mauos[security_list1])
```

单击工具栏中的 ▶ 运行 按钮，运行结果如图 13.4 所示。

图 13.4　UOS 指标函数示例的运行结果

13.2.4　GDX 指标函数

GDX 指标即鬼道线。鬼道线指标 GDX 的语法格式如下：

GDX(security_list, check_date, N = 30, M = 9)

其中，security_list 和 check_date 参数与 MACD 指标相同，这里不再多说。

参数 N 和 M 表示统计的天数 N 和统计的天数 M。

返回济安线、压力线和支撑线的值，返回类型也与 MACD 指标相同，这里不再多说。

第 13 章　Python 量化择时的技术指标函数

鬼道线指标 GDX 是一种用技术手段和经验判断来决定买卖股票的方法。该公式对趋势线做了平滑和修正处理，更精确地反映了股价运行规律。

当股价上升到压力线时，投资者就卖出股票。

当股价下跌到支撑线时，投资者就进行相应的补进。

GDX 指标函数示例如下。

双击"量化择时"文件夹，单击"新建"按钮，在弹出的下拉菜单中选择 Python3 命令，新建一个 Python3 文件，并命名为"GDX 指标函数"，然后输入以下代码：

```
#导入 technical_analysis 库
from jqlib.technical_analysis import *
# 定义股票池列表
security_list1 = '000001.XSHE'
security_list2 = ['000001.XSHE','000002.XSHE','601211.XSHG']
# 计算并输出 security_list1 的 GDX 值
gdx_jax, gdx_ylx, gdx_zcx = GDX(security_list1,check_date='2017-01-04', N = 30, M = 9)
print(gdx_jax[security_list1])
print(gdx_ylx[security_list1])
print(gdx_zcx[security_list1])
# 输出 security_list2 的 GDX 值
gdx_jax, gdx_ylx, gdx_zcx = GDX(security_list2,check_date='2017-01-04', N = 30, M = 9)
for stock in security_list2:
    print(gdx_jax[stock])
    print(gdx_ylx[stock])
    print(gdx_zcx[stock])
```

单击工具栏中的 运行 按钮，运行结果如图 13.5 所示。

图 13.5　GDX 指标函数示例的运行结果

13.2.5　DMA 指标函数

DMA 指标即平均差指标。平均差指标 DMA 的语法格式如下：

DMA(security_list, check_date, N1 = 10, N2 = 50, M = 10)

其中，security_list 和 check_date 参数与 MACD 指标相同，这里不再多说。

参数 N1、N2 和 M 表示统计的天数。

返回 DIF 和 DIFMA 的值，返回类型也与 MACD 指标相同，这里不再多说。

平均差指标 DMA 用法具体如下。

（1）DMA 向上交叉其平均线时，买进。

（2）DMA 向下交叉其平均线时，卖出。

（3）DMA 的交叉信号比 MACD 略快。

（4）DMA 与股价产生背离时的交叉信号，可信度较高。

（5）DMA 和 MACD 两者构成一组指标，互相验证。

DMA 指标函数示例如下。

双击"量化择时"文件夹，单击"新建"按钮，在弹出的下拉菜单中选择 Python3 命令，新建一个 Python3 文件，并命名为"DMA 指标函数"，然后输入以下代码：

```
#导入 technical_analysis 库
from jqlib.technical_analysis import *
# 定义股票池列表
security_list1 = '000001.XSHE'
security_list2 = ['000001.XSHE','000002.XSHE','601211.XSHG','600001.XSHG']
# 计算并输出 security_list1 的 DMA 值
DIF1,DIFMA1 = DMA(security_list1,check_date='2017-01-04', N1 = 10, N2 = 50, M = 10)
print(DIF1[security_list1])
print(DIFMA1[security_list1])
# 输出 security_list2 的 DMA 值
DIF2,DIFMA2 = DMA(security_list2,check_date='2017-01-04', N1 = 10, N2 = 50, M = 10)
for stock in security_list2:
    print(DIF2[stock])
    print(DIFMA2[stock])
```

单击工具栏中的 ▶运行 按钮，运行结果如图 13.6 所示。

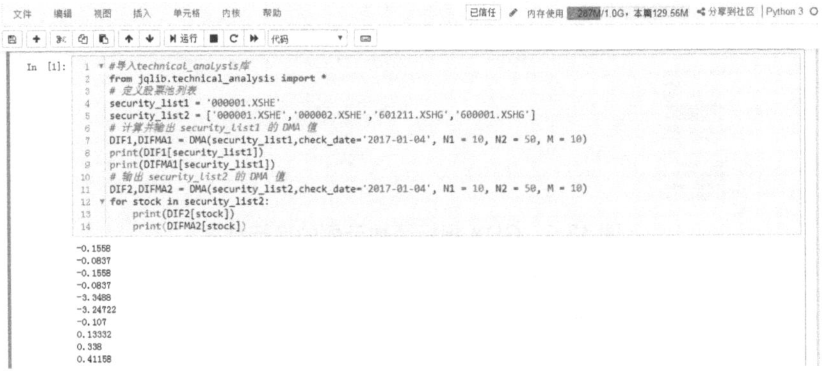

图 13.6　DMA 指标函数示例的运行结果

13.2.6 JS 指标函数

JS 指标,即加速线。加速线 JS 指标的语法格式如下:

```
JS(security_list, check_date, N = 5, M1 = 5, M2 = 10, M3 = 20)
```

其中,security_list 和 check_date 参数与 MACD 指标相同,这里不再多说。

参数 N1 和 M1、M2、M3 表示统计的天数。

返回 JS、MAJS1、MAJS2 和 MAJS3 的值,返回类型也与 MACD 指标相同,这里不再多说。

加速线指标是衡量股价涨速的工具,加速线指标上升表明股价上升动力增加,加速线指标下降表明股价下降压力增加。

加速线适用于 DMI 表明趋势明显时(DMI.ADX>20)使用。

(1)如果加速线在 0 值附近形成平台,则表明既不是最好的买入时机也不是最好的卖出时机。

(2)在加速线发生金叉后,均线形成底部是买入时机。

(3)在加速线发生死叉后,均线形成顶部是卖出时机。

JS 指标函数示例如下。

双击"量化择时"文件夹,单击"新建"按钮,在弹出的下拉菜单中选择 Python3 命令,新建一个 Python3 文件,并命名为"JS 指标函数",然后输入以下代码:

```python
#导入 technical_analysis 库
from jqlib.technical_analysis import *
# 定义股票池列表
security_list1 = ['000001.XSHE','000002.XSHE','601211.XSHG']
# 输出 security_list2 的 JS 值
js_jsx, js_majsx1, js_majsx2, js_majsx3 = JS(security_list1,check_date='2018-08-01', N = 5, M1 = 5, M2 = 10,
            M3 = 20)
for stock in security_list1:
    print(js_jsx[stock])
    print(js_majsx1[stock])
    print(js_majsx2[stock])
    print(js_majsx3[stock])
```

单击工具栏中的 运行 按钮,运行结果如图 13.7 所示。

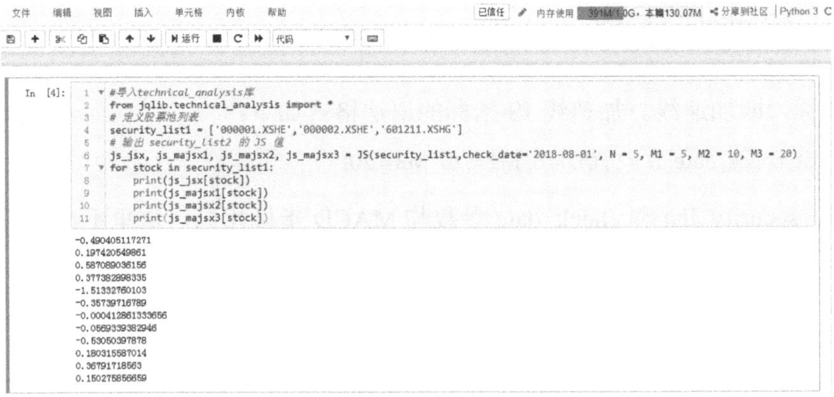

图 13.7　JS 指标函数示例的运行结果

13.2.7　MA 指标函数

MA 指标即均线。均线 MA 指标的语法格式如下：

MA(security_list, check_date, timeperiod=5)

其中，security_list 和 check_date 参数与 MACD 指标相同，这里不再多说。

参数 timeperiod 表示统计的天数。

返回 MA 的值，返回类型也与 MACD 指标相同，这里不再多说。

均线 MA 指标用法如下。

（1）股价高于平均线，视为强势；股价低于平均线，视为弱势。

（2）平均线向上涨升，具有助涨力道；平均线向下跌降，具有助跌力道。

（3）两条以上平均线向上交叉时，买进。

（4）两条以上平均线向下交叉时，卖出。

（5）移动平均线的信号经常落后股价，若以 EXPMA、VMA 辅助，可以改善。

MA 指标函数实例如下。

双击"量化择时"文件夹，单击"新建"按钮，在弹出的下拉菜单中选择 Python3 命令，新建一个 Python3 文件，并命名为"MA 指标函数"，然后输入以下代码：

```
#导入 technical_analysis 库
from jqlib.technical_analysis import *
#定义股票池列表
security_list1 = '000001.XSHE'
# 计算并输出 security_list1 的 MA 值
MA1 = MA(security_list1, check_date='2018-08-01', timeperiod=5)
print("平安银行的 5 日均线为：",MA1[security_list1])
```

单击工具栏中的 运行 按钮，运行结果如图 13.8 所示。

图 13.8　MA 指标函数示例的运行结果

13.2.8　EXPMA 指标函数

EXPMA 指标即指数平均线。指数平均线 EXPMA 指标的语法格式如下：

EXPMA(security_list, check_date, timeperiod = 12)

其中，security_list 和 check_date 参数与 MACD 指标相同，这里不再多说。
参数 timeperiod 表示统计的天数。
返回 EXPMA 的值，返回类型也与 MACD 指标相同，这里不再多说。
指数平均线 EXPMA 指标用法如下。
（1）EXPMA 一般以观察 12 日和 50 日两条均线为主。
（2）12 日指数平均线向上交叉 50 日指数平均线时，买进。
（3）12 日指数平均线向下交叉 50 日指数平均线时，卖出。

EXPMA 指标函数示例如下。

双击"量化择时"文件夹，单击"新建"按钮，在弹出的下拉菜单中选择 Python3 命令，新建一个 Python3 文件，并命名为"EXPMA 指标函数"，然后输入以下代码：

```
#导入 technical_analysis 库
from jqlib.technical_analysis import *
security_list1 = ['000001.XSHE','000002.XSHE','601211.XSHG']
# 输出 security_list2 的 EXPMA 值
EXPMA1 = EXPMA(security_list1,check_date='2018-08-01', timeperiod=12)
for stock in security_list1:
    print(EXPMA1[stock])
```

单击工具栏中的 运行 按钮，运行结果如图 13.9 所示。

```
In [1]: 1 #导入technical_analysis库
        2 from jqlib.technical_analysis import *
        3 security_list1 = ['000001.XSHE','000002.XSHE','601211.XSHG']
        4 # 输出 security_list2 的 EXPMA 值
        5 EXPMA1 = EXPMA(security_list1,check_date='2018-08-01', timeperiod=12)
        6 for stock in security_list1:
        7     print(EXPMA1[stock])

9.16
22.405
14.7333333333
```

图 13.9　EXPMA 指标函数示例的运行结果

13.2.9　VMA 指标函数

VMA 指标即变异平均线。变异平均线 VMA 指标的语法格式如下：

VMA(security_list, check_date, timeperiod = 12)

其中，security_list 和 check_date 参数与 MACD 指标相同，这里不再多说。
参数 timeperiod 表示统计的天数。
返回 VMA 的值，返回类型也与 MACD 指标相同，这里不再多说。
变异平均线 VMA 指标用法如下。
（1）股价高于平均线，视为强势；股价低于平均线，视为弱势。
（2）平均线向上涨升，具有助涨力道；平均线向下跌降，具有助跌力道。
（3）两条以上平均线向上交叉时，买进。
（4）两条以上平均线向下交叉时，卖出。

提醒　VMA 比一般平均线的敏感度更高，消除了部分平均线落后的缺陷。

VMA 指标函数示例如下。

双击"量化择时"文件夹，单击"新建"按钮，在弹出的下拉菜单中选择 Python3 命令，新建一个 Python3 文件，并命名为"VMA 指标函数"，然后输入以下代码：

```
#导入 technical_analysis 库
from jqlib.technical_analysis import *
# 定义股票池列表，调用 get_concept_stocks 函数，获取风力发电概念板块的成分股
security_list1 = get_concept_stocks('GN036')
# 输出 security_list1 的 12 日变异平均线值
VMA1 = VMA(security_list1,check_date='2018-08-01', timeperiod=12)
for stock in security_list1:
    print(VMA1[stock])
```

第 13 章 Python 量化择时的技术指标函数

单击工具栏中的 ▶运行 按钮，运行结果如图 13.10 所示。

图 13.10 VMA 指标函数示例的运行结果

13.3 反趋向指标函数

反趋向指标，又称超买超卖型技术指标。对某种股票的过度买入称为超买；反之，对于某种股票的过度卖出则称为超卖。反趋向指标属于分析大势的一种技术分析指标，它分析的主要用途在于大势的涨跌气势，使股市潜在的趋势清楚地表现出来。

13.3.1 KD 指标函数

KD 指标即随机指标。随机指标 KD 的语法格式如下：

```
KD(security_list, check_date, N =9, M1=3, M2=3)
```

各参数意义如下。
security_list：股票列表，可以是一只股票，也可是多只股票。
check_date：要查询数据的日期。
N：统计的天数 N。
M1：统计的天数 M1。
M2：统计的天数 M2。
随机指标 KD 的返回值是 K 和 D 的值，是一个字典(dict)类型，其中键(key)为股票代码，值(value)为数据。
随机指标 KD 用法如下。
（1）指标大于 80 时，回档概率大；指标小于 20 时，反弹概率大。

— 287 —

（2）K 在 20 左右向上交叉 D 时，视为买进信号。
（3）K 在 80 左右向下交叉 D 时，视为卖出信号。

> **提醒** KD 波动于 50 左右的任何信号，其作用不大。

KD 指标函数示例如下。

双击"量化择时"文件夹，单击"新建"按钮，在弹出的下拉菜单中选择 Python3 命令，新建一个 Python3 文件，并命名为"KD 指标函数"，然后输入以下代码：

```
#导入 technical_analysis 库
from jqlib.technical_analysis import *
# 定义股票池列表
security_list1 = '000001.XSHE'
# 计算并输出 security_list1 的 KD 值
K1,D1 = KD(security_list1, check_date = '2018-08-01', N = 9, M1 = 3, M2 = 3)
print("KDJ 指标的 K 值： ",K1[security_list1])
print("KDJ 指标的 D 值： ",D1[security_list1])
```

单击工具栏中的 运行 按钮，运行结果如图 13.11 所示。

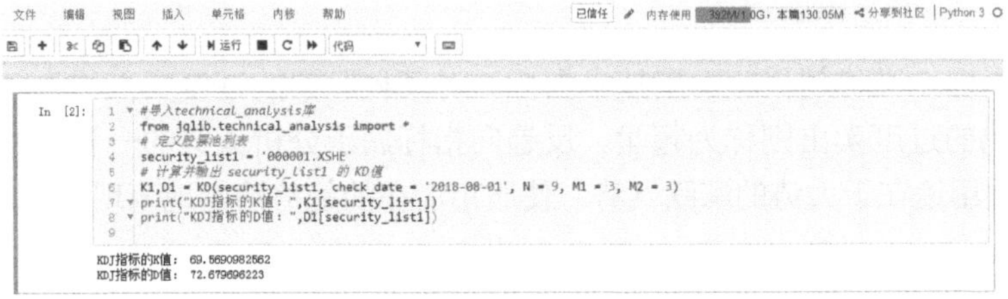

图 13.11　KD 指标函数示例的运行结果

13.3.2　MFI 指标函数

MFI 指标即资金流量指标。在 Python 量化交易策略中，资金流量指标 MFI 的语法格式如下：

MFI(security_list, check_date, timeperiod=14)

各参数意义与 MACD 指标相同，这里不再多说。返回值是一个字典(dict)类型，也与 MACD 指标相同，这里不再多说。

资金流量指标 MFI 用法如下。

（1）MFI>80 为超买，当其回头向下跌破 80 时，为短线卖出时机。
（2）MFI<20 为超卖，当其回头向上突破 20 时，为短线买进时机。
（3）MFI>80，而产生背离现象时（价格在上涨，但资金流量指数在下跌），视为卖出信号。

第 13 章 Python 量化择时的技术指标函数

（4）MFI<20，而产生背离现象时（价格在下跌，但资金流量指数在上涨），视为买进信号。

MFI 指标函数示例如下。

双击"量化择时"文件夹，单击"新建"按钮，在弹出的下拉菜单中选择 Python3 命令，新建一个 Python3 文件，并命名为"MFI 指标函数"，然后输入以下代码：

```
#导入 technical_analysis 库
from jqlib.technical_analysis import *
# 定义股票池列表
security_list1 = ['000001.XSHE','000002.XSHE','000009.XSHG']
# 计算并输出 security_list1 的 MFI 值
MFI1 = MFI(security_list1,check_date='2018-08-01', timeperiod=14)
print("平安银行（000001）、万科 A（000002）、中国宝安（000009）的资金流量具体如下：")
for stock in security_list1:
    print(MFI1[stock])
```

单击工具栏中的 ▶ 运行 按钮，运行结果如图 13.12 所示。

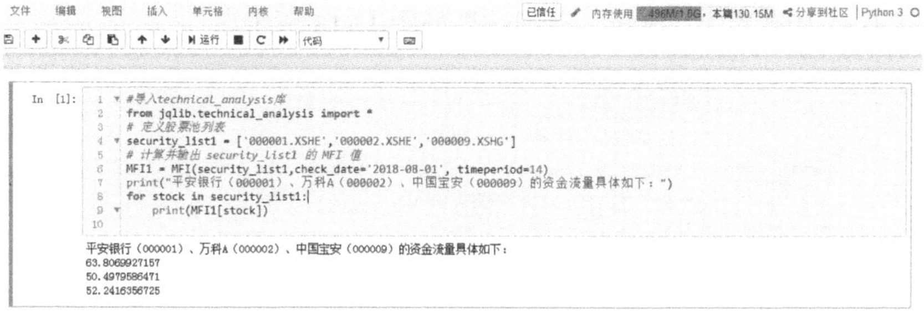

图 13.12 MFI 指标函数示例的运行结果

13.3.3 RSI 指标函数

RSI 指标即相对强弱指标。在 Python 量化交易策略中，相对强弱指标 RSI 的语法格式如下：

```
RSI(security_list, check_date, N1=6)
```

其中，security_list 和 check_date 参数与 MACD 指标相同，这里不再多说。
参数 N1 表示统计的天数。
返回 RSI 的值，返回类型也与 MACD 指标相同，这里不再多说。
相对强弱指标 RSI 用法如下。
（1）RSI>80 为超买，RSI<20 为超卖。
（2）RSI 以 50 为中界限，大于 50 视为多头行情，小于 50 视为空头行情。

(3) RSI 在 80 以上形成 M 头或头肩顶形态时,视为向下反转信号。
(4) RSI 在 20 以下形成 W 底或头肩底形态时,视为向上反转信号。
(5) RSI 向上突破其高点连线时,买进;RSI 向下跌破其低点连线时,卖出。

RSI 指标函数示例如下。

双击"量化择时"文件夹,单击"新建"按钮,在弹出的下拉菜单中选择 Python3 命令,新建一个 Python3 文件,并命名为"RSI 指标函数",然后输入以下代码:

```
#导入 technical_analysis 库
from jqlib.technical_analysis import *
# 定义股票池列表
security_list1 = ['000001.XSHE','000002.XSHE','000009.XSHG']
# 计算并输出 security_list1 的 RSI 值
RSI1 = RSI(security_list1, check_date='2018-08-01', N1=6)
print("平安银行(000001)、万科A(000002)、中国宝安(000009)的 RSI 值具体如下:")
for stock in security_list1:
    print(RSI1[stock])
```

单击工具栏中的 运行 按钮,运行结果如图 13.13 所示。

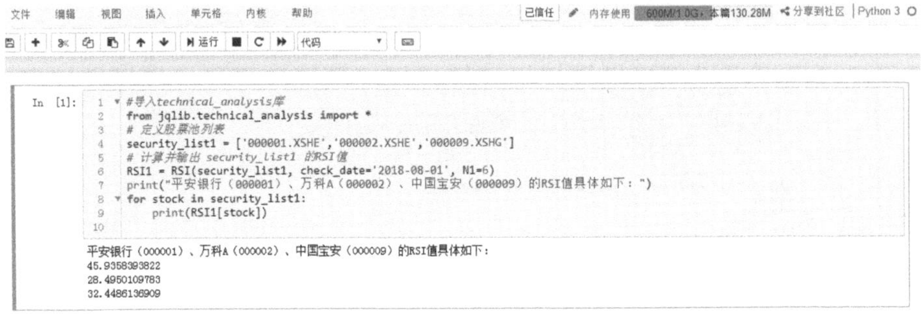

图 13.13 RSI 指标函数示例运行的结果

13.3.4 OSC 指标函数

OSC 指标即变动速率线。在 Python 量化交易策略中,变动速率线 OSC 的语法格式如下:

```
OSC(security_list, check_date, N = 20, M = 6)
```

其中,security_list 和 check_date 参数与 MACD 指标相同,这里不再多说。
参数 N 和 M 表示统计的天数 N 和统计的天数 M。
返回 OSC 和 MAOSC 的值,返回类型也与 MACD 指标相同,这里不再多说。
变动速率线 OSC 用法如下。

第 13 章　Python 量化择时的技术指标函数

（1）OSC 以 100 为中轴线，OSC>100 为多头市场；OSC<100 为空头市场。
（2）OSC 向上交叉其平均线时买进；OSC 向下交叉其平均线时卖出。
（3）OSC 在高水平或低水平与股价产生背离时，应注意股价随时有反转的可能。

 提醒　OSC 的超买超卖界限值随个股不同而不同，投资者应自行调整。

OSC 指标函数示例如下。

双击"量化择时"文件夹，单击"新建"按钮，在弹出的下拉菜单中选择 Python3 命令，新建一个 Python3 文件，并命名为"OSC 指标函数"，然后输入以下代码：

```
#导入 technical_analysis 库
from jqlib.technical_analysis import *
# 定义股票池列表，调用 get_industry_stocks 函数，获取计算机/互联网行业的成分股
security_list1 = get_industry_stocks('I64')
# 计算并输出 security_list1 的 OSC 值
OSC1, MAOSC1 = OSC(security_list1, check_date = '2018-08-01', N = 20, M = 6)
print("计算机/互联网行业的成分股的 OSC 值具体如下：")
for stock in security_list1:
    print(OSC1[stock],"            ",MAOSC1[stock])
```

单击工具栏中的 运行 按钮，运行结果如图 13.14 所示。

图 13.14　OSC 指标函数示例的运行结果

13.3.5　WR 指标函数

WR 指标即威廉指标。在 Python 量化交易策略中，威廉指标 WR 的语法格式如下：

```
WR(security_list, check_date, N = 10, N1 = 6)
```

其中，security_list 和 check_date 参数与 MACD 指标相同，这里不再多说。参数 N 和 N1 表示统计的天数 N 和统计的天数 N1。

返回 WR 和 MAWR 的值，返回类型也与 MACD 指标相同，这里不再多说。

威廉指标 WR 用法如下。

（1）威廉指标 WR 波动于 0~100，100 置于顶部，0 置于底部。

（2）威廉指标 WR 以 50 为中轴线，高于 50 视为股价转强；低于 50 视为股价转弱。

（3）威廉指标 WR 高于 20 后再度向下跌破 20，卖出；低于 80 后再度向上突破 80，买进。

（4）威廉指标 WR 连续触底 3~4 次，股价向下反转概率大；连续触顶 3~4 次，股价向上反转概率大。

WR 指标函数示例如下。

双击"量化择时"文件夹，单击"新建"按钮，在弹出的下拉菜单中选择 Python3 命令，新建一个 Python3 文件，并命名为"WR 指标函数"，然后输入以下代码：

```python
#导入 technical_analysis 库
from jqlib.technical_analysis import *
# 定义股票池列表，调用 get_industry_stocks 函数，获取纺织业的成分股
security_list1 = get_industry_stocks('C17')
# 计算并输出 security_list1 的 OSC 值
WR1, MAWR1 = WR(security_list1, check_date = '2018-08-01', N = 10, N1 = 6)
print("纺织业的成分股的 WR 值具体如下：")
for stock in security_list1:
    print(WR1[stock]," ",MAWR1[stock])
```

单击工具栏中的 ▶ 运行 按钮，运行结果如图 13.15 所示。

图 13.15　WR 指标函数示例的运行结果

13.3.6 CCI 指标函数

CCI 指标，即顺势指标。在 Python 量化交易策略中，顺势指标 CCI 的语法格式如下：

`CCI(security_list, check_date, N=14)`

其中，security_list 和 check_date 参数与 MACD 指标相同，这里不再多说。参数 N 表示统计的天数 N。

返回 CCI 的值，返回类型也与 MACD 指标相同，这里不再多说。

顺势指标 CCI 用法如下。

（1）CCI 为正值时，视为多头市场；为负值时，视为空头市场。
（2）常态行情时，CCI 波动于 ±100 之间；强势行情，CCI 会超出 ±100。
（3）CCI>100 时，买进，直到 CCI<100 时，卖出。
（4）CCI<-100 时，先卖出，直到 CCI>-100 时，再买进。

CCI 指标函数示例如下。

双击"量化择时"文件夹，单击"新建"按钮，在弹出的下拉菜单中选择 Python3 命令，新建一个 Python3 文件，并命名为"CCI 指标函数"，然后输入以下代码：

```
#导入 technical_analysis 库
from jqlib.technical_analysis import *
# 定义股票池列表
security_list1 = '000001.XSHE'
# 计算并输出 security_list1 的 CCI 值
CCI1 = CCI(security_list1, check_date='2018-08-01', N=14)
print("平安银行的顺势指标 CCI 的值：",CCI1[security_list1])
```

单击工具栏中的 运行 按钮，运行结果如图 13.16 所示。

图 13.16 CCI 指标函数示例的运行结果

13.4 压力支撑指标函数

压力支撑指标的图形区，分为上限带和下限带。上限代表压力，下限代表支撑。其指标图形特点：股价向上触碰上限会回档；股价向下触碰下限会反弹；不同指标有各自特殊的含义。

13.4.1 BOLL 指标函数

BOLL 指标即布林通道线指标。在 Python 量化交易策略中，布林通道线 BOLL 的语法格式如下：

Bollinger_Bands(security_list, check_date, timeperiod=20, nbdevup=2, nbdevdn=2)

其中，security_list 和 check_date 参数与 MACD 指标相同，这里不再多说。

参数 timeperiod、nbdevup 和 nbdevdn 表示统计的天数 timeperiod、nbdevup 和 nbdevdn。

返回上轨线 UB、中轨线 MB、下轨线 LB 的值，返回类型也与 MACD 指标相同，这里不再多说。

布林通道线 BOLL 用法如下。

（1）股价上升穿越布林线上限时，回档概率大。
（2）股价下跌穿越布林线下限时，反弹概率大。
（3）布林通道线震动波带变窄时，表示变盘在即。

BOLL 指标函数示例如下。

双击"量化择时"文件夹，单击"新建"按钮，在弹出的下拉菜单中选择 Python3 命令，新建一个 Python3 文件，并命名为"BOLL 指标函数"，然后输入以下代码：

```
#导入technical_analysis库
from jqlib.technical_analysis import *
# 定义股票池列表
security_list1 = '000001.XSHE'
# 计算并输出 security_list1 的 BOLL 值
upperband, middleband, lowerband = Bollinger_Bands(security_list1, check_date='2018-08-01',
            timeperiod=20, nbdevup=2, nbdevdn=2)
print("平安银行的布林通道线BOLL 的上轨线UB 值: ",upperband[security_list1])
print("平安银行的布林通道线BOLL 的中轨线MB 值: ",middleband[security_list1])
print("平安银行的布林通道线BOLL 的下轨线LB 值: ",lowerband[security_list1])
```

单击工具栏中的 运行 按钮，运行结果如图 13.17 所示。

图 13.17 BOLL 指标函数示例的运行结果

13.4.2 MIKE 指标函数

MIKE 指标即麦克支撑压力线。在 Python 量化交易策略中，麦克支撑压力线 MIKE 的语法格式如下：

MIKE(security_list, check_date, timeperiod = 10)

各参数意义与 MACD 指标相同，这里不再多说。

返回 STOR、MIDR、WEKR、WEKS、MIDS、STOS 的值，返回类型也与 MACD 指标相同，这里不再多说。

麦克支撑压力线 MIKE 用法如下。

（1）MIKE 指标共有 6 条曲线，上方 3 条压力线，下方 3 条支撑线。
（2）当股价往压力线方向涨升时，其下方支撑线不具参考价值。
（3）当股价往支撑线方向下跌时，其上方压力线不具参考价值。

MIKE 指标函数示例如下。

双击"量化择时"文件夹，单击"新建"按钮，在弹出的下拉菜单中选择 Python3 命令，新建一个 Python3 文件，并命名为"MIKE 指标函数"，然后输入以下代码：

```
#导入 technical_analysis 库
from jqlib.technical_analysis import *
# 定义股票池列表
security_list1 = '000001.XSHE'
# 计算并输出 security_list1 的 MIKE 值
stor1, midr1, wekr1, weks1, mids1, stos1 = MIKE(security_list1,check_date='2018-08-01',timeperiod = 10)
print(stor1[security_list1])
print(midr1[security_list1])
print(wekr1[security_list1])
print(weks1[security_list1])
print(mids1[security_list1])
print(stos1[security_list1])
```

单击工具栏中的 运行 按钮，运行结果如图 13.18 所示。

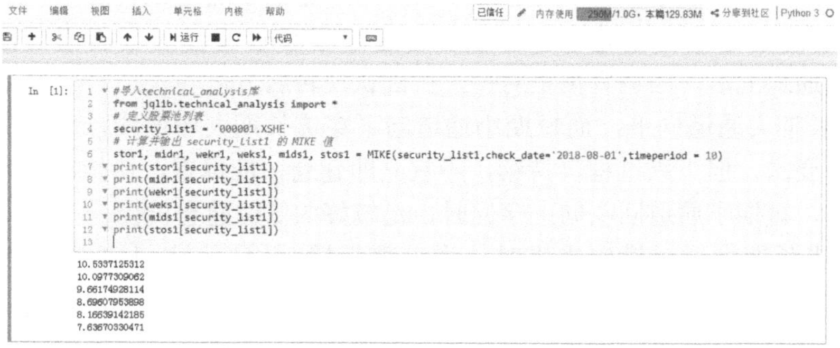

图 13.18　MIKE 指标函数示例的运行结果

13.4.3 XS 指标函数

XS 指标即薛斯通道线。在 Python 量化交易策略中，薛斯通道线 XS 的语法格式如下：

```
XS(security_list, check_date, timeperiod = 13)
```

各参数意义与 MACD 指标相同，这里不再多说。

返回 SUP、SDN、LUP、LDN 的值，返回类型也与 MACD 指标相同，这里不再多说。

在薛斯通道中，股价实际上是被短期小通道包容着在长期大通道中上下运行，基本买卖策略是当短期小通道接近长期大通道时，预示着趋势的近期反转。在上沿接近时趋势向下反转，可捕捉短期卖点。在下沿接近时趋势向上反转，可捕捉短期买点。研究这个方法可以在每一波行情中成功地逃顶捉底，寻求最大限度的盈利。薛斯通道线 XS 的用法具体如下：

（1）长期大通道是反映该股票的长期趋势状态，趋势有一定惯性，延伸时间较长，反映股票大周期，可以反映股票整体趋势，适于中长线投资。

（2）短期小通道反映该股票的短期走势状态，包容股票的涨跌起伏，有效地滤除股票走势中的频繁振动，但保留了股票价格在大通道内的上下波动，反映股票小周期，适于中短线炒作。

（3）长期大通道向上，即大趋势总体向上，此时短期小通道触及（或接近）长期大通道底部时，即买压增大，有反弹的可能。而短期小通道触及长期大通道顶部，即卖压增大，形态出现回调或盘整，有向长期大通道靠近的趋势。如果 K 线走势与短期小通道走势也吻合得很好，那么更为有效。

（4）长期大通道向上，而短期小通道触及长期大通道顶，此时该股为强力拉长阶段，可适当观望，待短期转平转头向下时，为较好出货点，但穿透区为风险区，应注意反转信号，随时出货。

（5）长期大通道向下，即大趋势向下，此时短期小通道或价触顶，卖压增加，有再次下跌趋势。而触底形态即买增大，有缓跌调整或止跌要求，同时价格运动将趋向近长期大通道上沿。回调宜慎重对待，待确认反转后方可买入。

（6）长期大通道向下，而短期小通道向下穿透长期大通道线，此时多为暴跌过程，有反弹要求，但下跌过程会持续，不宜立即建仓，应慎重，待长期大通道走平且有向上趋势，短期小通道回头向上穿回时，是较好的低位建仓机会。

（7）当长期大通道横向走平时，为盘整行情，价格沿道上下震荡，此时为调整、建仓、洗盘阶段，预示着一轮行情的出现，短线炒家可逢高抛出、逢低买入。以短期小通道强力上穿长期大通道，且长期大通道转向，表明强劲上涨行情开始。若以短期小通道向下透过长期大通道，且长期大通道向下转向，表明下跌将持续。

XS 指标函数示例如下。

双击"量化择时"文件夹，单击"新建"按钮，在弹出的下拉菜单中选择 Python3 命令，新建一个 Python3 文件，并命名为"XS 指标函数"，然后输入以下代码：

```
#导入 technical_analysis 库
from jqlib.technical_analysis import *
# 定义股票池列表
security_list1 = '000001.XSHE'
# 计算并输出 security_list1 的 XS 值
sup1, sdn1, lup1, ldn1 = XS(security_list1,check_date='2018-08-01',timeperiod = 13)
print(sup1[security_list1])
print(sdn1[security_list1])
print(lup1[security_list1])
print(ldn1[security_list1])
```

单击工具栏中的 ▶运行 按钮，运行结果如图 13.19 所示。

图 13.19　XS 指标函数示例的运行结果

13.5　量价指标函数

量价指标是将市场中公众对股票追涨的热情进行量化。股市若形成一波多头行情，必须要有相应的活跃程度，也就是必须要有一定的成交量，而这些成交量又必须要有散户公众大量参与；否则，没有散户帮助庄家接下股价上涨过程中的解套盘及获利盘，大多数庄家是不可能顺利拉高股价的。而且股价拉高后没有散户接盘，主力也就无法兑现炒作利润，它的炒作也就毫无意义了。

13.5.1　OBV 指标函数

OBV 指标即累积能量线。在 Python 量化交易策略中，累积能量线 OBV 的语法格式如下：

```
OBV(security_list, check_date, timeperiod=30)
```

各参数意义与 MACD 指标相同，这里不再多说。

返回 OBV 的值，是一个字典(dict)类型，也与 MACD 指标相同，这里不再多说。

累积能量线 OBV 用法如下。

（1）股价一顶比一顶高，而 OBV 一顶比一顶低，暗示头部即将形成。

（2）股价一底比一底低，而 OBV 一底比一底高，暗示底部即将形成。

（3）OBV 突破其 N 形波动的高点次数达 5 次时，为短线卖点。

（4）OBV 跌破其 N 形波动的低点次数达 5 次时，为短线买点。

OBV 指标函数示例如下。

双击"量化择时"文件夹，单击"新建"按钮，在弹出的下拉菜单中选择 Python3 命令，新建一个 Python3 文件，并命名为"OBV 指标函数"，然后输入以下代码：

```
#导入 technical_analysis 库
from jqlib.technical_analysis import *
# 定义股票池列表
security_list1 = '000001.XSHE'
# 计算并输出 security_list1 的 OBV 值
OBV1 = OBV(security_list1,check_date='2017-03-03', timeperiod=30)
print("平安银行的累积能量线 OBV 的 OBV 值：",OBV1[security_list1])
```

单击工具栏中的 运行 按钮，运行结果如图 13.20 所示。

图 13.20　OBV 指标函数示例的运行结果

13.5.2　VOL 指标函数

VOL 指标即成交量指标。在 Python 量化交易策略中，成交量指标 VOL 的语法格式如下：

`VOL(security_list, check_date, M1=5, M2=10)`

各参数意义与 MACD 指标相同，这里不再多说。

返回 VOL 和 MAVOL 的值，返回类型也与 MACD 指标相同，这里不再多说。

成交量指标 VOL 用法如下。

（1）成交量大，代表交投比较热，可界定为热门股。

（2）底部起涨点出现大成交量（成交手数），代表攻击量。

（3）头部地区出现大成交量（成交手数），代表出货量。

（4）观察成交金额的变化，比观察成交手数更具有意义，因为成交手数并未反映股价的涨跌后所应支出的实际金额。

VOL 指标函数示例如下。

双击"量化择时"文件夹，单击"新建"按钮，在弹出的下拉菜单中选择 Python3 命令，新建一个 Python3 文件，并命名为"VOL 指标函数"，然后输入以下代码：

```
#导入 technical_analysis 库
from jqlib.technical_analysis import *
# 定义股票池列表
security_list1 = ['000001.XSHE','000002.XSHE','601211.XSHG']
# 输出 security_list1 的 VOL 值
VOL1,MAVOL11,MAVOL12 = VOL(security_list1, check_date='2018-08-01', M1=5, M2=10)
for stock in security_list1:
    print(VOL1[stock])
    print(MAVOL11[stock])
    print(MAVOL12[stock])
```

其中 VOL1 表示 2018 年 8 月 1 日的成交量，MAVOL11 表示成交量的 5 日均线，MAVOL12 表示成交量的 10 日均线。

单击工具栏中的 运行 按钮，运行结果如图 13.21 所示。

图 13.21　VOL 指标函数示例的运行结果

13.5.3　VR 指标函数

VR 指标即成交量变异率。在 Python 量化交易策略中，成交量变异率 VR 的语法格式如下：

VR(security_list, check_date, N=26, M=6)

其中，security_list 和 check_date 参数与 MACD 指标相同，这里不再多说。

参数 N 和 M 表示统计的天数 N 和 M。

返回 VR 和 MAVR 的值，返回类型也与 MACD 指标相同，这里不再多说。

成交量变异率 VR 用法如下。

（1）VR>450，市场成交过热，应反向卖出。

（2）VR<40，市场成交低迷，人心看淡之际，应反向买进。

（3）VR 由低档直接上升至 250，股价仍为遭受阻力，此为大行情的前兆。

VR 指标函数示例如下。

双击"量化择时"文件夹，单击"新建"按钮，在弹出的下拉菜单中选择 Python3 命令，新建一个 Python3 文件，并命名为"VR 指标函数"，然后输入以下代码：

```
#导入technical_analysis 库
from jqlib.technical_analysis import *
# 定义股票池列表
security_list1 = '000001.XSHE'
# 计算并输出 security_list1 的 VR 值
VR1,MAVR1 = VR(security_list1, check_date='2017-01-04', N=26, M=6)
print("平安银行的成交量变异率VR 的 VR 值：",VR1[security_list1])
print("平安银行的成交量变异率VR 的 MAVR 值：",MAVR1[security_list1])
```

单击工具栏中的 ▶ 运行 按钮，运行结果如图 13.22 所示。

图 13.22　VR 指标函数示例的运行结果

13.5.4　MASS 指标函数

MASS 指标即梅斯线。在 Python 量化交易策略中，梅斯线 MASS 的语法格式如下：

```
MASS(security_list, check_date, N1=9, N2=25, M=6)
```

其中，security_list 和 check_date 参数与 MACD 指标相同，这里不再多说。

参数 N1、N2 和 M 表示统计的天数 N1、N2 和统计的天数 M。

返回 MASS 和 MAMASS 的值，返回类型也与 MACD 指标相同，这里不再多说。

梅斯线 MASS 用法如下。

（1）MASS>27 后，随后又跌破 26.5，此时股价若呈上涨状态，则卖出。

（2）MASS>27 后，随后又跌破 26.5，此时股价若呈下跌状态，则买进。

（3）MASS<20 的行情，不宜进行投资。

MASS 指标函数示例如下。

双击"量化择时"文件夹，单击"新建"按钮，在弹出的下拉菜单中选择 Python3 命令，新建一个 Python3 文件，并命名为"MASS 指标函数"，然后输入以下代码：

```
#导入 technical_analysis 库
from jqlib.technical_analysis import *
# 定义股票池列表
security_list1 = ['000001.XSHE','000002.XSHE','601211.XSHG']
# 输出 security_list1 的 MASS 值
MASS1,MAMASS1 = MASS(security_list1, check_date='2018-08-01', N1=9, N2=25, M=6)
for stock in security_list1:
    print(MASS1[stock])
    print(MAMASS1[stock])
```

单击工具栏中的 运行 按钮，运行结果如图 13.23 所示。

图 13.23　MASS 指标函数示例的运行结果

学习心得

第 14 章
Python 量化交易策略的回测技巧

投资者可以采用丰富的历史数据对策略的过去表现进行衡量,从而为策略可以用于实盘中提供可靠的证据。因此,量化策略回测的意义主要在于证实策略的有效性,从而帮助我们筛选策略并最优化参数。本章首先讲解量化交易策略回测的流程;然后讲解利用 Python 编写 MACD 指标量化策略、设置 MACD 指标量化策略的回测参数;最后讲解 MACD 指标量化策略的回测详情和风险指标。

14.1 量化交易策略回测的流程

量化交易策略回测的流程具体如下。

（1）利用 Python 编写好量化交易策略，选择要操作的股票池，实现 handle_data 函数。handle_data 函数每个单位时间会调用一次，如果按天回测，则每天调用一次；如果按分钟回测，则每分钟调用一次。

> **提醒** 一个量化交易策略一般情况下包括 4 个函数，分别是初始化函数（initialize）、开盘前运行函数（before_market_open）、开盘时运行函数（market_open）、收盘后运行函数（after_market_close）。为了简化编写，一个简单的量化交易策略，只需有两个函数即可，一个初始化函数，一个 handle_data 函数。

（2）选定一个回测开始日期和结束日期，再选择初始资金、调仓间隔（每天还是每分钟），然后就可以开始回测了。

（3）通过选择的股票池和日期，取得股票数据，然后每天或者每分钟调用一次 handle_data 函数。同时告诉你现金、持仓情况和股票在上一天或者上一分钟的数据。在 handle_data 函数中，还可以调用其他函数获取任何多天的历史数据，然后做出调仓决定。

（4）下单后，会根据接下来时间的实际交易情况，处理你的订单。

（5）下单后，可以调用 get_open_orders 取得所有未完成的订单，调用 cancel_order 函数取消订单。

（6）可以在 handle_data 里面调用 record() 函数记录某些数据，这样会以图表的方式显示在回测结果页面中。

（7）可以在任何时候调用 log.info/debug/warn/error 函数来打印日志。

（8）回测结束后，会画出收益和基准收益的曲线，列出每日持仓、每日交易和一系列风险数据。

14.2 利用 Python 编写 MACD 指标量化策略

下面来编写 MACD 指标量化策略，然后进行回测。

MACD 指标量化策略，实现 DIFF、DEA 均为正，DIFF 向上突破 DEA，买入股票；DIFF、DEA 均为负，DIFF 向下跌破 DEA，卖出股票。

14.2.1 量化交易策略的编辑页面

在浏览器的地址栏中输入 https://www.joinquant.com，然后按 Enter 键，就进入聚

第 14 章 Python 量化交易策略的回测技巧

宽 JoinQuant 量化交易平台的首页页面。然后在菜单栏中选择"我的策略"→"我的策略"命令，打开"我的策略"页面，如图 14.1 所示。

图 14.1 打开"我的策略"页面

单击"新建策略"按钮，在弹出的下拉菜单中单击"股票策略"命令，就会新建一个股票策略，然后双击策略名称，重新命名为"MACD 指标量化策略"，如图 14.2 所示。

图 14.2 量化策略的编辑页面

在左侧列表框中，可以看到 Python 代码，这里的代码编写方法很简单，直接在列表框中输入即可。如果出现编写错语，修改方法与 Word 文档相同。

为了使编写代码方便，这里还提供了一些常用快捷键。单击列表框上方的 按钮，弹出"快捷键"面板，如图 14.3 所示。

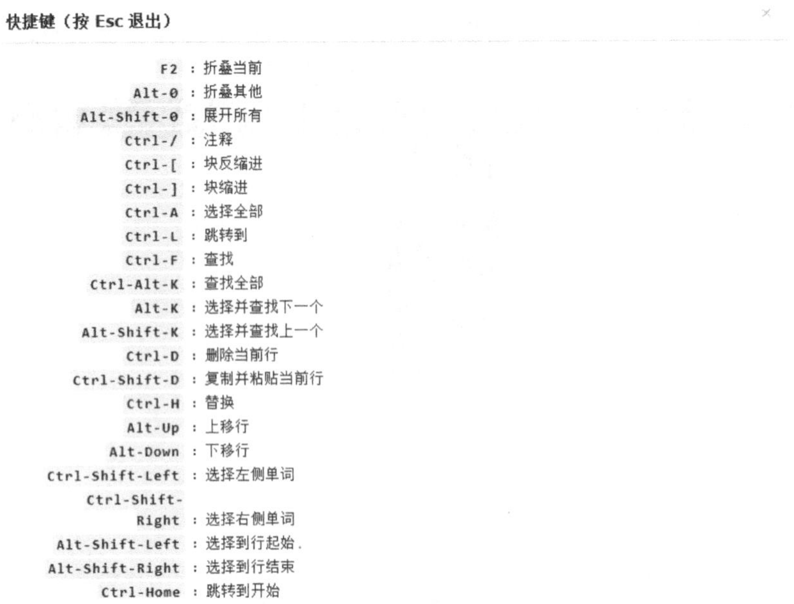

快捷键（按 Esc 退出）

```
       F2 : 折叠当前
    Alt-0 : 折叠其他
Alt-Shift-0 : 展开所有
   Ctrl-/ : 注释
   Ctrl-[ : 块反缩进
   Ctrl-] : 块缩进
   Ctrl-A : 选择全部
   Ctrl-L : 跳转到
   Ctrl-F : 查找
Ctrl-Alt-K : 查找全部
    Alt-K : 选择并查找下一个
Alt-Shift-K : 选择并查找上一个
   Ctrl-D : 删除当前行
Ctrl-Shift-D : 复制并粘贴当前行
   Ctrl-H : 替换
   Alt-Up : 上移行
  Alt-Down : 下移行
Ctrl-Shift-Left : 选择左侧单词
Ctrl-Shift-
    Right : 选择右侧单词
Alt-Shift-Left : 选择到行起始
Alt-Shift-Right : 选择到行结束
  Ctrl-Home : 跳转到开始
```

图 14.3 "快捷键"面板

为了方便代码的修改，还提供了查找功能。单击列表框上方的 按钮，弹出"查找"面板，如图 14.4 所示。

图 14.4 "查找"面板

在这里还可以设置查找模式，即正则匹配，即选中 按钮；区分大小写，即选中 Aa 按钮；整词查找，即选中 \b 按钮。

另外，还可以设置代码的字体大小、背景颜色等。单击列表框上方的 按钮，弹出下拉菜单，可以看到相对应的各命令，如图 14.5 所示。

第 14 章　Python 量化交易策略的回测技巧

图 14.5　设置代码的字体大小、背景颜色

14.2.2　编写初始化函数

为了更好地利用 Python 编辑量化交易策略，下面删除文本框中的所有代码，然后重新编写代码。

首先要先导入函数库，再利用前面讲解的各类函数和 MACD 指标，具体代码如下：

```
import jqdata
from jqlib.technical_analysis import *
```

接下来就可以编写初始化函数了。为了便于学习，这里的初始化函数相对简单，具体代码如下：

```
def initialize(context):
    # 定义一个全局变量,保存要操作的股票
    # 000001(股票:平安银行)
    g.security = '000001.XSHE'
    # 设定沪深 300 作为基准
    set_benchmark('000300.XSHG')
    # 开启动态复权模式(真实价格)
    set_option('use_real_price', True)
```

14.2.3　编写单位时间调用的函数

单位时间调用的函数，即每个单位时间（如果按天回测，则每天调用一次，如果按分钟回测，则每分钟调用一次）调用一次的函数，具体代码如下：

```python
def handle_data(context, data):
    #获取初始化中要操作的股票
    security = g.security
    #调用 MACD 函数,并获取股票的 MACD 指标的 DIF、DEA 和 MACD 的值
    macd_diff, macd_dea, macd_macd = MACD(security,check_date=context.current_dt, SHORT = 12, LONG = 26, MID = 9)
    # 取得当前的现金
    cash = context.portfolio.cash
    # 如果当前有余额,并且 DIFF、DEA 均为正,DIFF 向上突破 DEA
    if macd_diff > 0 and macd_dea >0 and macd_diff > macd_dea :
        # 用所有 cash 买入股票
        order_value(security, cash)
        # 记录这次买入
        log.info("买入股票  %s" % (security))
    # 如果 DIFF、DEA 均为负,DIFF 向下跌破 DEA,并且目前有头寸
    elif macd_diff < 0 and macd_dea < 0 and macd_diff < macd_dea and context.portfolio.positions[security].closeable_amount> 0:
        # 全部卖出
        order_target(security, 0)
        # 记录这次卖出
        log.info("卖出股票  %s" % (security))
```

注意:这里调用 MACD 函数,从而获得股票的 MACD 指标的 DIF、DEA 和 MACD 的值。还需要注意这里的参数 check_date=context.current_dt,表示获取当前回测日期。

在这里买入股票的条件:当前有余额,并且 DIFF、DEA 均为正,DIFF 向上突破 DEA,具体代码如下:

```
if macd_diff > 0 and macd_dea >0 and macd_diff > macd_dea :
```

卖出股票的条件是:DIFF、DEA 均为负,DIFF 向下跌破 DEA,并且目前有头寸,具体代码如下:

```
elif macd_diff < 0 and macd_dea < 0 and macd_diff < macd_dea and context.portfolio.positions[security].closeable_amount> 0:
```

14.3 设置 MACD 指标量化策略的回测参数

MACD 指标量化策略编写完成后,就可以进行回测了。但在回测之前,还可以进一步设置回测参数。

设置回测的开始时间和结束时间。单击右侧列表框上的文本框,就会弹出设置开始时间面板,如图 14.6 所示。

第 14 章　Python 量化交易策略的回测技巧

图 14.6　设置回测的开始时间

同理，可以设置回测的结束时间，在这里设置开始时间为 2015 年 9 月 18 日，结束时间为 2018 年 9 月 18 日，这样可以测试最近 3 年来该策略的交易效果。

接下来可以设置回测资金，直接在结束时间文本框右则的文本框中修改即可，在这里也采用默认值，即 10 万元。

最后可以设置回测的运行频率，即按天运行还是按分钟运行，如图 14.7 所示。这里采用默认，即每天。

图 14.7　回测的运行频率

下面详细讲解运行频率。

1. Bar 的概念

在一定时间段内的时间序列就构成了一根 K 线，单根 K 线称为 Bar。如果是一分钟内的 Tick 序列，即构成一根分钟 K 线，又称为分钟 Bar，如图 14.8 所示。

— 309 —

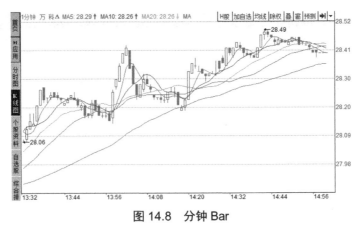

图 14.8　分钟 Bar

如果是一天内的分钟序列，即构成一根日线 K 线，又称为日线 Bar，如图 14.9 所示。

图 14.9　日线 Bar

 提醒 Bar 就是时间维度上，价格在空间维度上变化构成的数据单元。

2. 频率详解

当选择"每天"频率时，算法在每根日线 Bar 都会运行一次，即每天运行一次。
当选择"分钟"频率时，算法在每根分钟 Bar 都会运行一次，即每分钟运行一次。

14.4　MACD 指标量化策略的回测详情

单击"运行回测"按钮，就可以回测 MACD 指标量化策略，回测运行结束后，就会进入"回测详情"页面，看到 MACD 指标量化策略的收益概述图表，如图 14.10 所示。

第 14 章　Python 量化交易策略的回测技巧

图 14.10　MACD 指标量化策略的收益概述图表

在默认状态下，看到的是设置时间（最近 3 年）内的策略收益情况。还可以查看最近一个月的收益概述图表或最近一年的收益概述图表。单击"1 个月"，就可以看到 MACD 指标量化策略最近一个月的收益概述图表，如图 14.11 所示。

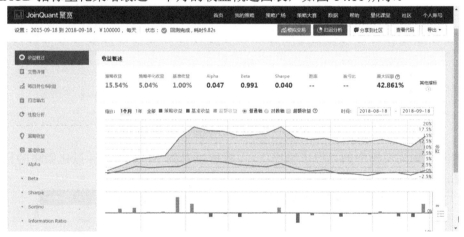

图 14.11　MACD 指标量化策略最近一个月的收益概述图表

在这里，蓝色的线表示策略收益，而红色的线表示基准收益。从最近一个月来看，策略收益远远好过基准收益，这表明该策略是很不错的。

单击左侧列表框中的"交易详情"，就可以看到 MACD 指标量化策略的交易详情，即交易类型、下单类型、成交数量、成交价、成交额等信息，如图 14.12 所示。

单击左侧列表框中的"每日持仓&收益"，就可以看到 MACD 指标量化策略的持仓和收益信息，即数量、收盘价/结算价、盈亏/逐笔浮盈、开仓均价等信息，如图 14.13 所示。

图 14.12　MACD 指标量化策略的交易详情

图 14.13　MACD 指标量化策略的持仓和收益信息

单击左侧列表框中的"日志输出"，就可以看到 MACD 指标量化策略的日志输出信息，如图 14.14 所示。

图 14.14　MACD 指标量化策略的日志输出信息

第 14 章　Python 量化交易策略的回测技巧

单击左侧列表框中的"策略收益"，就可以看到 MACD 指标量化策略的策略收益信息，如图 14.15 所示。

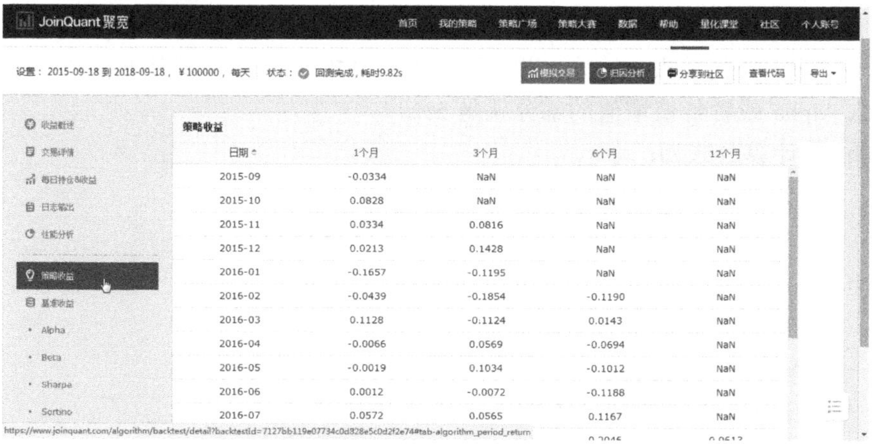

图 14.15　MACD 指标量化策略的策略收益信息

单击左侧列表框中的"基准收益"，就可以看到 MACD 指标量化策略的基准收益信息，如图 14.16 所示。

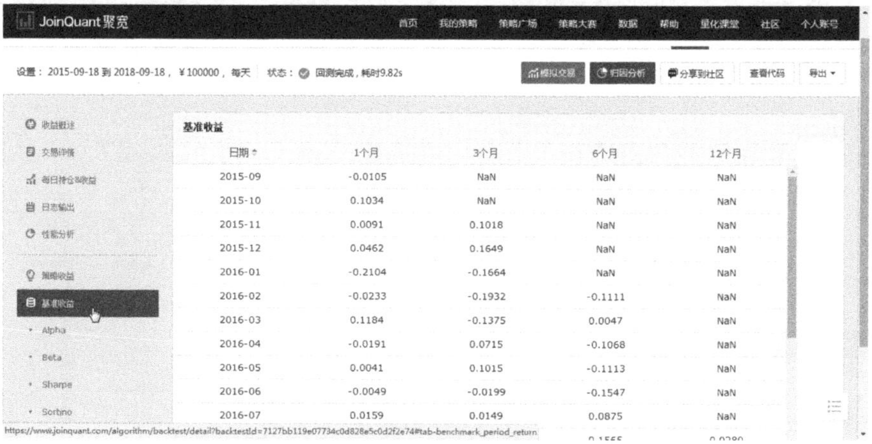

图 14.16　MACD 指标量化策略的基准收益信息

14.5　MACD 指标量化策略的风险指标

借助风险指标有利于投资者对策略进行客观评价。需要注意的是，无论是回测还是模拟，所有风险指标都只会根据每天收盘后的收益计算，每天更新一次，并不考虑每天盘中的收益情况。

14.5.1 Alpha（阿尔法）

投资中面临着系统性风险（Beta）和非系统性风险（Alpha），Alpha 是投资者获得与市场波动无关的回报。比如，投资者获得了 15%的回报，其基准获得了 10%的回报，那么 Alpha 或者价值增值的部分就是 5%。

Alpha 的计算公式为：

$$\text{Alpha} = R_p - [R_f + \beta_p(R_m - R_f)]$$

式中：

R_p——策略年化收益率；

R_m——基准年化收益率；

R_f——无风险利率（默认为 0.04）；

β_p——策略 beta 值。

在回测详情页面中，单击左侧列表框中的 Alpha，就可以看到 MACD 指标量化策略的 Alpha 信息，如图 14.17 所示。

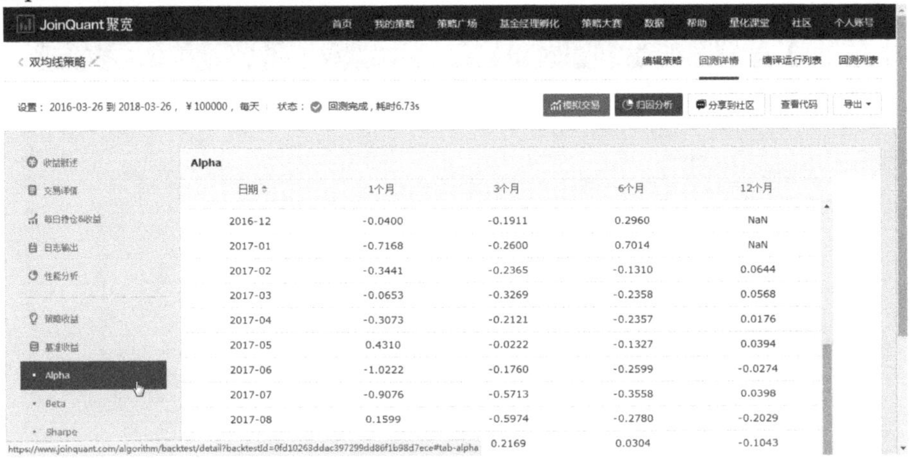

日期	1个月	3个月	6个月	12个月
2016-12	-0.0400	-0.1911	0.2960	NaN
2017-01	-0.7168	-0.2600	0.7014	NaN
2017-02	-0.3441	-0.2365	-0.1310	0.0644
2017-03	-0.0653	-0.3269	-0.2358	0.0568
2017-04	-0.3073	-0.2121	-0.2357	0.0176
2017-05	0.4310	-0.0222	-0.1327	0.0394
2017-06	-1.0222	-0.1760	-0.2599	-0.0274
2017-07	-0.9076	-0.5713	-0.3558	0.0398
2017-08	0.1599	-0.5974	-0.2780	-0.2029
		0.2169	0.0304	-0.1043

图 14.17　MACD 指标量化策略的 Alpha 信息

> **提醒**　如果 Alpha>0，策略相对于风险获得了超额收益；Alpha=0，策略相对于风险获得了适当收益；Alpha<0，策略相对于风险获得了较少收益。

14.5.2 Beta（贝塔）

Beta 表示投资的系统性风险，反映了策略对大盘变化的敏感性。例如，一个策略的 Beta 为 1.5，则大盘涨 1%的时候，策略可能涨 1.5%，反之亦然；如果一个策略的 Beta 为-1.5，说明大盘涨 1%的时候，策略可能跌 1.5%，反之亦然。

Beta 的计算公式如下：

$$\text{Beta}=\beta_{\text{p}}=\frac{\text{Cov}\left(D_{\text{p}}, D_{\text{m}}\right)}{\text{Var}\left(D_{\text{m}}\right)}$$

式中：

D_{p}——策略每日收益；

D_{m}——基准每日收益；

$\text{Cov}(D_{\text{p}},D_{\text{m}})$——策略每日收益与基准每日收益的协方差；

$\text{Var}(D_{\text{m}})$——基准每日收益的方差。

当 Beta＜0，投资组合和基准的走向通常反方向，如空头头寸类。如果 Beta＝0，投资组合和基准的走向没有相关性，如固定收益类。0＜Beta＜1，投资组合和基准的走向相同，但是比基准的移动幅度更小。如果 Beta＝1，投资组合和基准的走向相同，并且和基准的移动幅度贴近。如果 Beta＞1，投资组合和基准的走向相同，但是比基准的移动幅度更大。

在回测详情页面中，单击左侧列表框中的 Beta，就可以看到 MACD 指标量化策略的 Beta 信息，如图 14.18 所示。

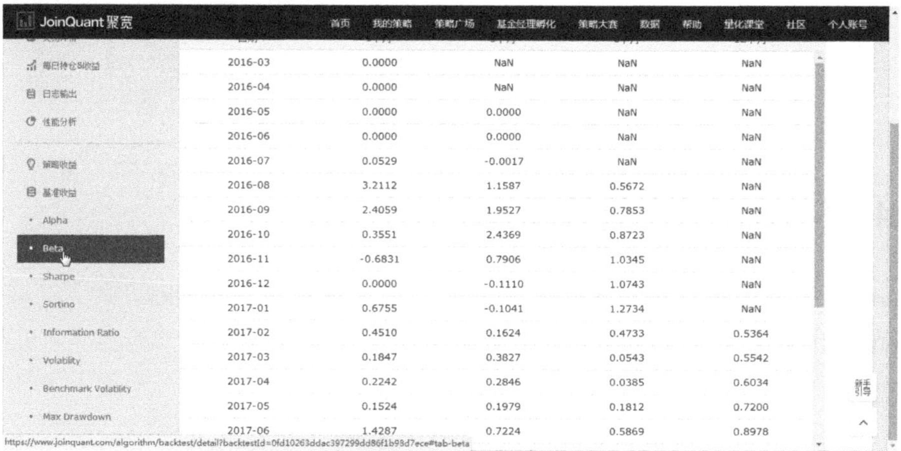

2016-03	0.0000	NaN	NaN	NaN
2016-04	0.0000	NaN	NaN	NaN
2016-05	0.0000	0.0000	NaN	NaN
2016-06	0.0000	0.0000	NaN	NaN
2016-07	0.0529	-0.0017	NaN	NaN
2016-08	3.2112	1.1587	0.5672	NaN
2016-09	2.4059	1.9527	0.7853	NaN
2016-10	0.3551	2.4369	0.8723	NaN
2016-11	-0.6831	0.7906	1.0345	NaN
2016-12	0.0000	-0.1110	1.0743	NaN
2017-01	0.6755	-0.1041	1.2734	NaN
2017-02	0.4510	0.1624	0.4733	0.5364
2017-03	0.1847	0.3827	0.0543	0.5542
2017-04	0.2242	0.2846	0.0385	0.6034
2017-05	0.1524	0.1979	0.1812	0.7200
2017-06	1.4287	0.7224	0.5869	0.8978

图 14.18　MACD 指标量化策略的 Beta 信息

14.5.3　Sharpe（夏普比率）

Sharpe 表示每承受一单位总风险会产生多少的超额报酬，可以同时对策略的收益与风险进行综合考虑。

Sharpe 的计算公式为

$$\text{Sharpe Ratio} = \frac{R_p - R_f}{\sigma_p}$$

式中：

R_p——策略年化收益率；

R_f——无风险利率（默认为 0.04）；

σ_p——策略收益波动率。

在回测详情页面中，单击左侧列表框中的 Sharpe，就可以看到 MACD 指标量化策略的 Sharpe 信息，如图 14.19 所示。

2016-12	0.0000	-1.1699	0.8404	NaN
2017-01	-2.9181	-1.5594	1.9666	NaN
2017-02	-2.9601	-2.5589	-0.4599	0.2794
2017-03	-0.3590	-1.6846	-1.4279	0.2415
2017-04	-5.4156	-1.5409	-1.5505	0.1550
2017-05	3.2694	-0.1392	-1.1397	0.2699
2017-06	-0.0821	-0.0133	-0.7678	0.2609
2017-07	-2.8303	-1.0872	-1.1888	0.5281
2017-08	2.1444	-1.1831	-0.8403	-0.6447
2017-09	8.2907	0.7176	0.4235	-0.2674
2017-10	0.0081	2.7621	0.6255	-0.1662
2017-11	0.4429	2.0003	0.4315	0.0158
2017-12	-1.2194	0.1302	0.4148	-0.0041
2018-01	10.2400	2.0696	2.3558	0.7160
2018-02	-3.5892	1.6959	1.8147	0.5966
2018-03	-4.1246	1.0265	0.5058	0.4647

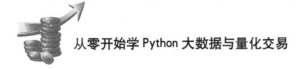

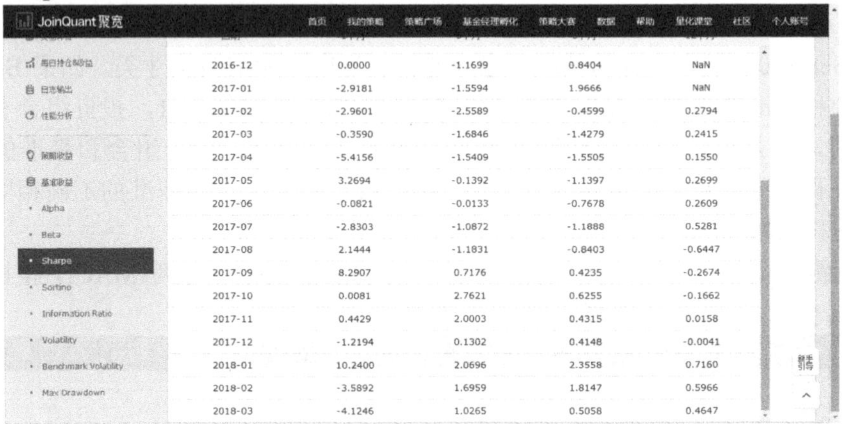

图 14.19　到 MACD 指标量化策略的 Sharpe 信息

14.5.4　Sortino（索提诺比率）

Sortino 表示每承担一单位的下行风险，将会获得多少超额回报。

Sortino 的计算公式为：

$$\text{Sortino Ratio} = \frac{R_p - R_f}{\sigma_{pd}}$$

式中：

R_p——策略年化收益率；

R_f——无风险利率（默认为 0.04）；

σ_{pd}——策略下行波动率。

在回测详情页面中，单击左侧列表框中的 Sortino，就可以看到 MACD 指标量化策略的 Sortino 信息，如图 14.20 所示。

第 14 章　Python 量化交易策略的回测技巧

图 14.20　MACD 指标量化策略的 Sortino 信息

14.5.5　Information Ratio（信息比率）

Information Ratio 是用来衡量单位超额风险带来的超额收益。信息比率越大，说明该策略单位跟踪误差所获得的超额收益越高。因此，信息比率较大的策略其表现要优于信息比率较低的基准。合理的投资目标应该是在承担适度风险下，尽可能追求高信息比率。

Information Ratio 的计算公式为：

$$\text{Information Ratio} = \frac{R_p - R_m}{\sigma_t}$$

式中：
R_p——策略年化收益率；
R_m——基准年化收益率；
σ_t——策略与基准每日收益差值的年化标准差。

在回测详情页面中，单击左侧列表框中的 Information Ratio，就可以看到 MACD 指标量化策略的 Information Ratio 信息，如图 14.21 所示。

图 14.21　MACD 指标量化策略的 Information Ratio 信息

14.5.6 Volatility(策略波动率)

策略波动率用来测量策略的风险性,波动越大代表策略风险越高。
Volatility 的计算公式为:

$$\text{Volatility} = \sigma_p = \sqrt{\frac{250}{n-1}\sum_{i=1}^{n}(r_p - \bar{r}_p)^2}$$

式中:
r_p——策略每日收益率;
$\bar{r}_p$——策略每日收益率的平均值=$1n\sum i=1nr_p$;
n——策略执行天数。

在回测详情页面中,单击左侧列表框中的 Volatility,就可以看到 MACD 指标量化策略的 Volatility 信息,如图 14.22 所示。

图 14.22 MACD 指标量化策略的 Volatility 信息

14.5.7 Benchmark Volatility(基准波动率)

Benchmark Volatility 用来测量基准的风险性,波动越大代表基准风险越高。
Benchmark Volatility 的计算公式为:

$$\text{Benchmark Volatility} = \sigma_m = \sqrt{\frac{250}{n-1}\sum_{i=1}^{n}(r_m - \bar{r}_m)^2}$$

式中:
r_m——基准每日收益率;
$\bar{r}_m$——基准每日收益率的平均值=$1n\sum i=1nr_m$;

第 14 章 Python 量化交易策略的回测技巧

n——基准执行天数。

在回测详情页面中,单击左侧列表框中的 Benchmark Volatility,就可以看到 MACD 指标量化策略的 Benchmark Volatility 信息,如图 14.23 所示。

图 14.23 MACD 指标量化策略的 Benchmark Volatility 信息

14.5.8 Max Drawdown(最大回撤)

Max Drawdown 描述策略可能出现的最糟糕情况和最极端可能的亏损情况。

Max Drawdown 的计算公式为:

$$\text{Max Drawdown} = \text{Max}(P_x - P_y)/P_x$$

式中:P_x, P_y——策略某日股票和现金的总价值。

在回测详情页面中,单击左侧列表框中的 Max Drawdown,就可以看到 MACD 指标量化策略的 Max Drawdown 信息,如图 14.24 所示。

图 14.24 MACD 指标量化策略的 Max Drawdown 信息

学习心得

第 15 章 Python 量化交易策略的因子分析技巧

在量化交易中，因子就是量化选股或量化择时的标准。例如，如果认为净利润同比增长率高的公司就是好公司，那就把净利润同比增长率大于 50% 的股票选出来。这个净利润同比增长率大于 50% 就是因子。本章首先讲解因子的类型和作用；然后讲解因子分析的实现代码、因子分析的结果；最后讲解因子在研究和回测中的使用和基本面因子应用实例。

15.1 因子分析概述

下面先来讲解因子的类型；然后讲解因子分析的作用。

15.1.1 因子的类型

因子在量化交易中可以分为两类：分别是量化选股因子（好股票的标准）和量化择时因子（好股票买卖的标准）。量化选股因子，大多为财务指数，如营业利润率、销售净利率、营业收入环比增长率等；量化择时因子大多为技术指标，如均线、换手率、波动率等。

15.1.2 因子分析的作用

JoinQuant（聚宽）量化交易平台提供了因子分析功能，这样就方便投资者测试自己的量化因子，相比之前只能在回测模块中一个一个测试每个指标来说，因子分析系统规避了回测的噪声、复杂的资产配置和交易系统产生的导致指标失真的问题。

15.2 因子分析的实现代码

在量化交易中，要实现因子分析功能，需要自定义因子的类，继承 Factor 类，并实现 calc 方法，代码如下：

```
class MA10(Factor):
    name = 'ma10'
    max_window =10
    dependencies = ['close']
    def calc(self, data):
        return data['close'][-10:].mean()
```

15.2.1 因子分析中变量的含义

在自定义类中，有 3 个变量，分别是 name、max_window、dependencies。

1. name

name 是因子的名称。在给因子命名时，必须符合 Python 中变量的命名规则，即名称只能由字母、数字和下画线组成，并且第一个字符不能是数字，另外不能与 Python 中的关键字相同，也不能与基础因子冲突。

2. max_window

max_window 是用来获取数据的最长时间窗口。需要注意的是，返回的是日线级别的数据。

3. dependencies

dependencies 是用来设置依赖的基础因子名称。

15.2.2 因子分析中可以使用的基础因子

在因子分析中，可以使用的基础因子很多，如价量因子、财务数据因子、行业因子、概念因子、指数因子、资金流因子，如图 15.1 所示。

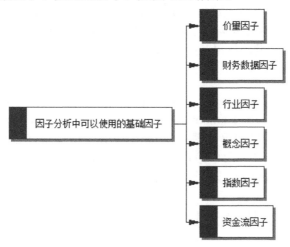

图 15.1 因子分析中可以使用的基础因子

1. 价量因子

价量因子是指利用 get_price()函数可以取到的价量信息，如 open（开盘价）、close（收盘价）、high（最高价）、low（最低价）、volume（成交量）、money（成交金额）。

2. 财务数据因子

财务数据因子是指当日可以看到的最新单季财务指标，如 pe_ratio（动态市盈率）、turnover_ratio（换手率）、pb_ratio（市净率）、market_cap（股票的总市值）、circulating_market_cap（股票的流通市值）等。

3. 行业因子

行业因子包含证监会行业分类，聚宽一、二级行业分类以及申万一、二、三级行业分类，如 A01（农业）、A02（林业）、B06（煤炭开采和洗选业）、B07（石油和天然气开采业）、C36（汽车制造业）等。

返回值是一个哑变量，如果某股票属于某行业，则返回 1；否则，返回 0。

 提醒 哑变量，又称虚设变量、名义变量，是量化了的质变量，通常取值为 0 或 1。

4. 概念因子

概念因子，即概念板块代码，如 GN028（智能电网）、GN030（物联网）、GN092（高端装备制造）、GN181（一带一路）等。

返回值是一个哑变量，如果某股票属于某个概念，则返回 1；否则，返回 0。

5. 指数因子

指数因子，即指数代码，如 000001.XSHG（上证指数）、000002.XSHG（A 股指数）、000003.XSHG（B 股指数）、000006.XSHG（地产指数）等。

返回值是一个哑变量，如果某股票属于某个指数，则返回 1；否则，返回 0。

6. 资金流因子

资金流因子，即 get_money_flow() 函数查询的数据。可以使用的字段包括 change_pct（涨跌幅）、net_amount_main（主力净额）、net_pct_main（主力净占比）、net_amount_xl（超大单净额）、net_pct_xl（超大单净占比）、net_amount_l（大单净额）、net_pct_l（大单净占比）、net_amount_m（中单净额）、net_pct_m（中单净占比）、net_amount_s（小单净额）、net_pct_s（小单净占比）。

15.2.3 calc 的参数及返回值

在 calc 中，可以通过 data 参数获取 max_window 和 dependencies 定义的数据。参数 data 是一个 dict 对象，其 key 属性是 dependencies 中的因子名称，value 属性是 pandas.DataFrame。

DataFrame 的 column 是股票代码，可以选择沪深 300 作为股票池。

DataFrame 的 index 是一个时间序列，结束时间是当前时间，长度是 max_window。

calc 保证返回 pandas.Series，其中 index 属性是股票代码，value 属性是因子值。

15.3 因子分析的结果

前面讲解的因子分析的基础知识及实现代码，下面利用聚宽 JoinQuant 量化交易平台新建因子，并查看因子分析的结果。

15.3.1 新建因子

在浏览器的地址栏中输入 https://www.joinquant.com，然后按 Enter 键，就进入聚宽 JoinQuant 量化交易平台的首页页面。

在菜单栏中选择"我的策略"→"单因子分析"命令，进入"我的因子"页面，如图 15.2 所示。

图 15.2 "我的因子"页面

在"我的因子"页面中，单击"新建因子"按钮，就可以新建一个因子，然后编写 Python 代码，具体如下：

```
from jqfactor import Factor
class MONEY(Factor):
    # 设置因子名称
    name = 'ma'
    # 设置获取数据的时间窗口长度
    max_window = 1
    # 设置依赖的数据
    dependencies = ['money']
    # 计算因子的函数，需要返回一个 pandas.Series, index 是股票代码, value 是因子值
    def calc(self, data):
        ma = data['money'].mean()
        return zscore(ma)
# 标准化函数
def zscore(series):
    std = series.std()
    mean = series.mean()
    return (series - mean)/std
```

第一行代码：from jqfactor import Factor，是指从 jqfactor 模块中导入 Factor 类。其他代码与前面讲过的代码基本相同，这里不再多说。

下面设置因子分析的开始时间和结束时间，在这里都采用默认设置，即开始时间是 2017 年 10 月 1 日，结束时间是 2018 年 4 月 1 日。还要设置股票池，这里股票池要么是沪深 300，要么是中证 500，如图 15.3 所示。

图 15.3 设置因子分析的开始时间、结束时间和股票池

接下来就可以编译运行代码，即单击"编译运行"按钮即可。在编译运行过程中，可以查看"日志"，即单击☑按钮。在"日志"中可以看到因子分析过程中的提示信息，如图 15.4 所示。

图 15.4 查看日志

编译运行完成后，单击☑按钮，就可以看到分位数累积收益图表信息，如图 15.5 所示。

需要注意的是，为了测试因子是否有效，往往会分层测试：将样本排序后划分为 5 类，每一类称为一个分位数，同时构建一个策略组合，分别测试其收益。

这里测试了股市中"热钱效应"的因子（money），会发现该效应短时间内的预测效应较强，即单日成交额较大的股票在未来短时间内上涨的可能性更大。

第 15 章　Python 量化交易策略的因子分析技巧

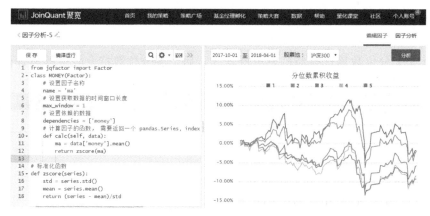

图 15.5　分位数累积收益图表信息

15.3.2　收益分析

单击分位数累积收益图表信息上方的"分析"按钮，就开始进行因子分析。因子分析完成后，首先看到的是收益分析，如图 15.6 所示。

图 15.6　收益分析

收益分析包括 18 种，分别是各分位数平均收益、1 天分位数累计收益、1 天多空组合收益、5 天分位数累计收益、5 天多空组合收益、10 天分位数累计收益、10 天多空组合收益、房地产指数平均收益、日常消费指数平均收益、能源指数平均收益、金融指数平均收益、信息技术指数平均收益、医疗保健指数平均收益、公用事业指数平均收益、材料指数平均收益、电信服务指数平均收益、工业指数平均收益、可选消费指数平均收益。

（1）各分位数平均收益：表示持仓 1 天后，各分位数可以获得的平均收益。

（2）1 天分位数累计收益：表示持仓 1 天后，各分位数持仓收益的累计值。

(3) 1天多空组合收益：表示持仓1天后，做多一分位，做空五分位的投资组合的收益。

(4) 5天分位数累计收益：表示持仓5天后，各分位数持仓收益的累计值。

1天多空组合收益和5天分位数累计收益，如图15.7所示。

图15.7　1天多空组合收益和5天分位数累计收益

(5) 5天多空组合收益：表示持仓5天后，做多一分位，做空五分位的投资组合的收益。

(6) 10天分位数累计收益：表示持仓10天后，各分位数持仓收益的累计值。

5天多空组合收益和10天分位数累计收益，如图15.8所示。

图15.8　5天多空组合收益和10天分位数累计收益

第 15 章 Python 量化交易策略的因子分析技巧

（7）10 天多空组合收益：表示持仓 10 天后，做多一分位，做空五分位的投资组合的收益。

> **提醒** 在收益分析中，分位数的平均收益、各分位数的累计收益以及分位数的多空组合收益三方面观察因子的表现。第一分位数的因子值最大，第五分位数的因子值最小。

（8）房地产指数平均收益：表示持仓 1、5、10 天后，房地产指数可以获得的平均收益。

10 天多空组合收益和房地产指数平均收益，如图 15.9 所示。

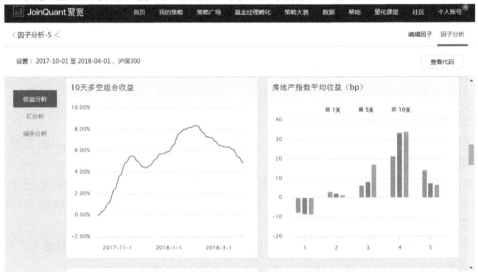

图 15.9 10 天多空组合收益和房地产指数平均收益

（9）日常消费指数平均收益：表示持仓 1、5、10 天后，日常消费指数可以获得的平均收益。

（10）能源指数平均收益：表示持仓 1、5、10 天后，能源指数可以获得的平均收益。

日常消费指数平均收益和能源指数平均收益，如图 15.10 所示。

通过向下拖动垂直滚动条，还可以查看持仓 1、5、10 天后，金融指数、信息技术指数、医疗保健指数、公用事业指数、材料指数、电信服务指数、工业指数、可选消费指数可以获得的平均收益。

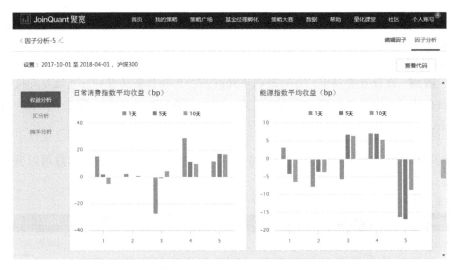

图 15.10　日常消费指数平均收益和能源指数平均收益

15.3.3　IC 分析

IC（Information Coefficient）代表了预测值和实现值之间的相关性，通常用以评价预测能力。取值在-1~1 之间，值越大表示预测能力越好。

IC 的计算一般有两种方法：分别是 normal IC 和 rank IC。normal IC 是因子载荷与因子收益之间的相关系数。rank IC 是因子载荷的排序值与收益的排序值之间的相关系数。JoinQuant（聚宽）量化交易平台计算的是 rank IC。

由于单日 IC 的波动较大，这里还提供了 IC 的月度移动平均线作为参考，即 22 日移动平均线。

单击左侧的"IC 分析"，就可以看到 1 天 IC 和 5 天 IC，如图 15.11 所示。

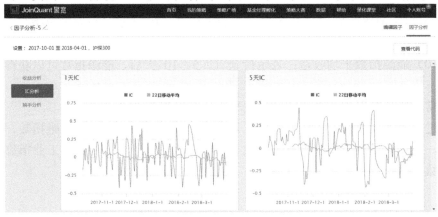

图 15.11　1 天 IC 和 5 天 IC

第 15 章 Python 量化交易策略的因子分析技巧

向下拖动垂直滚动条，还可以查看到 10 天 IC 和行业 IC 的图表信息，如图 15.12 所示。

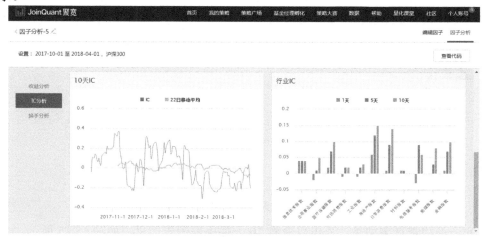

图 15.12　10 天 IC 和行业 IC

15.3.4　换手分析

换手分析，即换手率分析。因子的换手率是在不同的时间周期下，观察因子各分位中个股的进出情况。例如，某因子第一分位持有的股票数量为 30 只，一天后有一只发生变动，换手率为：$1 \div 30 \times 100\% = 3.33\%$。

因子分位数换手率的价值体现在两个方面：分别是因子稳定性的体现和衡量交易成本，如图 15.13 所示。

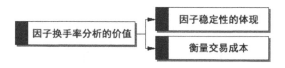

图 15.13　因子换手率分析的价值

1. 因子稳定性的体现

换手率低的因子，因子值在时间序列层面的持续性更好。

2. 衡量交易成本

在实际的交易过程中，假设要维护投资组合的因子表现恒定，对于高换手率因子，则需要进行更多的交易，交易中的税费和滑点也会吞噬掉部分利润。

从单击左侧的"换手分析"，可以看到 1 天换手率和 5 天换手率，如图 15.14 所示。

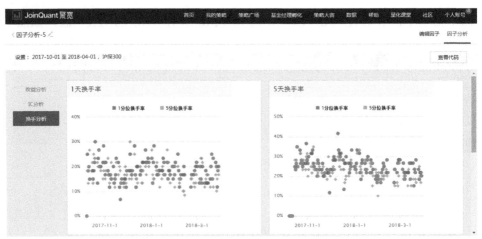

图 15.14　1 天换手率和 5 天换手率

向下拖动垂直滚动条，还可以查看 10 天换手率图表信息，如图 15.15 所示。

图 15.15　10 天换手率图表信息

15.4　因子在研究和回测中的使用

在研究以及回测中，可以通过调用 calc_factors()函数来计算单因子分析中定义的因子值。calc_factors()函数的语法格式如下：

```
calc_factors(securities, factors, start_date, end_date)
```

各参数意义如下：
securities：用来设置股票代码列表。

factors：用来设置因子列表。
start_date：用来设置开始日期。
end_date：在回测中使用时，注意应该保证截止日期小于 context.current_dt。
calc_factors()函数返回一个 dict 对象，key 是各 factors 的 name，value 是一个 pandas.DataFrame。DataFrame 的 index 是日期，column 是股票代码。

在浏览器的地址栏中输入 https://www.joinquant.com，然后按 Enter 键，就进入 JoinQuant（聚宽）量化交易平台的首页页面。

在菜单栏中选择"我的策略"→"投资研究"命令，进入"投资研究"页面，如图 15.16 所示。

图 15.16 "投资研究"页面

在"投资研究"页面中，单击"新建"按钮，弹出下拉菜单，然后单击 Python 3 命令，创建一个 Python 3 文件，并输入以下代码：

```
#从 jqfactor 模块中导入 Factor 类
from jqfactor import Factor
#自定义 myalpha 类，继承 Factor 类
class myalpha(Factor):
        name = 'myalpha1'
        max_window = 1
# 设置依赖的数据
        dependencies = ['high','low','volume','money']
# 计算因子的函数，需要返回一个 pandas.Series, index 是股票代码, value 是因子值
        def calc(self, data):
            high = data['high']
            low = data['low']
            vwap = data['money']/data['volume']
# 返回因子值，这里求平均值是为了把只有一行的 dataframe 转成 series
            return (np.power(high*low,0.5) - vwap).mean()
securities = ['000001.XSHG','000002.XSHG','000009.XSHG']
#调用 calc_factors()函数来计算单因子分析中定义的因子值
```

```
factors = calc_factors(securities, [myalpha()], start_date='2018-04-01', end_date='2018-04-13')
factors['myalpha1'].head()
```

单击 运行 按钮，运行代码，显示结果如图 15.17 所示。

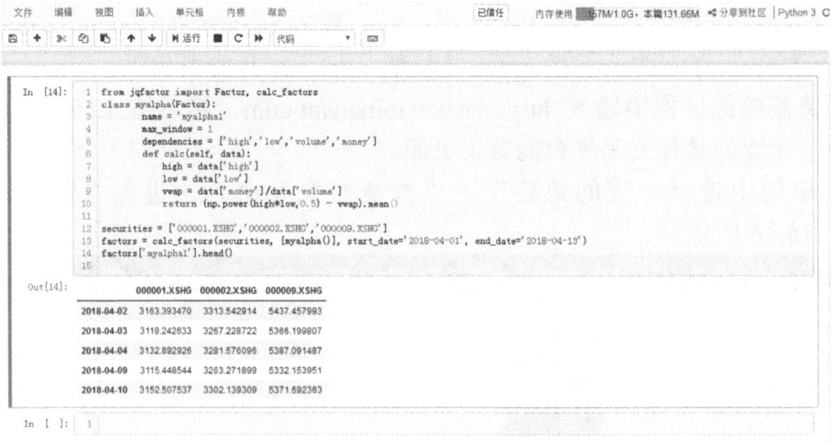

图 15.17　因子在研究中的使用

15.5　基本面因子应用实例

在浏览器的地址栏中输入 https://www.joinquant.com，然后按 Enter 键，就进入 JoinQuant（聚宽）量化交易平台的首页页面。

在菜单栏中选择"我的策略"→"单因子分析"命令，进入"我的因子"页面。再单击"新建因子"按钮，就可以新建一个因子，然后编写 Python 代码，具体如下：

```
from jqfactor import Factor
class mygross(Factor):
    # 设置因子名称
    name = ' mygross 1'
    # 设置获取数据的时间窗口长度
    max_window = 1
    # 设置依赖的数据
    dependencies = ['total_operating_revenue','total_operating_cost','total_assets']
    # 计算因子的函数，需要返回一个 pandas.Series, index 是股票代码, value 是因子值
    def calc(self, data):
        # 获取单季度的营业总收入数据，index 是日期, column 是股票代码, value 是营业总收入
        total_operating_revenue = data['total_operating_revenue']
        # 获取单季度的营业总成本数据
        total_operating_cost = data['total_operating_cost']
```

第 15 章 Python 量化交易策略的因子分析技巧

```
# 获取总资产
total_assets = data['total_assets']
# 计算 gross_profitability
gross_profitability = (total_operating_revenue - total_operating_cost)/total_assets
# 由于 gross_profitability 是一个一行 n 列的 dataframe，可以直接求 mean 转成 series
return gross_profitability.mean()
```

下面设置因子分析的开始时间和结束时间，这里都采用默认设置，即开始时间是 2017 年 12 月 1 日，结束时间是 2018 年 4 月 1 日。还要设置股票池，这里股票池要么是沪深 300，要么是中证 500。这里设置中证 500，然后单击"编译运行"按钮，进行编译运行，如图 15.18 所示。

图 15.18　编译运行

编译运行完成后，可以看到分位数累计收益图表信息，如图 15.19 所示。

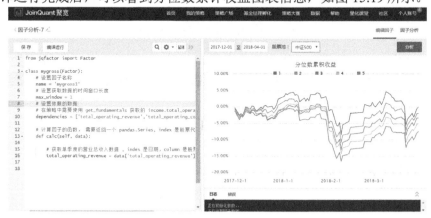

图 15.19　分位数累计收益图表信息

单击分位数累积收益图表信息的上方的"分析"按钮，开始进行因子分析，因子分析完成后，首先看到的就是收益分析，如图 15.20 所示。

单击左侧的"IC 分析"，可以看到基本面因子的 IC 分析，如图 15.21 所示。

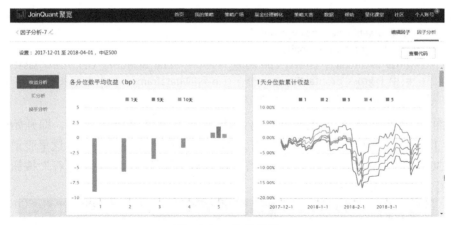

图 15.20 收益分析

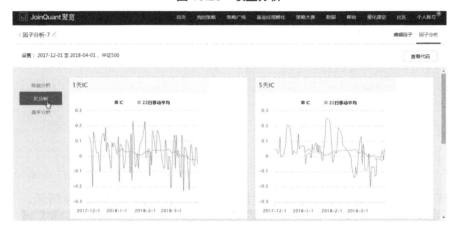

图 15.21 基本面因子的 IC 分析

单击左侧的"换手分析",就可以看到基本面因子的换手率分析,如图 15.22 所示。

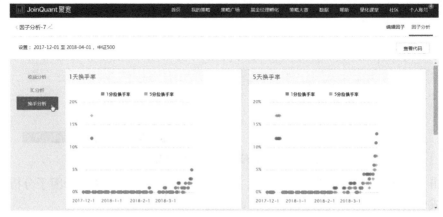

图 15.22 基本面因子的换手率分析

第 16 章
Python 量化交易策略的实战案例

通过编写 Python 量化交易策略的实战案例，可以提高投资者对量化交易策略的综合认识，并真正掌握量化交易技巧，从而学以致用。本章共讲解 9 个量化交易策略，分别是 MA 均线量化交易策略、多均线量化交易策略、能量型指标量化交易策略、KD 指标量化交易策略、BOLL 指标量化交易策略、多股票持仓量化交易策略、医药股轮动量化交易策略、中市值股票量化交易策略、低估价值股量化交易策略。

16.1　MA 均线量化交易策略实战案例

MA 指标是反映价格运行趋势的重要指标，其运行趋势一旦形成，将在一段时间内保持，趋势运行所形成的高点或低点又分别具有阻挡或支撑作用，因此均线指标所在的点位往往是十分重要的支撑位或阻力位，这就提供了买进或卖出的有利时机，均线系统的价值也正在于此。下面利用 MA 均线指标来编写一个量化交易策略，实现当价格高于 5 日均线平均价格 1.1 时买入，当价格低于 5 日平均价格 0.9 时卖出。

16.1.1　编写初始化函数

成功登录聚宽 JoinQuan 量化交易平台后，在菜单栏中选择"我的策略"→"我的策略"命令，打开"我的策略"页面，如图 16.1 所示。

图 16.1　"我的策略"页面

单击"新建文件夹"按钮，就会新建一个文件夹，在这里命名为"实战案例"，如图 16.2 所示。

图 16.2　新建文件夹并命名

第 16 章　Python 量化交易策略的实战案例

单击"新建策略"按钮,在弹出的下拉菜单中选择"股票策略"命令,就会新建一个股票策略,然后双击策略名称,重新命名为"MA 均线量化交易策略",如图 16.3 所示。

图 16.3　新建股票策略并命名为 MA 均线量化交易策略

为了更好地利用 Python 编辑量化交易策略,下面删除文本框中的所有代码,然后重新编写代码。

首先导入函数包,再利用前面讲解的各类函数和 MA 均线指标,具体代码如下:

```
import jqdata
from jqlib.technical_analysis import *
```

接下来就可以编写初始化函数了。为了便于学习,这里的初始化函数相对简单,具体代码如下:

```
# 初始化函数,设定要操作的股票、基准等
def initialize(context):
    # 定义一个全局变量,保存要操作的股票
    # 000002(股票:万科 A)
    g.security = '000002.XSHE'
    # 设定沪深 300 作为基准
    set_benchmark('000300.XSHG')
    # 开启动态复权模式(真实价格)
    set_option('use_real_price', True)
```

16.1.2　编写单位时间调用的函数

单位时间调用的函数,即每个单位时间(如果按天回测,则每天调用一次,如果按分钟回测,则每分钟调用一次)调用一次的函数,具体代码如下:

```
def handle_data(context, data):
    security = g.security
```

```
# 获取股票的收盘价
close_data = attribute_history(security, 5, '1d', ['close'])
# 取得过去 5 天的平均价格
MA5 = close_data['close'].mean()
# 取得上一时间点价格
current_price = close_data['close'][-1]
# 取得当前的现金
cash = context.portfolio.cash
# 如果上一时间点价格高出 5 天平均价 10%，则全仓买入
if current_price > 1.1*MA5:
    # 用所有 cash 买入股票
    order_value(security, cash)
    # 记录这次买入
    log.info("Buying %s" % (security))
# 如果上一时间点价格低于 5 天平均价，则空仓卖出
elif current_price < 0.9*MA5 and context.portfolio.positions[security].closeable_amount > 0:
    # 卖出所有股票,使这只股票的最终持有量为 0
    order_target(security, 0)
    # 记录这次卖出
    log.info("Selling %s" % (security))
```

这时调用 attribute_history()函数获得最近 5 天的股票收盘价，利用 mean()函数取最近 5 天的平均价，再取得上一时间点价格。

这里买入股票的条件：当前有余额，并且上一时间点价格高出 5 天平均价 10%，具体代码如下：

```
if current_price > 1.1*MA5 and context.portfolio.cash >0
```

卖出股票的条件：上一时间点价格低出 5 天平均价 90%，并且目前有头寸，具体代码如下：

```
elif current_price < 0.9*MA5 and context.portfolio.positions[security].closeable_amount > 0:
```

16.1.3　MA 均线量化交易策略的回测

在回测之前，设置开始时间为 2016 年 6 月 1 日，结束时间为 2018 年 6 月 1 日。设置账户交易资金为 10 万元，交易频率为每天，如图 16.4 所示。

图 16.4　设置回测时间和频率

设置好各项参数后，单击"编译运行"按钮，就可以编译运行 MA 均线量化交易

策略。运行完毕后，可以看到策略收益和基准收益对比图表，如图16.5所示。

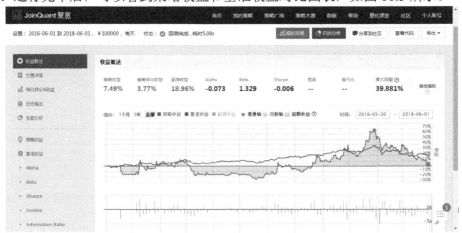

图16.5 策略收益和基准收益对比图表

从这里可以看到基准收益为18.96%，而策略收益为7.49%，策略年化收益率为3.77%，这表明MA均线量化交易策略对基准，即沪深300来说，是一个不错的策略，但对万科A（000002）来说，策略收益不高，策略年化收益也不高，不是一个好的策略。

16.2 多均线量化交易策略实战案例

在炒股实战中，往往多条均线一起使用，如5日、10日和30日均线。下面利用多均线来编写一个量化交易策略，实现功能如下。

当5日均线大于10日均线、10日均线大于30日均线时，收盘价格高于5日均线价格的1.01倍，买入股票；当5日均线小于10日均线、10日均线小于30日均线时，收盘价格低于5日均线价格的0.99倍，卖出股票。

16.2.1 编写初始化函数

双击"实战案例"文件夹，然后单击"新建策略"按钮，在弹出的下拉菜单中选择"股票策略"命令，新建一个"股票策略"，然后双击策略名称，重新命名为"多均线量化交易策略"。

删除文本框中所有代码，重新编写代码。首先导入函数，然后编写初始化函数，具体代码如下：

```python
# 导入函数库
import jqdata
from jqlib.technical_analysis import *
def initialize(context):
    # 定义一个全局变量, 保存要操作的股票
    # 000538(股票:云南白药)
    g.security = '000538.XSHE'
    # 设定沪深 300 作为基准
    set_benchmark('000300.XSHG')
    # True 为开启动态复权模式，使用真实价格交易
    set_option('use_real_price', True)
    # 设定成交量比例
    set_option('order_volume_ratio', 1)
    # 股票类交易手续费是：买入时佣金万分之三，卖出时佣金万分之三加千分之一印花税，每笔交易佣金最低扣 5 块钱
    set_order_cost(OrderCost(open_tax=0, close_tax=0.001, \
                    open_commission=0.0003, close_commission=0.0003,\
                    close_today_commission=0, min_commission=5), type='stock')
    # 运行函数
    run_daily(trade, 'every_bar')
```

注意：在初始化函数中加入了股票每笔交易时的手续费，即买入时佣金万分之三，卖出时佣金万分之三加千分之一印花税，每笔交易佣金最低扣 5 块钱。

16.2.2　编写交易程序函数

在定时函数 run_daily 中，调用了交易程序函数 trade，该函数的具体代码如下：

```python
def trade(context):
    security = g.security
    # 设定均线
    n1 = 5
    n2 = 10
    n3 = 30
    # 获取股票的收盘价
    close_data = attribute_history(security, n3+2, '1d', ['close'],df=False)
    # 取得过去 ma_n1 天的平均价格
    ma_n1 = close_data['close'][-n1:].mean()
    # 取得过去 ma_n2 天的平均价格
    ma_n2 = close_data['close'][-n2:].mean()
    # 取得过去 ma_n3 天的平均价格
    ma_n3 = close_data['close'][-n3:].mean()
    # 取得上一时间点价格
    current_price = close_data['close'][-1]
```

```
# 取得当前的现金
cash = context.portfolio.cash
# 如果当前有余额,并且 n1 日均线大于 n2 日均线,n2 日均线大于 n3 日均线,上一时间
点价格高出 5 天平均价 1%,则全仓买入
if ma_n1 > ma_n2 and ma_n2 > ma_n3 and current_price> 1.01*ma_n1:
    # 用所有 cash 买入股票
    order_value(security, cash)
    # 记录这次买入
    log.info("Buying %s" % (security))
# 如果 n1 日均线小于 n2 日均线,n2 日均线小于 n3 日均线,上一时间点价格低于 5 天平
均价 1%,并且目前有头寸
elif ma_n1 < ma_n2 and ma_n2 < ma_n3 and current_price< 0.99*ma_n1 and context.portfolio.positions[security].closeable_amount > 0:
    # 全部卖出
    order_target(security, 0)
    # 记录这次卖出
    log.info("Selling %s" % (security))
```

利用 attribute_history()函数获取股票数据,然后获取 5 日、10 日、30 日均线的值及上一时间点价格。

如果当前有余额,并且 n1 日均线大于 n2 日均线,n2 日均线大于 n3 日均线,上一时间点价格高出 5 天平均价 1%,则全仓买入,代码如下:

```
if ma_n1 > ma_n2 and ma_n2 > ma_n3 and current_price> 1.01*ma_n1:
```

如果 n1 日均线小于 n2 日均线,n2 日均线小于 n3 日均线,上一时间点价格低于 5 天平均价 1%,并且目前有头寸,代码如下:

```
elif ma_n1 < ma_n2 and ma_n2 < ma_n3 and current_price< 0.99*ma_n1 and context.portfolio.positions[security].closeable_amount > 0:
```

16.2.3 多均线量化交易策略的回测

在回测之前,设置开始时间为 2016 年 6 月 1 日,结束时间为 2018 年 6 月 1 日。设置账户交易资金为 10 万元,交易频率为每天,如图 16.6 所示。

图 16.6 设置回测时间和频率

设置好各项参数后,单击"编译运行"按钮,可以编译运行多均线量化交易策略。在运行完毕后,可以看到策略收益和基准收益对比图表,如图 16.7 所示。

在这里可以看到基准收益为 18.96%，而策略收益为 31.85%，策略年化收益 15.22%，这表明多均线量化交易策略对基准，即沪深 300 来说，是一个不错的策略，对云南白药（000538）来说，策略收益较高，策略年化收益也较高，是一个很不错的策略。

图 16.7　策略收益和基准收益对比图表

16.3　能量型指标量化交易策略实战案例

下面利用能量型技术指标，即情绪指标 BRAR、带状能量线 CR、成交量变异率 VR，编写一个能量型指标量化交易策略。实现：AR<40、BR<40、BR<AR、CR<40、VR<40，买入股票；AR>180、BR>400、CR>400、VR>450，卖出股票。

16.3.1　编写初始化函数

双击"实战案例"文件夹，然后单击"新建策略"按钮，在弹出的下拉菜单中选择"股票策略"命令，新建一个"股票策略"，然后双击策略名称，重新命名为"能量型指标量化交易策略"。

删除文本框中所有代码，重新编写代码。首先导入函数，然后编写初始化函数，具体代码如下：

```
# 导入函数库
import jqdata
from jqlib.technical_analysis import *
# 初始化函数，设定基准等
def initialize(context):
```

第 16 章　Python 量化交易策略的实战案例

```
# 定义一个全局变量, 保存要操作的股票
# 000538(股票:云南白药)
g.security = '000538.XSHE'
# 设定沪深 300 作为基准
set_benchmark('000300.XSHG')
# 开启动态复权模式(真实价格)
set_option('use_real_price', True)
# 输出内容到日志 log.info()
log.info('初始函数开始运行且全局只运行一次')
    ### 股票相关设定 ###
# 股票类每笔交易时的手续费是: 买入时佣金万分之三, 卖出时佣金万分之三加千分之一
印花税, 每笔交易佣金最低扣 5 块钱
set_order_cost(OrderCost(close_tax=0.001, open_commission=0.0003, close_commission=0.0003, min_commission=5), type='stock')
```

注意：在初始化函数中，加入了股票每笔交易时的手续费，即买入时佣金万分之三，卖出时佣金万分之三加千分之一印花税，每笔交易佣金最低扣 5 块钱。

16.3.2　编写单位时间调用的函数

单位时间调用函数的具体代码如下：

```
def handle_data(context, data):
    #获取初始化中要操作的股票
    security = g.security
    #调用情绪指标 BRAR, 并获取股票的情绪指标 BRAR 的 BR 和 AR 的值
    BR1,AR1 = BRAR(security, check_date=context.current_dt, N=26)
    #调用带状能量线 CR, 并获取股票的带状能量线 CR 的值
    CR1, MA1, MA2, MA3, MA4 = CR(security, check_date=context.current_dt, N=26, M1=10, M2=20, M3=40, M4=62)
    #调用成交量变异率 VR, 并获取股票成交量变异率 VR 的值
    VR1,MAVR1 = VR(security, check_date=context.current_dt, N=26, M=6)
    # 取得当前的现金
    cash = context.portfolio.cash
    # 如果当前有余额, 并且 AR<40、BR<40、BR<AR、CR<40、VR<40
    if AR1 < 40 and BR1 < 40 and BR1 < AR1 and  CR1 < 40  and  VR1 < 40 :
        # 用所有 cash 买入股票
        order_value(security, cash)
        # 记录这次买入
        log.info("买入股票 %s" % (security))
    # 如果 AR>180、BR>400、CR>400、VR>450, 并且目前有头寸
    elif AR1 > 180 and BR1 > 400 and  CR1 > 400  and  VR1 > 450  and context.portfolio.positions[security].closeable_amount> 0:
        # 全部卖出
        order_target(security, 0)
```

```
# 记录这次卖出
log.info("卖出股票  %s" % (security))
```

注意：这里调用情绪指标 BRAR、带状能量线 CR、成交量变异率 VR，从而获得这些指标的不同参数值，即 BR 值、AR 值、CR 值、VR 值，还需要注意这里的参数 check_date=context.current_dt，表示获取当前回测日期。

这里买入股票的条件：如果当前有余额，并且 AR<40、BR<40、BR<AR、CR<40、VR<40，具体代码如下：

```
if AR1 < 40 and BR1 < 40 and BR1 < AR1 and  CR1 < 40  and  VR1 < 40 :
```

卖出股票的条件：如果 AR>180、BR>400、CR>400、VR>450，并且目前有头寸，具体代码如下：

```
elif AR1 > 180 and BR1 > 400 and  CR1 > 400  and  VR1 > 450  and context.portfolio.positions[security].closeable_amount> 0:
```

16.3.3　能量型指标量化交易策略的回测

在回测之前，设置开始时间为 2016 年 6 月 1 日，结束时间为 2018 年 6 月 1 日。设置账户交易资金为 10 万元，交易频率为每天，如图 16.8 所示。

图 16.8　设置回测时间和频率

在设置好各项参数后，单击"编译运行"按钮，就可以编译运行能量型指标量化交易策略。运行完毕后，看到策略收益和基准收益对比图表，如图 16.9 所示。

图 16.9　策略收益和基准收益对比图表

这里可以看到基准收益为 18.96%，而策略收益为 0.00%，这表明能量型指标量化交易策略不是一个好的策略。

16.4 KD 指标量化交易策略实战案例

下面利用超买超卖型技术指标，即随机指标 KD，编写一个超买超卖型技术指标量化交易策略。实现 K 在 20 左右向上交叉 D 时买入股票；K 在 80 左右向下交叉 D 时卖出股票。

16.4.1 编写初始化函数

双击"实战案例"文件夹，单击"新建策略"按钮，在弹出的下拉菜单中选择"股票策略"命令，新建一个"股票策略"，然后双击策略名称，重新命名为"多均线量化交易策略"。

删除文本框中所有代码，重新编写代码。首先导入函数，然后编写初始化函数，具体代码如下：

```
# 导入函数库
import jqdata
from jqlib.technical_analysis import *
# 初始化函数，设定基准等
def initialize(context):
    # 设定沪深 300 作为基准
    set_benchmark('000300.XSHG')
    # 开启动态复权模式(真实价格)
    set_option('use_real_price', True)
    # 输出内容到日志 log.info()
    log.info('初始函数开始运行且全局只运行一次')
    ### 股票相关设定 ###
    # 股票类每笔交易时的手续费是：买入时佣金万分之三，卖出时佣金万分之三加千分之一印花税，每笔交易佣金最低扣 5 块钱
    set_order_cost(OrderCost(close_tax=0.001, open_commission=0.0003, close_commission=0.0003, min_commission=5), type='stock')
    ## 运行函数（reference_security 为运行时间的参考标的；传入的标的只做种类区分，因此传入'000300.XSHG'或'510300.XSHG'是一样的）
    # 开盘前运行
    run_daily(before_market_open, time='before_open', reference_security='000300.XSHG')
    # 开盘时运行
    run_daily(market_open, time='open', reference_security='000300.XSHG')
    # 收盘后运行
    run_daily(after_market_close, time='after_close', reference_security='000300.XSHG')
```

16.4.2 编写开盘前运行函数

开盘前运行函数实现代码具体如下:

```
def before_market_open(context):
    # 输出运行时间
    log.info('函数运行时间(before_market_open): '+str(context.current_dt.time()))
    # 给微信发送消息
    send_message('美好的一天，祝您交易顺利！')
    # 要操作的股票：云南白药（g.为全局变量）
    g.security = '000538.XSHE'
```

16.4.3 编写开盘时运行函数

开盘时运行函数实现代码具体如下:

```
def market_open(context):
    log.info('函数运行时间(market_open):'+str(context.current_dt.time()))
    security = g.security
    #调用 KD 函数，获取该函数的 K 值和 D 值
    K1,D1= KD(security, check_date = context.current_dt, N = 9, M1 = 3, M2 = 3)
    # 取得当前的现金
    cash = context.portfolio.available_cash
    # 如果 K 在 20 左右向上交叉 D 时，则全仓买入
    if K1>=20 and K1>D1 :
        # 记录这次买入
        log.info("买入股票  %s" % (security))
        # 用所有 cash 买入股票
        order_value(security, cash)
    # 如果 K 在 80 左右向下交叉 D，并且目前有头寸，则全仓卖出
    elif K1<=80 and K1<D1 and context.portfolio.positions[security].closeable_amount > 0:
        # 记录这次卖出
        log.info("卖出股票 %s" % (security))
        # 卖出所有股票,使这只股票的最终持有量为 0
        order_target(security, 0)
```

注意：这里调用 KD 函数，从而获得 KD 指标的不同参数值，即 D 值和 K 值。还需要注意，这里的参数 check_date=context.current_dt，表示获取当前回测日期。

这里买入股票的条件：如果当前有余额，并且 K 在 20 左右向上交叉 D，具体代码如下：

```
if K1>=20 and K1>D1 :
```

卖出股票的条件：K 在 80 左右向下交叉 D，并且目前有头寸，具体代码如下：

```
elif K1<=80 and K1<D1 and context.portfolio.positions[security].closeable_amount > 0:
```

第 16 章　Python 量化交易策略的实战案例

16.4.4　编写收盘后运行函数

收盘后运行函数实现代码如下：

```
def after_market_close(context):
    log.info(str('函数运行时间(after_market_close):'+str(context.current_dt.time())))
    #得到当天所有成交记录
    trades = get_trades()
    for _trade in trades.values():
        log.info('成交记录：'+str(_trade))
    log.info('一天的交易结束，祝你心情愉快！')
```

16.4.5　KD 指标量化交易策略的回测

在回测之前，设置开始时间为 2016 年 6 月 1 日，结束时间为 2018 年 6 月 1 日。设置账户交易资金为 10 万元，交易频率为每天，如图 16.10 所示。

图 16.10　设置回测时间和频率

在设置好各项参数后，单击"编译运行"按钮，编译运行 KD 指标量化交易策略。运行完毕后，看到策略收益和基准收益对比图表，如图 16.11 所示。

图 16.11　策略收益和基准收益对比图表

这里可以看到基准收益为 18.96%，而策略收益为 78.08%，策略年化收益为 34.4%。这表明 KD 指标量化交易策略是一个很好的策略。

— 349 —

16.5 BOLL 指标量化交易策略实战案例

BOLL 指标是股市技术分析的常用工具之一，通过计算股价的"标准差"，再求股价的"信赖区间"。下面利用 BOLL 指标编写一个量化交易策略，实现功能如下。

当 5 日均线大于 10 日均线、10 日均线大于 30 日均线时，收盘价格高于 BOLL 的中轨，买入股票；当 5 日均线小于 10 日均线、10 日均线小于 30 日均线时，收盘价格高于 BOLL 的上轨，卖出股票。

16.5.1 编写初始化函数

双击"实战案例"文件夹，然后单击"新建策略"按钮，在弹出的下拉菜单中选择"股票策略"命令，新建"股票策略"，然后双击策略名称，重新命名为"BOLL 指标量化交易策略"。

删除文本框中所有代码，重新编写代码。首先导入函数，然后编写初始化函数，具体代码如下：

```
# 导入函数库
import jqdata
from jqlib.technical_analysis import *
# 初始化函数，设定基准等
def initialize(context):
    # 设定沪深 300 作为基准
    set_benchmark('000300.XSHG')
    # 开启动态复权模式(真实价格)
    set_option('use_real_price', True)
    # 输出内容到日志 log.info()
    log.info('初始函数开始运行且全局只运行一次')
    # 过滤掉 order 系列 API 产生的比 error 级别低的 log
    # log.set_level('order', 'error')
    ### 股票相关设定 ###
    # 股票类每笔交易时的手续费是：买入时佣金万分之三，卖出时佣金万分之三加千分之一印花税，每笔交易佣金最低扣 5 块钱
    set_order_cost(OrderCost(close_tax=0.001, open_commission=0.0003, close_commission=0.0003, min_commission=5), type='stock')
    # 运行函数（reference_security 为运行时间的参考标的；传入的标的只做种类区分，因此传入'000300.XSHG'或'510300.XSHG'是一样的)
      # 开盘前运行
    run_daily(before_market_open, time='before_open', reference_security='000300.XSHG')
      # 开盘时运行
    run_daily(market_open, time='open', reference_security='000300.XSHG')
      # 收盘后运行
    run_daily(after_market_close, time='after_close', reference_security='000300.XSHG')
```

16.5.2 编写开盘前运行函数

开盘前运行函数的实现代码具体如下：

```
## 开盘前运行函数
def before_market_open(context):
    # 输出运行时间
    log.info('函数运行时间(before_market_open)：'+str(context.current_dt.time()))
    # 给微信发送消息（添加模拟交易，并绑定微信生效）
    send_message('美好的一天~')
    # 要操作的股票：云南白药（g.为全局变量）
    g.security = '000538.XSHE'
```

16.5.3 编写开盘时运行函数

开盘时运行函数的实现代码具体如下：

```
## 开盘时运行函数
def market_open(context):
    log.info('函数运行时间(market_open):'+str(context.current_dt.time()))
    security = g.security
    # 获取股票的收盘价
     # 设定均线
    n1 = 5
    n2 = 10
    n3 = 30
    # 获取股票的收盘价
    close_data = attribute_history(security, n3+2, '1d', ['close'],df=False)
    # 取得过去 ma_n1 天的平均价格
    ma_n1 = close_data['close'][-n1:].mean()
    # 取得过去 ma_n2 天的平均价格
    ma_n2 = close_data['close'][-n2:].mean()
    # 取得过去 ma_n3 天的平均价格
    ma_n3 = close_data['close'][-n3:].mean()
    # 取得上一时间点价格
    current_price = close_data['close'][-1]
    #获得 BOLL 指标的上轨值、中轨值和下轨值
    upperband, middleband, lowerband = Bollinger_Bands(security, check_date=context.current_dt, timeperiod=20, nbdevup=2, nbdevdn=2)
    # 取得当前的现金
    cash = context.portfolio.available_cash
    # 如果上一时间点价格高出中轨值，则全仓买入
    if ma_n1 > ma_n2 and ma_n2> ma_n3 and current_price > middleband :
        # 记录这次买入
        log.info("收盘价站上 BOLL 指标中轨，买入 %s" % (security))
```

```
            # 用所有 cash 买入股票
            order_value(security, cash)
        # 如果上一时间点价格低于 5 天平均价, 则空仓卖出
        elif ma_n1 > ma_n2 and ma_n2> ma_n3 and current_price > upperband and context.portfolio.
positions[security].closeable_amount > 0:
            # 记录这次卖出
            log.info("收盘价站上 BOLL 指标上轨, 卖出 %s" % (security))
            # 卖出所有股票,使这只股票的最终持有量为 0
            order_target(security, 0)
```

在这里买入股票的条件：当 5 日均线大于 10 日均线，10 日均线大于 30 日均线，同时，收盘价格高于 BOLL 的中轨，具体代码如下：

```
if ma_n1 > ma_n2 and ma_n2> ma_n3 and current_price > middleband :
```

卖出股票的条件：当 5 日均线小于 10 日均线，10 日均线小于 30 日均线，同时，收盘价格高于 BOLL 的上轨，并且有头寸，具体代码如下：

```
elif ma_n1 > ma_n2 and ma_n2> ma_n3 and current_price > upperband and context.portfolio.
positions[security].closeable_amount > 0:
```

16.5.4　编写收盘后运行函数

收盘后运行函数的实现代码如下：

```
## 收盘后运行函数
def after_market_close(context):
    log.info(str('函数运行时间(after_market_close):'+str(context.current_dt.time())))
    #得到当天所有成交记录
    trades = get_trades()
    for _trade in trades.values():
        log.info('成交记录: '+str(_trade))
    log.info('一天结束')
    log.info('###############################################################')
```

16.5.5　BOLL 指标量化交易策略的回测

在回测之前，设置开始时间为 2016 年 6 月 1 日，结束时间为 2018 年 6 月 1 日。设置账户交易资金为 10 万元，交易频率为每天，如图 16.12 所示。

图 16.12　设置回测时间和频率

第 16 章　Python 量化交易策略的实战案例

在设置好各项参数后，单击"编译运行"按钮，就可以编译运行 BOLL 指标量化交易策略。运行完毕后，看到策略收益和基准收益对比图表，如图 16.13 所示。

图 16.13　策略收益和基准收益对比图表

这里可以看到基准收益为 18.96%，而策略收益为 0%，策略年化收益为 0%。这表明 BOLL 指标量化交易策略不是一个好的策略。

16.6　多股票持仓量化交易策略实战案例

前面讲解的量化交易策略都只是针对单只股票，如果同时对多只股票进行操作，该如何编写量化交易策略呢？下面编写一个多股票持仓量化交易策略，实现价格高于 5 天平均价×1.008 则买入 500 股，当价格小于 5 天平均价×0.996 时则卖出。

16.6.1　编写初始化函数

双击"实战案例"文件夹，然后单击"新建策略"按钮，在弹出的下拉菜单中单击选择"股票策略"命令，新建一个"股票策略"，然后双击策略名称，重新命名为"多股票持仓量化交易策略"。

删除文本框中所有代码，重新编写代码。首先导入函数，然后编写初始化函数，具体代码如下：

```
# 导入函数库
import jqdata
from jqlib.technical_analysis import *
def initialize(context):
    # 设置要操作的股票池
    g.stocks = ['000001.XSHE','000002.XSHE','000004.XSHE','000005.XSHE']
```

```
# 设定沪深 300 作为基准
set_benchmark('000300.XSHG')
# 开启动态复权模式(真实价格)
set_option('use_real_price', True)
```

16.6.2 编写单位时间调用的函数

单位时间调用函数的具体代码如下：

```
def handle_data(context, data):
    # 循环每只股票
    for security in g.stocks:
        # 得到股票之前 5 天的平均价
        vwap = data[security].vwap(5)
        # 得到上一时间点股票平均价
        price = data[security].close
        # 得到当前资金余额
        cash = context.portfolio.cash
        # 如果上一时间点价格小于 5 天平均价×0.996，并且持有该股票，卖出
        if price < vwap * 0.996 and context.portfolio.positions[security].closeable_amount > 0:
            # 下入卖出单
            order(security,-500)
            # 记录这次卖出
            log.info("卖出股票 %s" % (security))
        # 如果上一时间点价格大于 5 天平均价×1.008，并且有现金余额，买入
        elif price > vwap * 1.008 and cash > 0:
            # 下入买入单
            order(security,500)
            # 记录这次买入
            log.info("买入股票 %s" % (security))
```

需要注意，由于这里操作的是多只股票，所以这里使用了 for 循环语句。在这里买入股票的条件：如果上一时间点价格大于 5 天平均价×1.008，并且有现金余额，具体代码如下：

```
elif price > vwap * 1.008 and cash > 0:
```

卖出股票的条件：如果上一时间点价格小于 5 天平均价×0.996，并且持有该股票，具体代码如下：

```
if price < vwap * 0.996 and context.portfolio.positions[security].closeable_amount > 0:
```

16.6.3 多股票持仓量化交易策略的回测

在回测之前，设置开始时间为 2016 年 6 月 1 日，结束时间为 2018 年 6 月 1 日。

第 16 章　Python 量化交易策略的实战案例

设置账户交易资金为 10 万元，交易频率为每天，如图 16.14 所示。

图 16.14　设置回测时间和频率

在设置好各项参数后，单击"编译运行"按钮，编译运行多股票持仓量化交易策略。运行完毕后，看到策略收益和基准收益对比图表，如图 16.15 所示。

图 16.15　策略收益和基准收益对比图表

这里可以看到基准收益为 18.96%，而策略收益为 21.33%，策略年度收益为 10.41%。这表明多股票持仓量化交易策略是一个不错的策略。

16.7　医药股轮动量化交易策略实战案例

医药股轮动量化交易策略，即始终持有沪深 300 医药指数成分股中市净率最低的股份制银行，每周检查一次，如果发现有新的医药股的市净率低于原有的股票，则予以换仓。

16.7.1　编写初始化函数

双击"实战案例"文件夹，然后单击"新建策略"按钮，在弹出的下拉菜单中选择"股票策略"命令，新建一个股票策略，然后双击策略名称，重新命名为"医药股轮动量化交易策略"。

删除文本框中的所有代码，重新编写代码。首先导入函数，然后编写初始化函数，具体代码如下：

```
# 导入函数库
import jqdata
## 初始化函数，设定要操作的股票、基准等
def initialize(context):
    # 设定沪深 300 医药指数作为基准
    set_benchmark('000931.XSHG')
    #True 为开启动态复权模式，使用真实价格交易
    set_option('use_real_price', True)
    # 设定成交量比例
    set_option('order_volume_ratio', 1)
    # 股票类交易手续费是：买入时佣金万分之三，卖出时佣金万分之三加千分之一印花税，每笔交易佣金最低扣 5 块钱
    set_order_cost(OrderCost(open_tax=0, close_tax=0.001, \
                             open_commission=0.0003, close_commission=0.0003,\
                             close_today_commission=0, min_commission=5), type='stock')
    # 运行函数，按周运行，在每周第一个交易日运行
    run_weekly(chenk_stocks, weekday=1, time='before_open') #选股
    run_weekly(trade, weekday=1, time='open') #交易
```

16.7.2 编写选股函数

选股函数，即选出沪深 300 医药指数成分股中市净率最低的医药股，具体代码如下：

```
def chenk_stocks(context):
    # 得到沪深 300 医药指数成分股
    g.stocks = get_index_stocks('000931.XSHG')
    # 查询股票的市净率，并按照市净率升序排序
    if len(g.stocks) > 0:
        g.df = get_fundamentals(
            query(
                valuation.code,
                valuation.pb_ratio
            ).filter(
                valuation.code.in_(g.stocks)
            ).order_by(
                valuation.pb_ratio.asc()
            )
        )
        # 找出最低市净率的一只股票
        g.code = g.df['code'][0]
```

16.7.3 编写交易函数

交易函数应每周检查一次，如果发现有新的医药股的市净率低于原有的股票，则予以换仓，具体代码如下：

第 16 章 Python 量化交易策略的实战案例

```
def trade(context):
    if len(g.stocks) > 0:
        code = g.code
        # 如持仓股票不是最低市净率的股票，则卖出
        for stock in context.portfolio.positions.keys():
            if stock != code:
                order_target(stock,0)
        # 持仓该股票
        if len(context.portfolio.positions) > 0:
            return
        else:
            order_value(code, context.portfolio.cash)
```

16.7.4 医药股轮动量化交易策略的回测

在回测之前，设置开始时间为 2016 年 4 月 8 日，结束时间为 2018 年 6 月 1 日。设置账户交易资金为 10 万元，交易频率为每天，如图 16.16 所示。

图 16.16 设置回测时间和频率

在设置好各项参数后，单击"编译运行"按钮，编译运行医药股轮动量化交易策略。运行完毕后，看到策略收益和基准收益对比图表，如图 16.17 所示。

图 16.17 策略收益和基准收益对比图表

从这里可以看到，基准收益为 13.81%，而策略收益为 17.23%，策略年度收益为 8.49%。这表明医药股轮动量化交易策略是一个不错的策略。

16.8 中市值股票量化交易策略实战案例

中市值股票量化交易策略，即筛选出市值介于 300 亿～600 亿元的股票，选取其中市值最小的 3 只股票，然后在每天开盘时买入，持有 5 五个交易日，然后调仓。

16.8.1 编写初始化函数

双击"实战案例"文件夹，然后单击"新建策略"按钮，在弹出的下拉菜单中选择"股票策略"命令，新建一个"股票策略"，然后双击策略名称，重新命名为"中市值股票量化交易策略"。

删除文本框中所有代码，重新编写代码。首先导入函数，然后编写初始化函数，具体代码如下：

```python
# 导入函数库
import jqdata
## 初始化函数，设定要操作的股票、基准等
def initialize(context):
    # 设定沪深 300 作为基准
    set_benchmark('000300.XSHG')
    #True 为开启动态复权模式，使用真实价格交易
    set_option('use_real_price', True)
    # 设定成交量比例
    set_option('order_volume_ratio', 1)
    # 股票类交易手续费是：买入时佣金万分之三，卖出时佣金万分之三加千分之一印花税,每笔交易佣金最低扣 5 块钱
    set_order_cost(OrderCost(open_tax=0, close_tax=0.001, \
                    open_commission=0.0003, close_commission=0.0003,\
                    close_today_commission=0, min_commission=5), type='stock')
    # 持仓数量
    g.stocknum = 3
    # 交易日计时器
    g.days = 0
    # 调仓频率
    g.refresh_rate = 5
    # 运行函数
    run_daily(trade, 'every_bar')
```

16.8.2 编写选股函数

选股函数，即筛选出市值介于 20 亿～30 亿元的股票，选取其中市值最小的 3 只股票，具体代码如下：

```
def check_stocks(context):
    # 设定查询条件
    q = query(
            valuation.code,
            valuation.market_cap
        ).filter(
            valuation.market_cap.between(300,600)
        ).order_by(
            valuation.market_cap.asc()
        )
    # 选出低市值的股票，构成 buylist
    df = get_fundamentals(q)
    buylist =list(df['code'])
    # 过滤停牌股票
    buylist = filter_paused_stock(buylist)
    return buylist[:g.stocknum]
```

16.8.3　编写过滤停牌股票函数

过滤停牌股票函数，具体代码如下：

```
def filter_paused_stock(stock_list):
    current_data = get_current_data()
    return [stock for stock in stock_list if not current_data[stock].paused]
```

16.8.4　编写交易函数

交易函数，即每天开盘时买入，持有 5 个交易日，然后调仓，具体代码如下：

```
def trade(context):
    if g.days%g.refresh_rate == 0:
        ## 获取持仓列表
        sell_list = list(context.portfolio.positions.keys())
        # 如果有持仓，则卖出
        if len(sell_list) > 0 :
            for stock in sell_list:
                order_target_value(stock, 0)
        ## 分配资金
        if len(context.portfolio.positions) < g.stocknum :
            Num = g.stocknum - len(context.portfolio.positions)
            Cash = context.portfolio.cash/Num
        else:
            Cash = 0
        ## 选股
        stock_list = check_stocks(context)
```

```
## 买入股票
for stock in stock_list:
    if len(context.portfolio.positions.keys()) < g.stocknum:
        order_value(stock, Cash)
        # 天计数加一
        g.days = 1
    else:
        g.days += 1
```

16.8.5　中市值股票量化交易策略的回测

在回测之前，设置开始时间为 2016 年 6 月 1 日，结束时间为 2018 年 6 月 1 日。设置账户交易资金为 10 万元，交易频率为每天，如图 16.18 所示。

图 16.18　设置回测时间和频率

在设置好各项参数后，单击"编译运行"按钮，就可以编译运行中市值股票量化交易策略。运行完毕后，看到策略收益和基准收益对比图表，如图 16.19 所示。

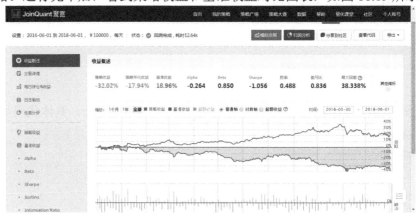

图 16.19　策略收益和基准收益对比图表

从这里可以看到，基准收益为 18.96%，而策略收益为-32.17%，策略年度收益为-17.94%。这表明中市值股票量化交易策略不是一个好的策略。

16.9　低估价值股量化交易策略实战案例

低估价值股，在这里要满足 3 个条件，分别是市净率小于 2、负债比例高于市场

第 16 章　Python 量化交易策略的实战案例

平均值、企业的流动资产至少是流动负债的 1.2 倍。

另外，本策略还实现一年几次调仓，即 1 月、4 月、7 月、10 月。

16.9.1　编写初始化函数

双击"实战案例"文件夹，然后单击"新建策略"按钮，在弹出的下拉菜单中选择"股票策略"命令，新建一个"股票策略"，然后双击策略名称，重新命名为"低估价值股量化交易策略"。

删除文本框中所有代码，重新编写代码。首先导入函数，然后编写初始化函数，具体代码如下：

```python
# 导入函数库
import jqdata
## 初始化函数，设定要操作的股票、基准等
def initialize(context):
    # 设定指数
    g.stockindex = '000300.XSHG'
    # 设定沪深 300 作为基准
    set_benchmark('000300.XSHG')
    #True 为开启动态复权模式，使用真实价格交易
    set_option('use_real_price', True)
    # 设定成交量比例
    set_option('order_volume_ratio', 1)
    # 股票类交易手续费是：买入时佣金万分之三，卖出时佣金万分之三加千分之一印花税，每笔交易佣金最低扣 5 块钱
    set_order_cost(OrderCost(open_tax=0, close_tax=0.001, \
                             open_commission=0.0003, close_commission=0.0003,\
                             close_today_commission=0, min_commission=5), type='stock')
    # 最大持仓数量
    g.stocknum = 10
    ## 自动设定调仓月份（如需使用自动，注销下段）
    f = 4    # 调仓频率，即每 3 个月调一次仓
    log.info(range(1,13,12/f))
    g.Transfer_date = range(1,13,12/f)
    # 按月调用程序
    run_monthly(trade, monthday=20, time='open')
```

16.9.2　编写选股函数

选股函数，即筛选出市净率小于 2、负债比例高于市场平均值、企业的流动资产至少是流动负债的 1.2 倍的股票，具体代码如下：

```python
def check_stocks(context):
    # 获取沪深成分股
    security = get_index_stocks(g.stockindex)
    Stocks = get_fundamentals(query(
            valuation.code,
            valuation.pb_ratio,
            balance.total_assets,
            balance.total_liability,
            balance.total_current_assets,
            balance.total_current_liability
        ).filter(
            valuation.code.in_(security),
            valuation.pb_ratio < 2, #市净率低于 2
balance.total_current_assets/balance.total_current_liability > 1.2 #流动资产至少是流动负债的 1.2 倍
        ))
    # 计算股票的负债比例
    Stocks['Debt_Asset'] = Stocks['total_liability']/Stocks['total_assets']
    # 获取负债比率的市场均值
    me = Stocks['Debt_Asset'].median()
    # 获取满足上述条件的股票列表
    Codes = Stocks[Stocks['Debt_Asset'] > me].code
    return list(Codes)
```

16.9.3 编写交易函数

交易函数，即根据月份判断是否卖出股票，如果当前月是 1 月、4 月、7 月或 10 月，则卖出手中的股票，然后分配资金再买入市净率小于 2、负债比例高于市场平均值、企业的流动资产至少是流动负债 1.2 倍的股票。需要注意，持有股票最多 10 只，具体代码如下：

```python
def trade(context):
    # 获取当前月份
    months = context.current_dt.month
    # 如果当前月为交易月
    if months in g.Transfer_date:
        ## 获得 Buylist
        Buylist = check_stocks(context)
        ## 卖出
        if len(context.portfolio.positions) > 0:
            for stock in context.portfolio.positions.keys():
                if stock not in Buylist:
                    order_target(stock, 0)
        ## 分配资金
        if len(context.portfolio.positions) < g.stocknum :
```

第 16 章 Python 量化交易策略的实战案例

```
            Num = g.stocknum  - len(context.portfolio.positions)
            Cash = context.portfolio.cash/Num
        else:
            Cash = 0
        ## 买入
        if len(Buylist) > 0:
            for stock in Buylist:
                if stock not in context.portfolio.positions.keys():
                    order_value(stock,Cash)
    else:
        return
```

16.9.4 低估价值股量化交易策略的回测

在回测之前，设置开始时间为 2016 年 6 月 1 日，结束时间为 2018 年 6 月 1 日。设置账户交易资金为 10 万元，交易频率为每天，如图 16.20 所示。

图 16.20 设置回测时间和频率

在设置好各项参数后，单击"编译运行"按钮，编译运行低估价值股量化交易策略。运行完毕后，看到策略收益和基准收益对比图表，如图 16.21 所示。

图 16.21 策略收益和基准收益对比图表

可以看到，基准收益为 18.96%，而策略收益为 39.77%，策略年度收益为 14.28%。这表明低估价值股量化交易策略是一个不错的策略。

学习心得